公园讲解员培训考试教程

北京地理与历史

齐吉祥 主编

中国林业出版社

图书在版编目（CIP）数据

北京地理与历史/齐吉祥　主编．－北京：中国林业出版社，2008.7（2019.10重印）
公园讲解员培训考试教程
ISBN 978-7-5038-5043-1

Ⅰ.北…　Ⅱ.①齐…　Ⅲ.①地理－北京市－技术培训－教材②北京市－地方史－技术培训－教材　Ⅳ.K921　K291

中国版本图书馆CIP数据核字（2008）第097954号

中国林业出版社
策划、责任编辑：李　顺　于界芬　陈英君　吴金友
电话：83143569

出版　中国林业出版社（100009　北京西城区刘海胡同7号）
电话　83145500
发行　中国林业出版社
印刷　三河市祥达印刷包装有限公司
版次　2008年8月第1版
印次　2019年10月第2次
开本　787mm×960mm　1/16
印张　14.75
字数　238千字

定价　32.00元

序

随着我国产业结构调整以及市场经济体制的不断发展，为建立统一、开放、竞争、有序的劳动力市场，我国广泛开展了行业领域内的职业技能岗位培训和鉴定工作。开展此项工作，有利于促进劳动力资源的合理配置，调动职工学习技术的积极性，从而提高职业队伍素质，促进经济发展。

为了促进园林绿化事业的发展，适应社会对园林行业专业技能人才的需求，加强园林绿化系统各行业的劳动管理，满足各地园林绿化职业培训、鉴定工作的实际需要，我们在《园林工人技术等级培训教材》的基础上，组织原编者、园林专家、学者进行了重新修订，出版了“职业技能岗位等级培训”系列丛书。这套丛书包括园林绿化与育苗工（初级、中级、高级）、花卉工（初级、中级、高级）、插花员（初级、中级、高级）、观赏动物饲养工（初级、中级、高级）、游船驾驶员、导游员6类工种，共计14种图书。它全面、系统地阐述了各类工种专业知识和操作技术，介绍了现代园林专业知识和新技术岗位规范，提升了教材的理论与实践知识水平，同时增加了简明易懂的操作规程说明，便于职工在技术岗位工作中的学习和运用。它还从强化培养操作技能、掌握一门实用技术的角度出发，较好地展现了各类职业当前最新的实用知识与操作技术，对于提高从业人员基本素质，掌握各类职业的核心内容与方法有直接的帮助和指导作用。

组织出版这套系列丛书的目的是为了全面满足职业人员对园林行业专业技术知识的需要，完善职业技能岗位培训工作。因此，它不仅是园林职工岗位等级培训人员和升级考试人员的应读教材，而且也是职业培训工作人员的有效参考书。

这套系列丛书的编写工作，得到了园林行业相关单位的大力支持，在此向每一位参与系列丛书编写审阅与修订工作的专家、学者致以深深的感谢！

北京市园林局

“职业技能岗位等级培训”丛书编委会

2005年3月

前言

依据中华人民共和国建设部颁发的《城市园林工人技术等级标准》《城市建设工人技术理论教学计划和教学大纲》及北京市劳动局关于设立公园讲解员（初、中、高）技术等级标准的通知精神，北京市园林局于20世纪90年代组织编写了适合北京市公园讲解员的培训教材。鉴于公园讲解员既要具有比较广博的园林知识，还要掌握一定的语言艺术和外语会话能力，同时还要了解、熟悉各种类型游客的心理特征和需求，本培训教材设置了“北京简史”、“传统园林建筑”、“语言艺术”等8门课程。经过近10年的教学实践，教师、学员和培训单位一致认为该教材基本适用。

21世纪初，北京市园林局为提高公园讲解员的培训水平，责成我们对原培训教材重新编写修订。我们在原有课程的基础上，编写了这套“公园讲解员培训考试教程”教材。本套教材分为《北京地理与历史》《园林基础知识》《讲解技能》3本书，其中《北京地理与历史》主要介绍了北京历史、地理、文物等概况，突出地体现了北京公园讲解的文化特色；《园林基础知识》内容是园林艺术、中国传统园林建筑及园林植物等，皆为公园讲解员必需具备的园林专业知识；《讲解技能》主要介绍了语言艺术、礼仪常识，是公园讲解员应具有的技能。本套教材既适用于公园导游讲解员技术等级培训，又可以作为中等职业学校导游专业的补充材料。

参加本套教材编写的作者多是具有相当造诣的研究人员，尽管他们的本职工作非常繁忙，但出于对公园导游讲解工作的重视和支持，不仅慨然应允了我们的请求，并且无不尽职尽责，其严谨的学风和认真的精神使我们深受感动，在此特表谢意。其中《北京地理与历史》一书的“北京简史”部分由杨立新编写，“北京地理概况”部分由汪莹编写，“北京重点文物保护单位”部分由陈郁、张天莉、徐立编写；《园林基础知识》“园林艺术”部分由陈秀中编写，“中国传统园林建筑”部分由姜振鹏编写，“园林植物”部分由马玉、马垣、林玉宝、倪沛编写，

《讲解技能》“语言艺术”部分由齐吉祥、马继红编写，“礼仪常识”部分由齐吉祥、武燕燕编写，“讲解心理学”部分由景长顺编写，“公园导游基础英语”部分由张书才、赵乐乐编写。本套教材由马玉、齐吉祥、姜振鹏负责审定。

本套教材在编写过程中，参考了一些专家、学者的材料与观点，此处不一一致谢了，敬请谅解。本书不当之处请予指正，以便以后修改完善。

编者

目录

第二篇　北京简史

第三篇　北京重点文物保护单位

第一篇
北京地理概况

第一章

现代北京的地理位置和行政区划

第一节　北京的地理

一、位　置

北京市位于华北平原西北部。从地理位置上看，北京南接华北平原、西临黄土高原、北接内蒙古高原，处于中国三级地势阶梯交接处。

北京市的地理坐标为：北纬 39°26′～41°05′，东经 115°25′～117°30′，南北跨纬度约 1°39′，东西跨经度约 2°26′。北京在世界上的地理位置是以天安门作为地理的标准坐标的，该坐标为：北纬 39°54′2″，东经 116°23′17″。天安门广场海拔高程为 44.4 米。

二、面　积

北京市东西宽 160 千米，南北长 176 千米，总面积 16807.8 平方千米。北京市的最北端位于怀柔区石洞子村北，最南端在大兴区榆垡镇南永定河畔，最东端位于密云县花园村东大角峪，最西端在门头沟区东灵山顶。规划市区范围为：东至定福庄，西至石景山，南至南苑，北至清河，面积 1041.0 平方千米。市中心地区（即旧城区，东西以二环路中心线为界，南北以护城河中心线为界）面积 62.5 平方千米。

三、地　形

纵观北京地形，依山面海、龙盘虎踞。西部和北部是连绵不断的山脉，东南是一片逐渐低缓的平原。北京的这一地理形势，极像一个半封闭的海湾，故历来被称作“北京湾”。山区约占 62%（10417.5 平方千米），平原约占 38%（6390.3 平方千米）。西部山地，南起拒马河，北至南口附近的关沟，总称西山，属太行山脉，为一系列东北—西南走向的褶皱山脉。关沟以东为北部山地，统称军都山，属燕山山脉，是一片镶嵌着若干山间盆地的断块山地。本市山地海拔一般在1000～1500米，与河北交界处的东灵山脉海拔2303米，为北京市最高峰。邻接平原部分为海拔200～500米的丘陵。

东南部平原由永定河、潮白河等河流冲积而成，海拔50米左右，东南低洼处有局部盐碱地。

本市有永定河、潮白河、北运河、拒马河、泃河5大河系，均属海河水系。永定河为最大河流，在三家店进入平原后，东南流至天津入海河。潮白河上游有北京市最大的水库密云水库，下游经潮白河新河入海。北运河在通州以上称温榆河，向下流到天津市与永定河汇合。

第二节　北京的气候

一、气候条件

北京属于暖温带半湿润季风型大陆性气候。年平均降水量640毫米左右，全年平均日照时间为2000～2800小时，年均无霜期190～195天左右，年均风速1.8～3米/秒。

北京境内地形复杂，山地平原高差悬殊。因此，具有明显的气候垂直地带性，海拔1600米以上是寒温带半湿润—湿润季风气候，700～800米以上是暖温带半湿润—半干旱季风气候，700～800米以下是温带半湿润季风气候。

二、四季变化

北京地处中纬度，又在东亚大陆的东岸，气候受内蒙古高气压的控制，具有大陆性季风气候区的特点，四季分明（表1）。

春季：4月1日～5月25日，共55天，平均气温15.9℃；整个春季持续时间不长，气温回升快，是昼夜温差最大的季节，且干旱多风沙。

夏季：5月26日～9月5日，共103天，平均气温24.4℃；北京的夏季酷暑炎热，降水较多，常常使人感到潮湿闷热。

秋季：9月6日～11月7日，共63天，平均气温15.6℃；秋季“秋高气爽”，是一年中最好的季节，“十一”黄金周是北京最舒适、最美丽、好吃好喝好玩的时候，但北京的秋季短暂，降温很快，“一场秋雨一场寒，十场秋雨要穿棉”。

冬季：11月8日～翌年3月31日，共144天，平均气温-1.1℃。冬季最为漫长，是一个寒冷、干燥、降水少的季节。

表1　北京一年的月平均气温（℃）

月份	1月	2月	3月	4月	5月	6月	7月	8月	9月	10月	11月	12月
平均气温	-4.8	-2	4.3	13.3	19.9	24.1	25.8	24.5	19.5	12.6	4	-2.5

第三节　行政区划

北京是中华人民共和国首都，我国四大直辖市之一，下辖有16区2县。八城区：东城区、西城区、宣武区、崇文区、朝阳区、海淀区、丰台区、石景山区。八郊区：通州区、顺义区、昌平区、门头沟区、房山区、大兴区、怀柔区、平谷区。两郊县：密云县、延庆县。

一、城　区

1. 东城区

东城区位于北京市城区东部，中轴线以东，总面积25.34平方千米。

东城区是政治活动中心区。作为中华人民共和国象征的天安门广场坐落在此区。辖区内有中共中央、国务院部级机关20多个，局级机关100多个，以及北京市委、市政府所属单位200多个。

东城区也是北京城文物古迹最为集中的区域，其中著名的新北京十六景[1]中的“天安丽日”（天安门及其广场）、“紫禁夕晖”（故宫博物院），古老而又神秘的雍和宫、元明清三代的最高学府国子监，“左祖右社”的太庙、社稷坛、探索天空奥秘的北京古观象台、鸣金擂鼓报时台的钟鼓楼、正气浩存的文天祥祠、北大红楼等早已名扬海内外；还有毛泽东、茅盾、老舍等一批名人故居。此外还有令海内外游人心驰神往的北京居民四合院。

东城区历来是商贾云集的富庶之地，作为商业中心地区已有上百年历史。“金街”王府井精华荟萃，既有“同升和”、“盛锡福”老字号企业，也有百货大楼、工美大厦、中国照相馆等国内著名企业。其他如北京站、隆福寺等传统商业街在国内外也享有很高知名度。东单、东四、和平里、北新

注：[1] 新北京十六景：天安丽日（天安门）、紫禁余晖（故宫）、燕塞雄关（八达岭长城）、白塔堆云（北海公园）、颐和慧海（颐和园）、圜丘清音（天坛公园）、香山红叶（香山公园）、十渡浮峦（十渡风景区）、盘古遗火（周口店遗址）、幽峡流碧（龙庆峡）、大钟高远（大钟寺）、龙潭漱玉（白龙潭）、明陵落照（明十三陵）、卢沟狮醒（卢沟桥）、慕田古堞（慕田峪长城）、红楼大观（北京大观园）

桥等商业区也已形成规模。

东城区地理位置优越，交通便利。人民艺术剧院、商务印书馆、《北京日报》、《求是》杂志、北京海关、中国国家博物馆、中国协和医科大学，为国内外宾客和旅游者提供了全方位的服务。

2. 西城区

西城区位于北京市中轴线以西的中心地带，总面积31.62平方千米。西城区历史悠久，现在的行政区划曾是元、明、清三代京都的西半部。北海公园、中南海、什刹海、恭王府花园、妙应寺、钟鼓楼、平安大道、德胜门箭楼、西四头条至八条的民居四合院、白云观等著名景点是中外旅游者必到之地。

西城区是北京市第三产业最发达的城区之一，分布着西单、西四、新街口3个繁华商业区，是全市最著名的商业大街之一。动物园地区、三里河地区、地安门地区、复兴门外大街，多年来形成了地区性的商业中心。在商业企业中，经营综合百货的西单商场、西单购物中心、长安商场、复兴商业城、地安门商场、新街口百货商场均为著名的商场。

3. 宣武区

宣武区位于北京城区西南部，因位于内城九城门宣武门之外，于1952年设区时得名“宣武区”。宣武区总面积16.53平方千米。该区是北京古都发祥地之一，已有3000多年的历史。作为六朝古都之始的金中都，即在现今的宣武区境内。明代，正阳门外已经形成繁华的商业区，保留至今的一些街巷名称，如珠市口、菜市口、粮食店、煤市街等都是当时各种专业市场的称谓。旧时科举取仕，各地的举子进京会试，大多住在宣武门外，湖南、湖广、中山、绍兴、蒲阳等会馆，其遗址至今尚存。唐代名刹悯忠寺（清代改称法源寺）、辽代始建的牛街礼拜寺、北魏光林寺（明代改名为天宁寺）现在仍存。另外宣武区作为外城，由于特有的地理位置和深厚的历史积淀，孕育了独具特色的宣南文化（平民文化、商业文化、戏曲文化）构成了北京著名的商业文化区。区内有570多年历史的大栅栏商业街，云集了同仁堂、内联陞、瑞蚨祥、六必居、张一元等百年老店；有780多年历史的琉璃厂，汇聚了荣宝斋、粹珍斋、戴月轩等众多经营古玩、字画和文房四宝的“老字号”。20世纪80年代末，依据古典文学名著《红楼梦》建造的北京大观园已成为中国最佳旅游景点之一。

4. 崇文区

崇文区是北京市的中心城区之一，位于北京市城区的东南部，面积16.46平方千米。北京站、北京南站都位于该区，南面紧临京津塘高速公路；2号环线地铁沿区而过，交通十分便利。

崇文区积淀了许多闻名遐迩的历史古迹。天坛公园被列为世界文化遗产，正阳门、前门箭楼、明城墙遗址公园、城东南角楼都是北京著名的标志性古典建筑。2007年4月25日，拥有四百多年历史的前门大街封街进行修缮；2008年5月11日，历时一年多的修缮、保护工作基本完成。修缮一新的前门大街北起前门月亮湾，南至珠市口，全长840米，再现了清末民初老北京城的风貌，也将成为“北京一日游”的重点线路。另外，还有隆安寺、阳平会馆戏楼、汀州会馆北馆、金台书院和火德真君庙正在修缮中。在传统商业方面，崇文区有着中国中医中药文化的龙头企业“同仁堂”，中国丝绸代表的“元隆丝绸”，以及前门全聚德烤鸭店。崇文区是珐琅、玉器、雕刻等传统工艺品厂家聚集地，区内还有中外闻名的红桥市场，百工坊、燕京书画社、“便宜坊”、功德林。

5. 朝阳区

朝阳区位于北京城区的东北郊，总面积为470.8平方千米，是北京市最大的城近郊区和规划城区。朝阳区著名的景点有：朝阳公园、日坛公园、中华民族园、元大都土城遗址（位于海淀区明光村附近的“元大都遗址”是元大都的肃清门遗址），西黄寺、炎黄艺术馆。

朝阳区是北京市的主要外事活动区。160多个外国驻华使馆、联合国办事机构、国际组织办事处都设在朝阳区。各国驻京新闻机构的90%以上，海外企业代表机构的60%以上也在朝阳区。世界500强跨国集团有180家在朝阳区设立了公司和办事机构。

另外，朝阳区内有国内最大的航空港首都国际机场和被誉为“国门第一路”的首都机场高速路。奥林匹克体育中心、亚运会和2008年北京奥运会主要场馆都在朝阳区。朝阳区还聚集了北京商务中心CBD，规划总占地面积约4平方千米。拥有国际展览中心、国际会议中心等一批重要的国际交流活动场所。

6. 海淀区

海淀区位于北京西北部，总面积430.73平方千米，是全国著名的科技文化教育旅游胜地。海淀处于北京城的上风上水之地，古时，海淀镇附近为一片浅湖水淀，“海淀”即因多水而得名。海淀西依群山，东依平原，京密引水渠穿流而过。早在元代（公元12世纪），海淀就享有“西山秀色甲天下”的美誉，历来是封建帝王和亲贵显要建造行宫别墅、梵宇道观、坛庙陵寝和皇家园林的首选之地，保留至今最著名的要数三山（香山、玉泉山、万寿山）五园（圆明园、清漪园、静明园、静宜园和畅春园）。区内有名胜古迹700多处，雄伟的唐代卧佛寺、清幽的辽代大觉寺、恢弘的元代碧云寺、精美的明代五塔寺和藏有“钟王”——明永乐大钟的大钟寺等均在区内，是名副其实的宗教文化富集地。区内有以北大、清华为标志的高等学府68所，以中科院为代表的科研院所213家，是全国智力、技术力量最密集的地方，有中国的“科学城”、“硅谷”之美誉。著名的“中关村电子一条街”、中国第一个国家级高新技术产业开发试验区——北京新技术开发试验区和中关村科技园区先后在此诞生。

7. 丰台区

丰台区位于北京城西南的城乡结合部，面积305.8平方千米。该区旅游资源丰富，既有驰名中外的卢沟桥、宛平城等名胜古迹，也有亚洲最大的比例微缩景观——世界公园。全区目前拥有旅游景点10余处，其中国家重点文物保护单位1项，市级重点文物7项，被北京市旅游局列为“首都西南游”旅游线路的第一站，也是北京“红色爱国主义教育旅游”的重要开展地

丰台区是首都重要的副食品基地之一，担负着全市蔬菜、肉食、鱼、蛋、奶等供应量的30%。花卉栽培闻名遐迩，素有“花乡”之称。

8. 石景山区

石景山区位于北京城区西近郊，面积85.74平方千米，因境内有素称“京都第一仙山”的石景山而得名。石景山区有八大处旅游风景区、法海寺明代壁画、第四纪冰川擦痕、驼铃古道等众多古迹。

石景山区是重工业企业、高科技单位和多个国家体育运动中心聚集的地方，中国科学院电子对撞机实验室、SGNEC电子有限公司都位于本区，另外，2008年奥运会的射击和自行车比赛场馆也位于该区，是普级科技知识、了解现代工业生产和康乐健身的首选之地。现在，石景山区大力推进的“三二四”工程，即建立八大处高科技园等三个开发区、石景山游乐园等两个旅游区、星座商厦等四个商业中心，已经取得了显著成果。

二、郊　区

1. 通州区

通州区位于北京市东南部，京杭大运河北起点，面积907平方千米。通州区紧邻北京中央商务区（CBD），西距国贸中心13千米，北距首都机场16千米，东距塘沽港100千米，素有“一京二卫三通州”之称（一京：北京；二卫：天津）。通州是北京重要的副食品基地。大顺斋的糖火烧、小楼饭馆的烧鲇鱼和万通酱园的酱豆腐世称“通州三宝”。

2. 顺义区

顺义区位于北京市东北郊，总面积1020平方千米。城区距北京市区30千米。京承、大秦铁路，京平、京密公路纵横穿越全境。顺义区在历史上以“北京粮仓”著称，现在是全国百强县和“小康”县。顺义区内现有“燕京啤酒”、“顺鑫农业”和“北京现代”等一批实力雄厚的企业集团。

3. 昌平区

昌平区位于市区北部，总面积1352平方千米，距市区33千米，地理位置优越，素有“京师之枕”美称，被誉为“北京的后花园”。昌平区内文物古迹众多，最著名的景点有明十三陵、居庸关长城等。目前，昌平区形成了以“三园三区”（中关村科技园区昌平园、生命科学园、小汤山现代农业科技示范园，以十三陵为龙头的旅游区，以沙河高教园为主的高教区和以回龙观、东小口为主的文化居住区）为支撑的产业格局。

4. 门头沟区

门头沟区位于北京西部，距市中心天安门广场25千米，总面积1455平方千米。

门头沟区山地占全区面积的98.5%，其中著名山峰有东灵山（海拔2303米）、黄草梁（海拔1735米）、百花山（海拔2218米）、九龙山（海拔858米）、妙峰山（海拔1291米），形成了众多名山旅游区。同时，区内有北京最古老的寺庙——潭柘寺，还有戒台寺和爨底下村古民居等知名的旅游点。

5. 房山区

房山区位于北京西南部，总面积2019平方米。房山区历史悠久，素有“龙的故乡”之称。周口店为人类文明的摇篮之一，琉璃河是北京城的始建地之一。藏有国宝石经的云居寺被誉为“北京的敦煌”，全区共有文物古迹559处。十渡山水被称为“北方小桂林”，石花洞、银狐洞、云水洞为溶洞精品，上方山、百花山、青龙湖风景宜人。房山区盛产的汉白玉、板栗等享誉全国。

6. 大兴区

大兴区地处北京市南郊，素有“京南门户”之称，总面积1030平方千米。自秦建县至今已有2200年的历史，史称“天下首邑”。现区政府所在地黄村卫星城是经国务院批准兴建，北京市总体规划方案明确优先发展的首都卫星城之一。大兴区是国家确定的“全国生态农业（林业）县”之一，以盛产西瓜著称京华。主要景点有我国第一个以散养为主的麋鹿自然保护区，京郊第一座人造森林公园等。

7. 怀柔区

怀柔区位于北京东北部，距市区 50 千米，总面积 2128.7 平方千米。境内山清水秀、环境优雅，特别是旅游资源十分丰富，雄伟秀丽的慕田峪长城、千年古刹红螺寺，以及雁栖湖、幽谷神潭、茂密的原始森林以及纯朴的乡土民情构成了一年四季不同特色的壮丽景观。怀柔区在农业、林业、水利建设、城镇建设、旅游服务设施建设、工业开放区建设及山区建设等方面业绩辉煌，被誉为“京郊明珠”。

8. 平谷区

平谷区位于北京市东北部，东西长 35.5 千米，南北宽 30.5 千米，面积 950 平方千米。地处燕山南麓与华北平原北端的相交地带，因其东、南、北三面环山，中间为平原谷地，故得名平谷。境域群山耸翠，被誉为“绿都”“京津生态乐园”。平谷区是北京的黄金重要产地和果品基地，品质优良的平谷大桃种植面积已经超过 6670 公顷，产品远销海内外。山区经济开发初见成效，是全国山区综合开发水利富民工程示范县和全国生态示范区建设试点区。主要景观有金海湖、京东大峡谷、京东大溶洞等。

三、郊　县

1. 密云县

密云县位于北京市东北部，总面积 2226.5 平方千米。面积达 188 平方千米的密云水库位于县中央，是北京市重要的饮用水源基地。目前，该县森林覆盖率达到 56%，是全国绿化先进县和全国生态农业试点县，已成为净水、净土、净气，无公害的绿色乐园。密云境内山绿水清，旅游资源极为丰富。据考察，密云县具有开发价值的旅游资源达 100 多处。目前，密云县已形成水库东北、西北两条旅游热线和云蒙山、白河风景区、司马台和云岫谷三大旅游基地。全县共有旅游景点 25 个，有的在全国享有盛誉。如云蒙山植被茂密、怪石林立、溪潭密布、瀑布众多，是度假避暑的理想之地，被专家誉为“北国黄山”；云岫谷风景区以其冰川巨砾、水秀石红、华北地区惟一的国际狩猎场而享誉京城；司马台长城以其“惊、险、奇”和独特造型被长城专家罗哲文教授称为“中国长城之最”。

2. 延庆县

延庆县位于北京西北部，总面积 2009.14 平方千米，有“北京夏都”之称。主要景点有八达岭长城、中国长城博物馆、“千古之谜”古崖居、松山国家级自然保护区、木化石国家级地质公园、“塞外小漓江”龙庆峡以及康西草原。延庆县林场大、日照足、无污染。先后建立了 11 个县级自然保护区，成立了全国首家白色农业研究所，是全国生态示范区之一。建成了2万公顷的高产田、6670公顷的苹果、蔬菜生产基地和全国最大的甜杏科研生产基地。

第四节 北京的交通

作为中华人民共和国的首都以及现代化的国际大都市，北京的交通四通八达。为了迎接2008年的奥运会，北京市更是加大力度进行交通的建设和改造。

一、公路及公交事业

新中国成立前的北京，内城中心是皇宫内苑，包括三海在内，皇家禁区由14千米红墙相围，百姓绝不可涉足。因此旧时北京东西城的居民要互相走亲访友，须北行至地安门外或南行至正阳门才可以东西通行。城市道路十分落后，棋盘式的道路格局，岔口多，干道少，道路质量差，被文学家形容为“刮风是香炉，下雨是墨盒”。新中国刚成立时，北京仅有前门大街、东交民巷、西交民巷、王府井、西单北大街等8条低等级沥青路，全长398千米，其中96%是土路，能全天候通车的仅有14.2千米。

新中国成立50多年来，北京公路建设成绩斐然，日趋完善，形成了“环线放射状”的城市道路格局。

1. 环城路

北京的环城路已从新中国成立前仅有的1条发展到今天的6条。

（1）一环路

民国初年，皇城禁苑解禁后，东西长安街车马可以通行，内城交通即形成了一条以皇城为中心的、宽窄不一的环形路。1924年北京的电车开始运营，共有6条线路。其中的第四条运行路线为从北新桥向南经东四牌楼、东单，向西走东长安街，经过天安门、西长安街至西单，向北经西四牌楼到平安里，再向东经地安门回到北新桥。这条线路，双向对开，称作环行路。自从二环路开通之后，原来的“环形路”自然就是“一环路”了。以后修建的各条环形路即以此为基准，顺序排列。

（2）二环路

1980年建成，全长23.7千米。沿线经过崇文、朝阳、东城、西城和宣武5个区，是紧贴市中心的环形路，也是对外放射路的起点。二环路有老二环和新二环的区别。老二环是指旧城的内城墙沿线一周，其南线是前三门大街（即由崇文门到前门，再到宣武门）。自南厢工程（两厢合拢工程即从菜户营向东延至玉蜓桥、沿南护城河南侧，全长5.1千米的道路、桥梁及地下市政管线工程。）竣工后，二环路向南延伸，其南线改为永定门、左安门、右安门一线。新二环于1992年9月25日通车。

（3）三环路

1981年通车，全长48千米，贯穿朝阳、海淀、丰台三个区，是市区的主要交通干道之一。三环路和二环路把北京通往承德、山海关、天津、开封、保定、太原、大同、张家口等地的放射路和通往市郊区县的10多条辅助放射形路连通，形成了以环路为主的四通八达的道路系统。

（4）四环路

2001年6月全线贯通，全长65.48千米。四环路的主路为双向8车道，全封闭、全立交，设计行车时速80~100千米，日平均交通量达到17.1万辆，四环路沿线有朝阳公园、世界公园、中华民族园等大型景区，并跨越通惠河、凉水河、亮马河、京密引水渠、永定河引水渠、窑洼河等30多处河渠湖泊。

（5）五环路

位于北京市城区边缘，距市中心10~15千米，2003年11月开通，全长约100千米，设计行车时速为100~120千米，是北京市重要的交通项目、环保项目和奥运配套项目。五环路途经朝阳、海淀、石景山、丰台、大兴，连接北苑、清河、亦庄、酒仙桥、望京等10个边缘地区，并连通了京开、京石、京津塘、京沈、首都机场、京承和八达岭7条放射性高速路以及京通快速路。在市区和远郊区之间，形成快速环形交通带。五环路沿线有卢沟桥、宛平城、香山公园、八大处公园、百望山森林公园、运河文化广场、世界公园、花乡森林公园等景点。

（6）六环路

全长200千米，目前已有超过一半的路段通车。六环路是一条连通新城、疏导市际过境交通的高速公路，也是国道丹拉（丹东至拉萨）线的一部分，并与京沈、京哈、京津塘、京开、八达岭等多条高速路相连接。设计行车时速为100千米。

2. 高速公路

北京目前共有高速公路8条，分别是：

（1）京石（北京至石家庄）高速公路，起点为三环路上的六里桥。

（2）京开（北京至开封）高速公路，起点为三环路上的玉泉营环岛。

（3）京津塘（北京经天津到塘沽）高速公路，起点为三环路上的分钟寺桥，目前已经延伸至上海，全长1262千米。

（4）京沈（北京至沈阳）高速公路，起点为四环路上的四方桥。

（5）京哈（北京至哈尔滨）高速公路，起点为通州区北关环岛。

（6）首都机场（三元桥至首都国际机场）高速公路，被称为“国门第一路”。

（7）京承（北京至承德）高速公路，起点为四环路上的望和桥。

（8）八达岭（马甸至八达岭）高速公路，中途经过6处隧道。

除上述8条高速公路外，北京区域内还有一条北京至通州的京通快速路。

3. 国道

北京现有11条放射性国道。国道均以字母“G”打头，统一编号。11条国道的北京段总里程为906.1千米。

4. 城市干道

（1）城市中心区有6条东西向的干道，分别为：

长安街：东起通州运河广场，西至石景山首钢东门，全长46千米。它是北京第一条东西大道，人们称为“百里长街”。

前三门大街：途经宣武门、前门、崇文门。

平安大街：东起东四十条，西至车公庄立交桥，全长7026米，1999年开通。

广安大街：东起广渠门，西至广安门，全长8千米，于2001年7月全线通车。

朝阜路：东起朝阳门，西至阜成门。

从东直门跨越什刹海到西直门的一条干道。

（2）北京市有3条南北向的干道，分别是：

和平里—东四—东单—崇文门—天坛东侧；

牡丹园—新街口—西四—西单—宣武门—菜市口—永定门车站西侧；

鼓楼—景山、故宫西侧—前门—永定门。

5. 中国公路零公里标志

由交通部和北京市人民政府联合开展的中国公路“零公里”标志设置工作已经圆满完成，用青铜合金铸造、造型古朴庄重的中国公路“零公里”标志已经于2006年9月24日上午安放在天安门广场正阳门前，是在正阳门和毛主席纪念堂之间中轴线的中间位置，面积为2.56平方米，并于27日正式对公众开放。它的建成既是国家干线公路总起点的象征，也将为北京为天安门广场增添了一道亮丽的人文景观。该标志以中国古代表征方向的青龙、白虎、朱雀、玄武和篆字东西南北为主体图案。标志中间的零点采用阿拉伯数字“0”作为元点，围绕零点配以“中国公路零公里点”中英文全称，准确传达了标志含义。标志外环使用64个标志点代表着传统文化中的64个方位，而标志中的放射线背景喻示着中国公路网络四通八达。

二、立交桥

北京道路立交桥在数量、规模和种类上居全国首位。最早的立交桥建于20世纪60年代，包括昌平路上的白浮桥、蓝靛厂路上的八里庄桥和车道沟桥。1974年修建的复兴门立交桥是北京城区第一座立交桥。1993年建成的四元桥为北京市最大的公路立交桥，26座桥组成4层互通式立交桥，桥梁累计长度2800米。京顺路、首都机场高速公路与北四环路在此交会。至2004年，北京共有立交桥700座。其中大型道路立交桥140座、行人过街天桥114座、地下通道162条。

三、地　铁

北京地铁是我国第一条地铁，一期工程于1965年动工，1969年10月通车试运行，宣告了中国没有城市地铁历史的结束。现有以下运营和正在建设中的线路：

（1）地铁1号线：起点为石景山区苹果园站，终点为朝阳区四惠东站，全长30.44千米。

（2）地铁2号线：为沿北京旧城墙的环行线，全长23.1千米，1971年3月动工，1984年9月通车运营。

（3）地铁4号线：起点为丰台马家堡，终点为颐和园北宫门。线路全长26.2千米。该项目已于2004年11月底开工。

（4）地铁5号线：为第一条纵贯京城的地铁线路，穿越丰台、崇文、东城、朝阳、昌平五个区。起点为丰台区宋家庄，终点为昌平区太平庄，线路全长27.6千米。已于2002年12月动工，2007年10月7日起开始通车试运行。

（5）地铁8号线（奥运支线）：位于北京市南北中轴线下，奥林匹克中心区内。线路全长5.91千米，全部为地下线，共设森林公园、奥林匹克公园、奥体中心、熊猫环岛四站。该项目已于2004年11月底开工。2008年北京奥运会期间，市民将可以乘坐地铁去观看奥运比赛。

（6）地铁9号线：起于城市南部世界公园东侧的万寿路南延终点为西外白石桥。

（7）地铁10号线起点为海淀火器营，与地铁4号线、城市铁路、地铁5号线、地铁1号线相交，线路全长26.2千米。该项目已于2004年11月底开工。

（8）13号线（城市铁路）：是北京第一条以地面和高架运营为主的线路，起点为西直门站，终点为东直门站，全长40.85千米。1999年12月动工，2003年1月28日全线通车。

（9）八通线：也即1号线延长线。起点为朝阳区四惠，终点为通州区土桥，全长18.95千米。于2001年12月动工，2003年12月建成通车。

（10）东直门至首都机场轨道交通线路：起点东直门站，终点首都机场站。该项目已于2004年开工、也是北京市第一条磁悬、浮轨道交通线路，设计时速100千米/小时。从东直门出发，15 ~17分钟可到达首都国际机场。

（11）亦庄轻轨线线路：起于宋家庄终点为大兴影视城基地公园，为已开通5号线的延长线。

（12）火车站地下联络线：是连接北京站和北京西站的一条地下轨道。

（13）市郊铁路：另外，2010年前，将有三条通往北京市郊区的轨道通车，它们分别是西直门至昌平区城、望京西至顺义区城、永定门至良乡。

四、铁　路

1949年年初，北京仅有3条单线铁路，以及通往郊区的7条支线和环城线路。经过50多年的建设，北京已经成为中国铁路运输的大型枢纽。10条铁路干线（京山、京九、京广、京原、丰沙、京包、京通、京承、京秦、大秦）通往祖国四面八方。有200多条支线、联络线及工业专用线与干线连接，形成一个四通八达的铁路运输网。

新中国成立十周年前夕，北京兴建了当时全国最大的火车站——北京站，在1959年9月15日正式落成，交付使用。

1996年1月21日，北京西客站建成运营。

1996 年 9 月 1 日，北京西至深圳的 105/106 次列车开行，这标志着贯通我国南北的又一条干线——京九线（北京至香港九龙）全线开通运营。京九线的开通加强了内地与港澳地区的联系。

2007 年 11 月 13 日，中国首条高速铁路客运专线——京津城际快速铁路开始铺轨，总投资 123.4 亿元人民币。该快速铁路西接北京南站东端，东至天津站，全长 115 千米，设计时速为 350 千米/小时，2008 年北京奥运会前投入使用，届时京津通达只需半小时，而且每 5 分钟发一趟车。

另外，北京市还有南站、北站、东站等几个小型火车站，主要以短途列车、慢车、市郊车为主。

北京的铁路事业，犹如一列特快列车飞速前进。

五、民 航

中华人民共和国成立前夕，北京民航已濒临瘫痪。

1958 年，中国最大的民用航空港——首都机场建成投入使用。首都机场经过两次扩建，设施更加现代化。

北京是全国航空线的交汇中心，首都机场已开通 200 条国际、国内航线，通往世界主要国家及地区和国内大部分城市。2008 年 3 月 26 日，首都机场 3 号航站楼（T3）全面投入使用，该航站楼是目前世界最大的单体航站楼，也是北京奥运会最为重要的配套工程，总建筑面积 98.6 万平方米，计划年吞吐客运量 4300 万人次，计划年货邮吞吐量 180 万吨。

思考题：

1. 试简述北京市的行政区划。
2. 试简述北京市各区（县）的概况。
3. 试简述北京市的道路布局特点。

第二章

北京的山脉、水系和风景名胜区

第一节 北京的山脉

一、山脉概况

北京市的地理坐标经度相间2°05′，纬度横跨仅为1°37′，其水平地带性差异不大，但垂直地带性差异十分明显，垂直高差达2295米，在短距离内形成了平原、丘陵、低山、中低山、中山不同的垂直景观带。

北京的西、北和东北，群山环绕，东南是缓缓向渤海倾斜的大平原，地貌景观总体特征是西北高、东南低，地势垂直高差大。西部是太行山余脉，与市区接近的山脉被人们称作西山。北部是燕山山脉，层峦叠翠，自西向东直抵渤海之滨的山海关。宋代文学家苏辙说："燕山如长蛇，首衔西山麓，尾挂东海岸"。太行山与燕山两山脉在关沟相交。关沟东南起自昌平区北部的南口镇，西北至延庆县的八达岭长城城关，全长20千米，是中原地区通往西北高原的险要通道。

北京西部和北部的山脉，是北京皇家园林的自然发祥地。尤其是北京西部的西山，这里丛林茂密、山涛云海、庙宇棋布、洞壑深邃，造就出富有江南情调的景色，故古人有"十里青山行画里，双飞白鸟似江南"之赞誉。闻名于世的清代皇家园林"三山五园"都与西山有着密切的关系。

二、四大著名的高山

1. 灵山

海拔2303米，为北京第一高峰，坐落在门头沟区与河北涿鹿县交界处，具有"首都小西藏"的美誉，是京郊唯一集高原、草原风光为一体的自然风景区。高海拔造就了灵山特有的山地气候，夏天山顶上最低气温可以达到0℃，是纳凉的好去处。山上有大草甸子、白桦林、落叶松等及金钱豹、野山羊、野猪、山猫等野生动物。1981年引进的西藏、甘肃牦牛，已适应这里生活，并开始传宗接代，“牦牛迎客”成为灵山旅游产品的新亮点。

2. 海坨山

海拔2241米，为北京第二高峰，又名“大翩山”，坐落在延庆西北边缘与河北赤城县交界处。该山巨峰兀起，势压群山，著名的景观有“海坨日出”、“海坨飞雨”，每年10月至翌年6月还可以看到“海坨戴雪”，晴日可看到“海地层曦”的景色。海坨山夏季凉爽，气候宜人，是北京著名的避暑胜地。

3. 百花山

海拔2218米，为北京第三高峰，位于门头沟区黄塔乡黄安坨村南。1982年建立百花山自然保护区。山间植物种类达700余种，有“华北天然植物园”之称。在植物分类学上，有以“百花”命名的模式标本，如“百花花楸”、“百花鹅冠草”、“百花毛苔草”等。百花山著名的旅游资源有“云顶日出”、“晚霞映翠”、“百花瀑布”、“万年冰肌”、“古树擎天”、“云海升腾”、“白蟒长啸”。白花山上的天然崖洞也堪称一绝，崖洞中有许多奇特的景观。

4. 白草畔

海拔2035米，为北京第四高峰，是西山的主要山峰之一，坐落在房山区与门头沟区交界处。山高坡陡谷深，水土流失较严重，沟谷地带为泥石流多发区。该山1000米以下多灌丛；1000米以上出现栎林、桦杨林及其萌生丛，局部山地有人工针叶林；山顶地势平缓，为山地草甸。每值深秋，枯草黄白，故名白草畔。该山与百花山相邻，均在二区分界线上，堪称姊妹峰。

第二节　北京的水系

太行山和燕山汇集的雨水，顺着西北高东南低的地势，从山区流入平原注入渤海，形成3条主要河流（永定河、潮白河、温榆河）和五大水系。

一、五大水系

1. 永定河水系

自山西朔县发源，经山西、内蒙古、河北入官厅水库，出水库入北京市境内，自三家店流出山区入平原，又经石景山、房山、大兴等区县入天津市，注入渤海，全长650千米，流域面积50830平方千米。北京境内约170

多千米，流域面积约3170平方千米。由于永定河上游流经黄土高原，故含沙量大，素有“小黄河”之称。

2. 拒马河水系

拒马河发源于河北省涞源县，是大清河上游，经北京市房山区，形成了“十渡风景区”，自张坊镇出山，于河北涿县附近汇白沟河入大清河，最后入天津海河注入渤海。在北京市的流域面积为2219平方千米。

3. 温榆河水系（又称北运河水系）

温榆河发源于京北军都山，流经昌平区，沿顺义区西界，经朝阳区至通州北关始称北运河，该水系亦称北运河水系，包括温榆河、沙河、通惠河及小中河，最后汇于北运河，流域面积总计达4423平方千米。

4. 潮白河水系

该水系由潮河和白河2条河流组成。潮河发源于河北丰宁县上黄旗北，经滦平县、古北口入北京密云县，至高岭乡漕城子注入密云水库东北端，出密云水库东南端穆家峪乡大坝，向西南流至密云县城南十里堡，汇白河。白河发源于河北省沽源县南大马群山，经赤城县流入北京延庆县，再经怀柔区进密云县四合堂乡，至石城乡注入密云水库西北端，出水库西南端调节池大坝后，南流到密云县城南十里堡，汇潮河。二河交汇后，始称潮白河，向西南经怀柔区入顺义区境，沿通州东界南流入河北省潮白新河，至天津注入渤海。该河北京境内流域面积5400多平方千米，是北京市流域面积最大的水系。

5. 泃河水系（又称蓟运河水系）

泃［jū］河水系发源于河北省蓟县黄崖口，是一条横贯平谷区的古老河流。泃河水系包括泃河、错河、金鸡河等。泃、错二河于平谷区西南交汇，注入海子水库（今金海湖公园）。出水库，流经河北三河县、天津宝坻县后始称蓟运河，至北塘入渤海。北京境内流域面积为1377平方千米，是本市流域面积最小的水系。

二、历史上著名的河流、湖泊

1. 莲花池

莲花池位于今日的广安门外，古时称洗马沟，由于是在古代蓟城的西侧，所以又被称为西湖。那时湖面东西1千米，南北1.5千米，比今日大。在辽代及以前，沿城外东侧南流，然后沿南城墙外东流，又由东南注入清泉河（即今永定河）。

金建中都，将辽南京城的东、西、南三面各扩展1.5千米，遂将洗马沟的一段圈入城内，并流入皇家苑囿同乐园（亦称西华潭在今广安门南），然后从龙津桥下向东南流出城外。

莲花池水系的水量很小，但是它在北京的城市发展史上却发生过重大的影响，因为它是早期的北京城——包括秦汉蓟城、隋唐幽州城、辽代南京城和金代中都城主要的城市供水来源。元代初年，元世祖忽必烈曾试图在中都的基础上建造规模宏大的大都城，但由于莲花池水系不能满足建都需要，这才把大都城址由莲花池水系迁移到了东北方向的高梁河水系。

2. 北运河

京杭大运河从天津到北京通州北关这一段，叫北运河。温榆河为北运河的上源。明王朝在通州城、张家湾两处建造了许多巨型仓库，将运到的漕粮多一半存在这里。明清两代，在通惠河航运段淤塞或枯水时期，南来北往的客人与物资多以张家湾码头为转运站，张家湾曾呈现出千帆汇聚、百货云集的繁华景象。

目前北京城近郊区的河流，大多注入北运河，北运河是北京最主要的排水河道。近年来通州区正在北运河北关至张家湾一带兴建大运河旅游区。

3. 通惠河

通惠河是京杭大运河最北的一段。元世祖忽必烈为解决江南漕粮运抵大都城的问题，命郭守敬为都水监，主持新河工程。至元二十九年（公元1292年），新河工程正式开工。郭守敬从昌平县的白浮村起，沿山麓按地势向南开凿集水，汇集白浮泉、双塔河、玉泉等河水于瓮山泊（今昆明湖）。瓮山泊以下，利用玉河（南长河）为引水渠道，从和义门（今西直门）北水关入城，注于积水潭。

随后郭守敬又主持开凿了积水潭以下的通航河段。通航河段从积水潭向东，然后沿皇城东侧南流，出大都城南城墙，再沿金代的金口河故道向东，至通州接北运河，全长82千米。忽必烈赐名这条新河为通惠河。通惠河的建成，使南来的粮船可直接驶进积水潭，大都的粮运问题基本解决。

通惠河航运段于明初淤废，其后虽多次修复，但终因水源不足，功效皆不及元时。明清两代，因城内故河道被圈入皇城之内，清船遂以东便门外的大通桥为终点码头。故后来的通惠河仅指东便门外水闸至通州这段26千米长的河道。最近，朝阳区高碑店通惠河岸边已修复了一段古运河码头，被列为区级文物保护单位。

4. 高梁河

高梁河，或称高梁水，金代称高良河，在北魏成书的《水经注》中即有记载。此河发源于平地泉（今紫竹院湖），经今白石桥、高梁河，至德胜门水关入城，沿着积水潭、什刹海、北海、中南海再流过正阳门、鲜鱼口、红桥，经过龙潭湖，在贾家花园流出城外，继续东南流，过十八里店至马驹桥以南注入湿水（永定河古道）。

金代，在这条河道的附近疏浚开凿了今积水潭（海子）、北海等湖泊，并修建了离宫。为增加水量和解决漕运，一方面引玉泉山水注入高梁河，又从金中都北护城河一直往东开了一条闸河至今通州。元初，废弃金中都城，依托高梁河水系新建了大都城。之后，郭守敬主持修建了通惠河，原高梁河一部分河道为通惠河所利用。高梁河虽小，但自元代以来，它一直就贯穿于大都——北京城的心脏地带而占有十分重要的地位。

至今，在这一水系上形成的一些著名湖泊，如积水潭、什刹海、北海、中南海、龙潭湖等，与北京市民的生活仍有十分密切的关系。

5. 六海水系

位于西城区东部，有六个相互连通的湖泊组成的内城庞大水系，这就是六海水系。六海指后三海（西海、后海、前海）和前三海（北海、中海、南海）。目前北京旅游界又统称后三海为什刹海。六海原是古永定河（高梁河）故道的洼地，后因潴水而形成湖泊，金代称白莲潭。

元世祖忽必烈时期，郭守敬主持新河工程，引白浮泉、玉泉诸水注于积水潭。元代的积水潭不但涵盖今日之后三海，且水深面广，东西宽达 1 千米，东南面与太液池（今北海和中海，当时尚无南海）相连呈现“汪洋如海”、水天一色的景象。那时京杭大运河南来的粮船，可经北运河、通惠河驶进元大都的积水潭。积水潭遂成为漕运终点码头，呈现出一派航运繁忙的兴旺景象。

明代前期因北京城池的改造，城内部分河道被圈入皇城之内，漕运船只不再进城，加上水源减少，积水潭水面缩减，湖泊的名称也发生了变化。今日的西海当时仍称积水潭；今日的后海和前海当时统称什刹海。太液池南部增辟了南海。明代后期，太液池开始分称北海、中海、南海。清代，前三海分别称北海、中海、南海；后三海分别称积水潭（即今日的西海）、什刹海（即今日的后海）、前海。

现六海水系水源来自密云水库，六海两岸名胜古迹众多，北海公园和什刹海景区已成为北京的重要景点。

6. 长河

历史上长河分北长河与南长河两段。北长河位于海淀区玉泉山和颐和园之间，发源于玉泉山“天下第一泉”，经青龙闸流入昆明湖。玉泉山泉水断流后，北长河成为排水河道。南长河北起昆明湖的绣绮闸，南至西直门北的三岔河口，与北护城河相连。南长河系古代通惠河的引水河道，全长10.8千米。南长河在清末又称御河和玉河，是慈禧太后从水路去颐和园的交通要道。高梁桥附近的“绮红堂”御码头是当年慈禧太后登船去颐和园的起点。1966年开挖京密引水渠时，使用了南长河从绣绮闸至长春桥的河道，在长春桥处建8米宽的长河分水闸——长河闸。故现在的南长河起点改为长河闸，现河道长5.5千米。从绣绮闸经长春桥至玉渊潭这段京密引水渠河道又称昆玉河。目前南长河和昆玉河已开辟了水上旅游项目。

7. 筒子河

筒子河，又称外筒子河，俗称紫禁城外护城河。明永乐年间改建北京城时，在紫禁城外开凿了护城河。明代，外筒子河只围绕紫禁城东、北、西三面，分别称为东华门筒子河、神武门北筒子河、西华门筒子河。作为紫禁城的第一道防线，起保卫四面城垣的作用，使敌人无法涉河攻城。既然作为护城河，就应该四面环绕，而不能南面无河。所以，到清乾隆二十五年（公元1760年），下令工部将午门右边的紫禁城河水从西阙门外右板桥下面的暗沟引入西阙门，由午门前面石板道下的暗沟引向东流，经东阙门石板道下面暗沟流入太庙（今劳动人民文化宫）。这条长七十丈九尺九寸的暗沟定名为午门暗筒子河。至此，紫禁城护城河才形成今天的模样。

外筒子河的水流入紫禁城内形成了内筒子河。内筒子河的水源来自神武门西靠近西北角楼城墙根下面的进水闸，由一条南北直长的地道穿过城墙转道紫禁城里改为明沟。筒子河除了防卫之外，还有防火和为故宫提供用水水源之用。

第三节　北京的风景名胜区

一、西部山水名胜

1. 西山名胜风景区

北京西部的太行山余脉靠近北京市区的一段被人们称为西山。西山山脉是离京城最近的山脉，从西直门至西山的车程20分钟不到。古人描述说：“西山春夏之交，晴云碧树，花气鸟声，秋则乱叶飘丹，冬则积雪凝素。种种奇致，皆足赏心。”西山历史悠远，历代皇家园林、达官显贵的私家大宅遍布西山地区，形成了众多著名景点。燕京八景（居庸叠翠、蓟门烟树、卢沟晓月、玉泉趵突、西山晴雪、琼岛春阴、太液秋波、金台夕照）中的二景“西山晴雪”、“玉泉趵突”都在该区域内。下面就西山风景区内的一些名胜作一简单介绍：

（1）香山公园

地处西山东麓，总面积2400余亩。山势险奇、清泉溪流、金秋红叶以及西山霁雪是香山风景的四大特色。作为北京明清著名的“三山五园”的“三山”之一的香山，早在金朝就在这里修筑营建。

香山有南北两个水系，形成了梦感泉、玉乳泉、玉华泉、双清泉、见心泉，以及静翠湖、玉乳池、知乐濠、半月池、眼睛湖等水景。另外，每当秋天到来的时候，可见千峰叠翠、层林尽染，红叶与翠绿松柏相衬，香山红叶因此而成为北京的著名景观。每年10月下旬到11月上旬是观赏香山红叶的最佳时节。“燕京八景”中“西山晴雪”一景，其观景点就在香山西北部的半山腰处，乾隆帝所题“西山晴雪”碑石尚立此处。每当雪后初霁，凭高临远，可见玉峰列耸、树树梨花、重重瑶宇。

山色与泉水的天然结合，为园林的建造做了充分的自然准备。“三山五园”中的“五园”之一“静宜园”就建于此；还有双清泉及双清别墅也是香山著名的园林庭院。

（2）玉泉山

玉泉山位于北京海淀区西山山麓、颐和园西侧，主峰海拔100米。玉泉山中奇岩幽洞，小溪潺潺，流泉活水，有风水宝地一说，是清朝著名皇家园林之一的静明园所在地，清朝以后一直是历届政府管辖的别墅禁地。

玉泉山因泉得名。泉水自山间石隙喷涌，自古以来就是京郊有名的风景游览地。金章宗完颜景曾三次到玉泉山，对玉泉水非常喜爱，又在这里建“泉水院”以为避暑之地，并以“玉泉垂虹”列为“燕京八景”之一。后来清乾隆帝常到此处观景，为验证此泉水质，令人汲取全国各大名泉的水样，和玉泉水比较。称量结果，济南珍珠泉、无锡惠山泉、杭州虎跑泉、苏州虎丘泉等，每斗（银制小斗）质量都在一两二厘以上，唯有玉泉水，每斗质量仅为一两，水轻质优，淳厚甘甜，乾隆于是赐封天下第一泉，并题字“玉泉趵突”，为清代“燕京八景”之一。明、清两代宫廷用水都来自玉泉山，并成为民间用水泉源之一。

玉泉山为开放式自然风景，山上的定光塔，也叫大塔或玉峰塔。塔顶距地面150米，是北京地理位置最高的塔。山下还有人文景观——著名的静明园。静明园是辽代玉泉山行宫和金代芙蓉殿行宫遗址，是北京著名的“三山五园”之一，山水结合，寺观众多，亭台楼榭依山而筑，融于泉壑、山岩、林木之间，体现了高超的造园艺术，是我国园林建筑史上的一颗明珠。

（3）八大处

八达处位于西山群峰之中。西为翠微山，因明代有翠微公主葬于此而得名；北为平坡山，因山中有平地而得名；东为卢师山，以山中秘魔崖曾有卢姓僧人居住，故名。八大处指的是高下参差分布在这三山中的八座古刹。一处长安寺，在翠微山西南隅，始建于明弘治十七年（1504 年），初名“善应寺”，康熙十年（1671 年）重修；二处灵光寺，在翠微山东麓，于唐代大历年间始建（766～779 年），因藏有“佛牙”而出名；三处三山庵，有一汉白玉门道石，石上花纹如行云流水，被称为“水云石”；四处大悲寺创建于元代，清康熙五十一年（1712 年）改为今名，曾是天下僧众向往的地方；五处龙王堂又名“龙泉庵”，建于康熙十一年，景致绝佳；六处香界寺是八大处的重点寺院，始建于唐代（一说元代），清乾隆十三年（1748 年）重修后改称今名；七处宝珠洞是八大处中最高的一座寺院；八处证果寺是八大处中历史最悠久的一座寺院，隋仁寿年间（601～604 年）创建，初名盛感寺，明天顺年间改称今名。现在八大处已经成为北京著名的游览区。

（4）鹫峰森林公园

鹫峰坐落于海淀区小西山风景区，距颐和园 18 千米。鹫峰历史悠久，曾是辽代屯兵的 72 寨之一。山顶上的两座山峰好似一只振翅欲飞的鹫鸟，两棵古松高耸入云（其中一棵松树已于前几年死去），相对而立，相互掩映，远望仿佛一只山鹫昂首张望，岿然屹立，故称鹫峰。

鹫峰不仅以它古朴蜿蜒曲折、通达鹫峰山顶的盘山古道和雄奇秀丽的景色吸引众多游客，而且更以那丰富的植物资源所构成的自然风光闻名于京城。山上古松莽莽，森林覆盖率达 86%，是绿色植物的天然储藏地。

鹫峰古迹也很多，有建于辽代的鹫峰山庄，建于明代的秀峰寺，清咸丰九年的响塘以及 20 世纪 30 年代我国自行建造的第一座地震台。

1998 年鹫峰被北京市政府命名为“北京市科普教育基地”，整个公园已形成了科普、夏令营、健身、休闲、会议、度假为一体的生态旅游格局。

（5）凤凰岭自然风景区

凤凰岭位于北京市海淀区西山农场境内，距天安门 33 千米，占地面积 973 公顷，背靠神山，面向朝阳。风景区天然景观和人文景观相融一体，景区内怪石林立，似刀削斧劈，挺拔巍峨。山上遍布泉水，沿岩缝渗出。在山间还有众多寺庙，寺庙里巨柏参天，尤其以龙泉寺、北魏石佛、黄普院、上方寺最为著名。

2. 妙峰山风景名胜区

妙峰山风景名胜区位于京西门头沟区境内，距市区55千米，面积20平方千米。景区以“古刹”、“奇松”、“怪石”、“异卉”而闻名。妙峰山属太行山余脉，主峰海拔1291米，山势峭拔，花草清丽。妙峰山有日出、晚霞、雾凇、山市等时令景观，有我国品质最好的千亩玫瑰花，有华北地区规模最大的传统朝圣庙会，妙峰山已成为北京周边最具文化底蕴的风景名胜区之一。

3. 潭柘—戒台风景名胜区

潭柘寺位于北京西郊门头沟区东南部的潭柘山麓，距阜成门41千米，始建于西晋，距今已有1700百多年的历史，是北京最古老的寺庙，在北京民间有“先有潭柘寺，后有幽州城”（“幽州”是北京在唐朝时候的名称）的说法。寺内有两株高大的银杏树，东边的称“帝王树”，西边的称为“配王树”。树名是乾隆所题。据说清代每一帝王登基，树根都生一新枝，后与主干合拢。宣统登基时，生一幼弱之枝。银杏树为雌雄分株。此院中两株全是雄株，不生果。另外，寺内还有柘树、娑罗树、紫玉兰、黄玉兰、“百事（柏柿）如意”树。寺外有安乐堂、上下塔院、东西观音洞、老虎听经洞等众多的建筑和景点，组成了方圆数里、景点众多、形式多样、情趣各异的旅游名胜景区。早在清代“潭柘十景”就已经名扬京华，其中包括：平园红叶、九龙戏珠、千峰拱翠、万壑堆云、殿阁南熏、御亭流杯、雄峰捧日、层峦架月、锦屏雪浪、飞泉夜雨。

潭柘寺周边的戒台寺是全国重点文物保护单位，位于北京门头沟区马鞍山麓，海拔300多米。戒台寺始建于隋朝，至今已有1400多年的历史。由于寺内的戒坛可以授佛门最高戒律菩萨戒，因而成为中国佛教最高学府之一。整座寺院既有北方寺庙巍峨宏大的气势，又有江南园林清幽秀雅的情趣；既有浓重的佛教色彩，又有神奇秀美的自然景观。戒台寺以“戒坛”、“奇松”、“古洞”而著称于世，寺内戒坛建于辽代咸雍五年，是“全国三大戒坛”之首，故有“天下第一坛”之称。

二、北部山水名胜

1. 龙庆峡风景名胜区

龙庆峡位于延庆县，距北京市区85千米，又名“古城九曲”，有“塞外小漓江”之称。龙庆峡谷口的古城村，相传是辽代萧太后的花园行宫，明清时这里就是旅游胜地，现在是古城水库，古城河发源于海坨山东侧，河水终年不断。两边的崖岸之上，有镇山如来、石熊跳岩、九连洞、鸡冠山、金刚山、马蹄潭、将军岩、金刚寺遗址等奇峰怪石，堪称“塞外一绝”。它既有塞外的雄奇，又兼有江南的秀丽，可与桂林的漓江、长江的三峡相媲美。1986 年北京评选十六景，得票居第十位，取其古地名兼寓龙腾之意，定名“龙庆峡”。

龙庆峡南面为八达岭长城，西北为松山森林公园，正西是海坨山。7 月份平均气温比延庆县城低 2.9℃，比北京城区低 6.4℃。在已开放游览的 7 千米长的库区，共有 20～30 处景观。游船驶抵“九曲湖”的一座小码头，可以弃舟登岸，沿山谷步行而上，有神仙院、仙人棋、老虎嘴等景点。

2. 松山自然保护区（国家级）

松山自然保护区位于延庆县，燕山山脉的都军山中部，属海坨山的一部分。全区四面环山，地势北高南低，多数山地海拔在 1200～1600 米。保护区总面积 4660 公顷，其中：核心区 1463.3 公顷、实验区 1802.5 公顷、松山森林旅游区 1394.2 公顷。区内野生动物资源丰富，植被茂密，有脊椎动物 180 多种，有维管束植物 700 余种。保存比较完好的天然油松林 50 多公顷。清朝嘉庆年间对此有“松柏葱翠，黛色横天”的碑文记载。区内有著名景点 30 余处，如百瀑泉、八仙洞、松月潭、雄狮饮水、金蟾望月、飞龙壁等，各具特色。信步景区，一览大自然风采，可见山、水、石、林、谷，雄、幽、险、奇、秀，给游人以远望取其势、近视得其质、观形而悟神、怡神以冶性的画境、诗境、意境美的享受。

3. 云蒙山国家森林公园

云蒙山位于密云县和怀柔区交界处，古称“云梦山”，是京郊著名的风景名胜区，也是北京市著名的国家级森林公园，总面积 2208 公顷，主峰海拔 1414 米。境内景观资源丰富，森林茂密，百花漫山，空气清新，气清水甜，而且具备非常适宜的气候海拔条件。据测定，云蒙山的气温一般比山下平原区低 6～7℃，空气湿度适中，通风条件优越。云蒙山夏季气温维持在 20～24℃，最高温度 28℃左右，是北京地区特有的中山地貌森林公园。人称云蒙山有四多：奇松怪石多，仙山古洞多，飞瀑流泉多，瑞木瑶草多。它集泰山之雄，华山之险，黄山之奇，峨嵋之秀于一体，是一座以峰、石、潭、瀑、云、林取胜，以雄、险、奇、秀、幽、旷见长的名山，景观优美著称于世，素有“小黄山”之称。

4. 小汤山

小汤山位于安定门以北 26 千米处，因与故宫、天安门同在皇城中轴线上，且这里的温泉享有盛名，故称“龙脉温泉”。这里地处山丘，海拔仅50.1米高；山麓有温泉，古人称热水为“汤”，小汤山因此而得名。小汤山温泉水温度为24～52℃，浴后有益身体健康，能够治疗关节炎和皮肤病，对心脑血管、神经、消化系统疾病也有显著疗效。明朝中期，小汤山温泉辟为皇家禁苑；清康熙五十四年（公元1715年）建汤泉行宫。皇帝在此处理政务、饮宴大臣和安寝。1900年秋，汤泉行宫被八国联军的侵略炮火毁成一片废墟。民国初年，袁世凯的长子袁克定来此避暑，将前宫稍事修葺。抗日战争时期，这里成为一片废墟。新中国成立后，人民政府在旧址上圈地460亩，建起了疗养院，才使这座古老的皇家园林重获新生。现在，小汤山正以其天然的温泉，接待观光和洗温泉的游客。每年春天前来洗“桃花浴”的各方各界人士络绎不绝，小汤山也因此驰誉古今，名闻遐迩。

思考题：

1. 试简述北京四大著名高山的概况。
2. 试简述北京水系的概况，并例举著名的河流、湖泊。
3. 试简述北京西、北部风景名胜区的概况，并例举著名的风景名胜区。

第三章

北京当代建设和规划发展

第一节　北京当代建设

从1949年10月1日中华人民共和国成立至今，50多年里，北京在城市建设、环境建设和居民住宅建设方面取得了突出的成绩，城市面貌焕然一新。

一、城市建设

1. 50年代十大建筑

为迎接国庆10周年，1958年8月中央决定建设国庆十大工程，又称北京50年代十大建筑。十大建筑包括：人民大会堂、中国革命和中国历史博物馆（2003年两馆合并，称中国国家博物馆）、中国人民革命军事博物馆、民族文化宫、民族饭店、中国美术馆、全国农业展览馆、工人体育场、华侨大厦、北京车站。十大建筑总建筑面积61.5万平方米，基本上是1958年开工，全部于1959年10月前竣工，创造了中外城市建设史上的奇迹。十大建筑设计一流，施工质量一流，装修工艺多样，建筑形式既采用中国传统建筑风格，又具有时代特色，代表了当时中国建筑的最高成就。

2. 80年代十大建筑

80年代，北京同全国一样步入改革开放的时期，一座座展现80年代北京城市风貌的建筑拔地而起。1987~1988年，《北京晚报》和《北京日报》在首都规划建设委员会办公室、北京市政协的协助下，联合公开评选，产生了80年代十大建筑。它们是：北京图书馆新馆（现称国家图书馆）、中国国际展览中心、中央彩色电视中心、首都机场候机楼、北京国际饭店、大观园、长城饭店、中国剧院、中国人民抗日战争纪念馆、地铁东四十条车站。

3. 90年代著名的城市建筑

（1）亚运会建筑。1990年9月22日至10月7日第十一届亚运会在北京举行。为了更好地举办亚运会，北京新建和改建了体育场馆33个，练习场46处。并建起了亚运村、五洲大酒店、国际会议中心、康乐宫等大型项目，总面积240万平方米。

(2) 90年代十大建筑。由北京市规划委员会、北京市规划学会、北京市建设委员会、北京市委宣传部、《北京日报》报业集团、北京电视台、《首都建设报》等单位主办的90年代北京市十大建筑评选活动，2001年5月，经过63万市民参与投票，90年代北京十大建筑最终产生，它们是：中央广播电视塔、国家奥林匹克体育中心与亚运村、北京新世界中心、北京植物园展览温室、首都图书馆新馆、清华大学图书馆新馆、外语教学与研究出版社办公楼、北京恒基中心、北京新东安市场、北京国际金融大厦。

4. 新北京十六景

1986年3月，北京市旅游局、园林局、文物局、旅游学会、北京日报社和北京晚报社等十几个单位共同发起了北京风景名胜评选活动。从各区、县众多的景点中选出40个作为候选景点，并再从中评选出16个，名之曰“北京十六景”，以此作为新北京旅游的标志。它们分别是：天安丽日（天安门）、紫禁余晖（故宫）、燕塞雄关（八达岭长城）、白塔堆云（北海公园）、颐和慧海（颐和园）、圜丘清音（天坛公园）、香山红叶（香山公园）、十渡浮峦（十渡风景区）、盘古遗火（周口店遗址）、幽峡流碧（龙庆峡）、大钟声远（大钟寺）、龙潭漱玉（白龙潭）、明陵落照（明十三陵）、卢沟狮醒（卢沟桥）、慕田古堞（慕田峪长城）、红楼大观（北京大观园）。

5. 奥运场馆

奥运场馆是举办奥运会必不可少的硬件。为圆满举办2008奥运会，北京市新建12个场馆，改扩建11个场馆，并有8个临建场馆。

（1）新建场馆：

①国家体育场（鸟巢）；②国家游泳中心（水立方）；③国家体育馆；④北京射击馆；⑤北京奥林匹克篮球馆；⑥老山自行车馆；⑦顺义奥林匹克水山公园；⑧中国农业大学体育馆；⑨北京大学体育馆；⑩北京科技大学体育馆；⑪北京工业大学体育馆；⑫北京奥林匹克公园网球场。

（2）改扩建场馆：

①奥体中心体育场；②奥体中心体育馆；③北京工人体育场；④北京工人体育馆；⑤首都体育馆；⑥丰台体育中心垒球场；⑦英东游泳馆；⑧老山山地自行车场；⑨北京射击场飞碟靶场；⑩北京理工大学体育馆；⑪北京航空航天大学体育馆。

（3）临建场馆：

①国家会议中心击剑馆；②北京奥林匹克公园曲棍球场；③北京奥林匹克公园射箭场；④北京五棵松体育中心棒球场；⑤朝阳公园沙滩排球场；⑥老山小轮车赛场；⑦铁人三项赛场；⑧公路自行车赛场。

二、环境建设

新中国成立50多年来，北京的环境建设经历了发展、停滞、再发展的过程。

1. 新中国成立初期的环境整治

（1）清理垃圾改变市容

新中国成立前夕，北京城内到处是垃圾，有名的垃圾山有：和平门顺城街、台基厂头条东口、皇城根乃兹府（今灯市口西大街）、太平仓、二龙路、天安门东、骑河楼等处。天安门前的垃圾山足有三层楼高，而故宫里的垃圾山已高出城墙。所以，新中国成立后，人民政府组织了各界人士37.3万人从1949年3月至1951年3月两年时间内全部清除了60余万吨的垃圾，古都面貌焕然一新。

（2）填坑改沟治理环境

治理龙须沟。龙须沟两侧居住着生活在社会最底层的贫民。龙须沟由于年久失修，污泥淤积。每逢雨季，沟水四溢，奇臭难闻。新中国成立后，从1950年2月至9月，政府着手组织治理龙须沟，从此代之而起的是一条宽敞的街道。

改造金鱼池。新中国成立前的金鱼池附近是北京著名的贫民窟。解放后，政府在1952年、1965年两次组织对金鱼池进行改造和治理，形成一片漂亮的居民区。

明濠变马路。北京城内的古河道，受永定河改道的影响，形成了许多支流。由于年久失修，已经成为臭水沟或死水塘。新中国成立后，对北新华街、大石桥、安定门、棋盘街、崇文门、朝阳门、前三门护城河、天安门前后金水河等污水沟进行治理。1956年7月，全市最后一条明濠改为暗沟。

两座公园的出现。新中国成立后经过治理，曾经是沼泽的左安门内和右安门内出现了两座美丽的公园，即龙潭湖公园和陶然亭公园。

2. 环境治理的新成就

2007 年 6 月 6 日，北京市环保局发布了 2006 年市环境状况公报。公报显示，2006 年北京的蓝天数达到了 66%。

2006 年北京的空气质量继续改善，全年市区空气质量二级和好于二级的天数达到 241 天，比 2005 年增加 7 天。市区空气中二氧化硫、二氧化氮和一氧化碳均达到国家环境空气质量二级标准。市环保局有关负责人表示，2007 年北京在减排二氧化硫方面，还要继续推进工业和燃煤电厂的治理，并要完成中心城区 1105 台 20 吨以下燃煤锅炉的改造，和 2 万户平房居民小煤炉的“煤改电”。目前，北京的大气污染防治进入攻坚阶段。为了改善北京的大气污染状况，国务院正式决定首钢搬迁，2010 年搬迁完成，力争 2008 年提前完成搬迁。除了首钢，东南郊工业区的一些重点污染企业也被列入了北京调整搬迁的计划中。这主要包括朝阳区大郊亭和垡头等地区的焦化、化工企业。

水环境方面，2006 年全市河流上游水质基本达标，下游水质虽有一部分未达标，但水质有所改善。全市达标河段个数和达标河段长度百分比，分别由 2005 年的 28.2% 和 45.3% 提高到 32.9% 和 47%。同时，湖泊水质也有所改善。“六海”水质由 V 类变为 IV 类，团城湖水质由 III 类变为 II 类，昆明湖水质保持在 III 类。

列入监测范围的 17 座水库中，达标库容占监测总库容的 88%。密云水库和怀柔水库水质符合饮用水水质标准，十三陵水库水质由 III 类变为 II 类。

声环境方面，2006 年北京声环境功能区定点监测结果显示，一类区（居住、文教区）、二类区（居住、商业、工业混合区）和三类区（工业集中区）的噪声年均值基本达到国家标准。

在绿化覆盖方面，从 2001 年北京申办第 29 届奥运会主办权获得成功时起，北京全力提速绿化美化建设。为了举办一届出色的奥运会，北京市委、北京市政府带领全市人民按照“办绿色奥运，建生态城市”的要求，在城市中心区建设块块森林绿地，在郊区建设道道绿色生态屏障，全市呈现了城市青山环抱、市区森林环绕、郊区绿海田园的优美景观。到 2005 底，全市林地总面积达 105.4 万公顷，林木覆盖率达 50.5%，生态环境得到明显改观。林木覆盖率已达到申奥报告中关于北京全市林木覆盖率接近 50% 的承诺。2006 年、2007 年北京市林地总面积继续增加，林木覆盖率达到了 51% 以上。另外，北京市山区约占全市国土总面积的 62%，经过多年的造林绿化，特别是“十五”时期山区生态林建设，山区森林资源总量迅速增加。2005年、2006年北京市全年山区人工造林新增面积1.6万多公顷，林地总面积达到89.7万多公顷，林木覆盖率达到69.52%。2007年全市山区新增人工造林1.01万公顷，全市山区林地面积将达到90.71万多公顷，林木覆盖率将达到70.49%。

3. 未来环境建设规划

为实现首都生态环境系统的良性循环，北京将建成三道绿色生态屏障：第一道绿色生态屏障是以燕山、太行山绿化工程为重点，建设山区生态圈，呈扇形环绕京城西、北、东三面；第二道绿色生态屏障以建设平原地区的“五河十路”绿色通道工程和农田林网绿化生态带为重点的平原生态圈；第三道是以首都绿化隔离带地区的建设为重点，形成城区生态圈等。届时北京将成为一座绿色之城。

三、居民住宅建设

新中国成立初期，北京城市居民住宅仍然沿用传统的“四合院”形式。20世纪50年代初期，北京又兴建了一批砖木结构的平房住宅。这种平房住宅只有居住空间，没有必要的生活设施，一排又一排，人称“兵营式”或排子房。20世纪60年代，开始兴建简易楼（人称“筒子楼”）。20世纪70年代单元式住宅楼开始出现了，这种楼房有自己的卫生间、厨房及上下水，生活方便许多。20世纪80年代至90年代，随着经济的飞速发展，适应市场需求的各种住宅楼不断涌现，北京人的居住环境与条件将会得到根本的改善：2002年北京的住宅总供给量已达到2190万平方米的水平；2005年北京市人均住房建筑面积24.8平方米；到2020年北京市全面实现小康社会，同时人均住房面积将到40平方米的标准。

第二节　城市的发展规划

2004年年初，北京市政府组织开展对《北京城市总体规划（2004～2020年）》进行修编。2005年1月12日，国务院常务会议讨论并原则通过。

一、城市发展目标

《北京城市总体规划（2004～2020年）》将北京城市发展目标确定为

“国家首都、世界城市、文化名城和宜居城市”。

按照中央对北京做好“四个服务”的工作要求，强化首都职能：充分发挥首都优势，进一步发展以现代服务业、高新技术产业和现代制造业为核心的首都经济，不断增强城市的综合辐射带动能力；提升国际化程度和国际影响力；弘扬历史文化，大力发展文化产业，形成具有高度包容性、多元化的世界文化名城；创造充分的就业和创业机会，建设空气清新、环境优美、生态良好的宜居城市。创建以人为本、和谐发展、经济繁荣、社会安定的首善之区。

二、三大发展阶段

为了实现城市发展的总体目标，北京列出了未来发展的阶段目标：第一步，2004 年至 2008 年，北京要率先在全国基本实现现代化，构建现代国际城市的基本框架；第二步，2009 年至 2020 年，全面实现现代化，确立北京具有鲜明特色的现代国际城市的地位；第三步，2021 年至 2050 年左右，北京将建设成为经济、社会、生态全面协调与可持续发展的城市，进入世界级现代化城市行列。

三、人口规模

根据《北京城市总体规划（2004～2020 年）》，到 2020 年，北京市总人口规模规划控制在 1800 万人左右，年均增长率控制在 1.4%，其中户籍人口 1350 万人左右，居住半年以上外来人口将占到 450 万人左右。

第三节　城市的发展布局

一、城市空间布局：两轴—两带—多中心

《北京城市总体规划（2004～2020 年）》对北京市的空间布局做了大的调整，提出构建“两轴—两带—多中心”的新城市空间格局，实施多中心与新城发展战略，合理引导城市功能布局，努力构建符合现代化城市发展规律的结构布局，将全市各类分散的资源和功能整合到若干联接区域的交通走廊上，实现城市的集约化发展。

规划中的“两轴”指沿长安街的东西轴和传统中轴线的南北轴。“两带”指包括怀柔、密云、顺义、通州、亦庄、平谷的“东部发展带”和包括延庆、昌平、门头沟、房山、大兴的“西部发展带”。“多中心”是指在

北京市域范围内建设多个服务全国、面向世界的城市职能中心，提高城市的核心功能和综合竞争力。其中，包括中关村高科技园区核心区、奥林匹克中心区、中央商务区、海淀山后地区科技创新中心、顺义现代制造业基地、通州综合服务中心、亦庄高新技术产业发展中心和石景山综合服务中心等 8 大城市职能中心区。

二、城镇结构：中心城—新城—镇

在构建“两轴—两带—多中心”城市空间结构的基础上，北京计划形成“中心城—新城—镇”的市域城镇结构，其中重点发展东部 3 个新城。

中心城：是北京政治、文化等核心职能和重要经济功能集中体现的地区。其范围包括原规划中心城范围加上回龙观与北苑北地区，面积约为 1085 平方千米。

新城：是在原卫星城基础上，承担疏解中心城人口和功能、聚集新的产业，带动区域发展的规模化城市地区，具有相对独立性。新城共规划了 11 个，分别是通州、顺义、亦庄、大兴、房山、昌平、怀柔、密云、平谷、延庆、门头沟。其中，北京重点发展的 3 个新城分别是位于东部发展带上的通州、顺义和亦庄，这 3 个新城将成为中心城人口和职能疏解及新的产业集聚的主要地区，形成规模效益和聚集效益，3 个新城将共同构筑中心城的反磁力系统。

镇：建制镇的简称，是推动北京城镇化的重要组成部分，包括重点镇和一般镇。

三、中心城区功能分类

东城区：北京市政治中心主要载体，全国性的文化机构聚集地之一，传统文化重要旅游地区和国内知名的商业中心。

西城区：国家政治中心主要载体，国家金融管理中心，传统风貌重要旅游地区和国内知名的商业中心。

崇文区：北京体育产业聚集区，都市商业区和传统文化旅游、娱乐地区。

宣武区：国家新闻媒体聚集地之一，宣南文化发祥地和传统商业区。

朝阳区：国际交往的重要窗口，中国与世界经济联系的重要结点，对外服务业发达地区，现代体育文化中心和高新技术产业基地。

海淀区：国家高新技术产业基地之一，国际知名的高等教育和科研机构聚集区，国内知名的旅游、文化、体育活动区。

丰台区：国际、国内知名企业代表处聚集地，北京南部物流基地和知名的重要旅游地区。

石景山区与门头沟区新城：共同构成城市西部发展带的重要结点，是城市综合服务中心之一，也是文化娱乐中心和重要旅游地区。

思考题：

1. 试简述“新北京十六景”。
2. 试简述北京的城市发展规划。
3. 试简述北京的城市发展布局。

第二篇
北京简史

第四章

北京地区城市的起源

第一节　北京历史的开端

我国是世界上文明发达最早的国家之一，也是人类起源和发展的摇篮之一。元谋人等遗址的发现表明，早在170多万年前，我国境内已有人类生息、繁衍。

一、旧石器时代的穴居生活

我们伟大祖国的首都北京，是我们远祖的故乡，也是世界人类的发祥地之一。举世共知的“北京人”，从距今大约70万年前就劳动、生息在北京周口店地区，他们是已知北京地区最早的原始居民。

（一）“北京人”

“北京人”遗址位于北京房山周口店龙骨山，是已发现的众多古人类遗迹中发现较早和比较重要的一处，是世界上罕见的埋藏极其丰富的原始人类遗址之一。1961年被列为全国重点文物保护单位，1987年被联合国教科文组织列入世界文化遗产名录，1992年被评为北京旅游世界之最。

“北京人”遗址的系统发掘开始于1927年。1929年12月2日，在我国著名考古学与古人类学专家裴文中先生的主持下，发现了“北京人”第一个完整的头盖骨，引起了世界的关注。此后，周口店“北京人”遗址经过多次大规模的发掘，共出土了分别属于四十多个个体的人类化石，数以万计的石器，以及用火的遗迹和采集、狩猎的遗物。古人类学和古生物学家们根据“北京人”遗址出土的大量遗物、遗迹，对“北京人”的身体特征、居住环境以及他们的生活、生产状况进行了深入的研究。研究结果表明：他们已经能够自由地直立行走，但头颅形状和内部构造仍保留着很多原始的性质，脑容量平均为1095毫升，约为现代人的80%。与此相应，“北京人”

的面部较短并向前突出，额部低平又向后倾斜，眉骨粗壮且左右连在一起，颧骨高，鼻骨宽，嘴向前伸，没有下颌。“北京人”已经有了简单的思维能力，并开始有了最初的语言。其身躯比现代人稍矮，男性平均身高为1.62米，女性平均身高为1.52米。其所处的时代，在考古学上属于旧石器时代初期。“北京人”已能用木棒、石头作原料，制造原始的劳动工具和武器。在周口店龙骨山“北京人”居住的洞穴中，发现有灰烬，厚达4~6米。灰烬中保留有很多燃剩的紫荆炭屑和烧酥的兽骨、石块和朴树籽，这些灰烬是“北京人”用火的遗迹。从灰烬的状况可知，“北京人”不仅会用火，并且能够控制火。人类从不会用火到会用火，是一个巨大的历史飞跃。

周口店北京人遗址从1927年至1937年共在猿人洞中发现5个完整和比较完整的头盖骨。但是，第二次世界大战以前挖掘出来的北京人化石除了放在瑞典实验室的3颗牙齿以外，其余都在1941年日美关系紧张时，将包装在两个大木箱里的北京人和山顶洞人的化石，移交给即将离开北京撤回美国的美国海军陆战队，从此北京人化石下落不明。

1966年5月，在周口店地区又发现了“北京人”头盖骨化石、一枚牙齿、173件石器、用火的遗迹以及大量动物化石，其中额骨和枕骨两块头骨残片是目前世界上已知仅存的两块“北京人”头骨化石。十分凑巧的是，经专家研究，1966年发掘的头骨残片竟能与1934年及1936年发现的第5号头骨的两块颞骨合并成一个近乎完整的头盖骨，说明它们同属一个个体。这是个中年男性的头骨，脑容量约为1140毫升，它具有“北京人”的典型特征，但又具有比其他“北京人”更为进步的性质。近40年来，这两块“北京人”头骨残片一直保存在中国科学院古脊椎动物与古人类研究所的文物库中。

2003年9月21日，很少有人见过真容的“北京人”头盖骨化石在周口店北京人遗址博物馆展出。这也是目前世界仅存的“北京人”头盖骨化石被发现37年后，首次在国内露面，此前仅在1980年时在日本展出过一次。

（二）“新洞人”

“新洞人”是在1973年发现的，属周口店第四地点。在这个石灰岩洞内，保存了很厚的堆积物和灰烬，出土了大量的哺乳动物化石。特别值得注意的是在这里发现了新的人类活动的遗迹，在洞中找到了一颗保存完整的人类牙齿化石，为男性个体左上第一臼齿，其形态比“北京人”进步。经研究鉴定，新洞人的活动时代介于“北京人”和“山顶洞人”之间，属早期智人。生活年代属旧石器时代中期，大约距今20万年至10万年左右。

（三）“山顶洞人”

在“新洞人”之后，北京地区又出现了新的人类——“山顶洞人”。他们同“北京人”和“新洞人”虽然相隔了几十万年，却都生活在同一座小山的不同山洞中。自1933年至1934年，在山顶洞内先后发现分属于8个或10个男女老幼不同个体的化石。“山顶洞人”生活在距今约18000年前的旧石器时代晚期，属晚期智人，他们的体质特征与现代人已没有差别。

在山顶洞遗址中发现的人类遗骨化石周围，发现有明显的赤铁矿的颗粒，并在尸体上撒有赤铁矿粉。这表明当时的人已开始有了最初的灵魂观念，有了一定的安葬仪式。尤其是山顶洞遗址中发现了大量的装饰品，这反映出当时已经出现了原始艺术的萌芽，而其大部分都出在墓葬中，这说明山顶洞人很重视葬仪。

另外还发现有一枚骨针，骨针的使用表明山顶洞人学会缝制兽皮，避寒遮羞。此外，山顶洞遗址中还发现了灰烬，山顶洞人可能已会人工取火。从穿孔的鱼眼上骨以及鱼的腹椎骨的发现分析，山顶洞人除了采集、狩猎外，还开始了捕鱼，进一步扩大了生活资源的来源。

（四）其它人类遗址

1996年底，考古工作者在王府井地区发现了一处旧石器时代晚期文化遗存。经测定，遗址年代距今2.4万~2.5万年，相当于晚更新世晚期，是以石片、石器为主的文化。据考察，这一带原来属于永定河冲击扇构成的前倾斜平原，古人类在此营建了一处临时活动的营地。在远离山洞的平原地区发现旧石器时代人类活动遗迹，世界罕见，也使我们对当时人类在北京平原地区的活动有了进一步的了解。

2003年6月，考古人员在周口店遗址以南约5千米的田园林场附近发掘，在地层中发现了人类和动物化石。经测定，他们生活在距今2.5万年左右。

二、新石器时代的定居生活

距今1万年左右，地质史发展到了全新世阶段，全球气候普遍变得温暖而湿润，人们纷纷离开居住了几百万年的洞穴，从前一时期活动的低山丘陵地带向靠近水源的山间或山前的平坦地面迁徙。在这一时期，人类步入新石器时代。这时，人们掌握了磨制石质工具的技术，畜牧业及原始农业逐渐代替了狩猎和采集等自然经济，扩大了食物的来源，使得人们定居成为可能，从而出现了一批数量很多的定居聚落。

北京地区迄今发现的新石器时代遗址和墓葬有四十余处，其中具有代表性的有门头沟东胡林遗址、平谷上宅和北捻头遗址、密云落燕寨遗址和昌平雪山遗址等。这些新石器文化遗址的分布有一个共同的特点，那就是全部位于北京周边山地的山前黄土台地或黄土阶地上。与旧时器时代的“北京人”、“新洞人”、“山顶洞人”不同，这一时期的人们已不再过山洞里的穴居生活，而是转移到靠近河流的高地上建造住房，过着比较稳定的定居生活，这在人类进化的历史上是一个重大的转变。

北京地区发现最早的新石器时代早期的遗址是东胡林遗址，它位于门头沟东胡林村西侧，是一处距今约1万年左右的墓葬遗址。从该墓的埋葬情况可以看出当时对女性的尊重，“东胡林人”的装饰品，制作得比较精致美观，反映出当时工艺制作的技术水平，可以看出当时的社会经济比原始群时期有了显著的进步。

上宅遗址位于平谷东北19千米上宅村北的一块台地上，出土有磨制的大型石器和盆、罐、碗等陶器。经测定，上宅遗址的年代距今大约7000年左右。

北捻头遗址位于平谷西北7.5千米的北捻头村西台地上。在房屋基址内及其周围的地面上，发现有较多的陶器和石器。陶器全部为手制，陶器的颜色多为红褐和褐色；陶器的表面多饰“之”字状印纹。石器有大型石器和细石器两种。大型石器以盘状器的数量为最多，还有石斧、石铲、石磨盘、石磨棒、石饼、石坠等。细石器的数量占1/3左右，有石镰、柳叶形器、尖状器、刮削器和石片、石核等。北捻头遗址的年代与上宅遗址的年代相近。

落燕寨遗址位于密云西南3千米河槽乡落燕寨村南的沙丘上，遗址已遭严重破坏，残存堆积多为黄灰色沙性土，有的似为灰坑的遗留，内含少量红陶片和石器等。石器主要为磨制和琢制的大型石器，有类似弧顶弧刃石斧、楔形石斧、柱状石磨棒等。该遗址的年代约为公元前4300年左右。

雪山遗址位于昌平城西4千米处的雪山村。村南为冲积平原，村西北有一座马鞍形小山丘，就是雪山。遗址的位置在雪山山丘以南、古河道以西的一片缓坡上。雪山遗址新石器时代文化堆积，主要分布于村东和村西两处。经过调查与发掘，出土了大量陶器和石器。陶器有釜、盆、碗等，石器有石斧、石刀、石磨棒等。

我国许多关于古代历史的传说与北京地区早期的历史有着密切的关系。传说在我国北方有一支强大的氏族，黄帝是他们的祖先。黄帝部落曾与炎帝部落结成同盟，在北京以西的涿鹿打败九黎部落。后来，为争夺盟主地位，黄帝部落与炎帝部落战于阪泉之野，经过三次大战，大败炎帝部落。此后，黄帝部落在涿鹿建立都邑。这是有关北京附近都邑的最早传说。传说黄帝的第三代继承者颛顼曾到“幽陵”祭祖，幽陵就是“幽州”，是北京地区最早的名称。到了尧时代，在幽州建立了最初的都邑，称为“幽都”，尧帝还派和叔管理幽都。舜时又曾把治水失败的共工氏流放到幽州。

上述考古发现和历史传说都表明，在距今3000~4000千年前，北京地区已经处于野蛮时代的末期，历史的文明时代即将到来。

第二节　北京境内最早的城市

一、夏商时期北京地区的青铜文化

大约在公元前21世纪前后，中国历史上出现了第一个奴隶制王朝——夏朝。文献记载和考古资料均表明，在夏时期已经步入了青铜时代。

北京地区已发现的早期的青铜文化，考古学称之为“夏家店下层文化”。在昌平区的雪山村、密云区的燕落寨、平谷区的刘家河、丰台区的榆树庄、房山区的琉璃河等地，都曾发现有夏家店下层文化的遗迹或墓葬。如1977年8月，在平谷刘家河村，发现商代中期墓葬1座。该墓随葬器物比较丰富，共有4000余件，包括金、铜、玉、陶四类。

二、北京湾内最早的城市

北京城市起源于商代后期。现在的北京城及邻近地区，有两个西周的诸侯国，一个是在北京原始居民点上建立的蓟国，另一个是在蓟国附近建立的燕国。

公元前1045年周武王灭商之后，分封黄帝的后代于蓟，“蓟”既是西周分封在北方的诸侯国名，也是当时的国都所在。同时，周武王还在北方分封了另一个诸侯国，就是燕国。《史记·燕召公世家》云：“武王灭纣，封召公于北燕”，北燕就是我们所说的燕国。

1986年的考古发掘证明，西周初年分封燕国时的初封地在今北京西南的房山区琉璃河附近，当时燕国的都城位于琉璃河镇东面的董家林村。东周以后，燕国的政治、军事力量不断发展，势力大大增加，逐渐兼并了北面诸国，并将国都迁移到蓟城。而“蓟”城在今天北京市区的西南隅，即今天宣武区广安门为中心周围10千米的地方。蓟城正处于南北交通要冲，是赴东北松辽平原和去西北内蒙高原的交通枢纽，在战略位置上，比燕重要得多。

蓟城，古时称之为蓟丘，丘又称作墟、聚，即聚落，蓟丘也是由原始聚落发展而成的古代都邑。北魏大地理学家郦道元在他的名著《水经注》中对蓟城的由来作了比较可信的注释：“昔周武王封尧后于蓟丘。今城内西北隅有蓟丘，因丘以名邑也，尤鲁之曲阜，齐之营丘矣。”从地理方位及地理形势分析，郦道元所记载的蓟丘，约在今北京广安门附近。现在白云观西墙外原有一处高丘，很可能就是古代蓟丘的遗址。新中国成立初期，在高丘周围新挖开不久的土壕里，曾经发现一些战国时期的陶片，说明这一高丘的历史是很久的。在1957年，广安门附近曾发现战国或比战国更早的遗址、遗物，特别是饕餮纹半瓦当，本是燕国在战国时期宫殿建筑常用的屋瓦构件。根据这一情况推测，蓟城的位置应在现在的广安门一带，这也与郦道元所记蓟城与蓟丘的相对位置吻合。由北京外城西北角，东经宣武门至和平门一带，广安门内外，法源寺东北，陶然亭公园等处，经常发现战国时代蓟城人民汲水的陶井井圈，标示出古蓟城的大致范围。

三、秦汉时期的蓟城

公元前222年，秦王嬴政灭掉燕国，次年又南下灭齐，统一了中国。秦仍以咸阳为国都，建立起中央集权的封建国家。秦时的地方行政组织采用郡县两级制，分天下为三十六郡，其中旧燕国分为六郡，今北京地区分属上谷、渔阳、右北平和广阳四郡，其中广阳郡的治所设在蓟城。蓟城的政治地位由诸侯国的国都，降为州郡的治所，但因其地理位置的缘故，重要性反而加强，为历代统治者所重视。

秦灭六国后，为加强中央集权统治，以国都咸阳为中心，修了3条驰道，其中一条直通蓟城。同时为了便于据守，将旧秦、赵、燕长城修缮并连接起来，形成延袤万余里的万里长城。秦驰道的修通与万里长城的修筑，加强了蓟城的地位，也为蓟城成为北方的军事重镇创造了条件。

西汉时，燕地或为国，或为郡，其治所都在蓟城。东汉时，今北京地区的行政区划，基本上仍沿用西汉的制度。两汉400余年中，蓟城曾四次为诸侯国的都城，四度为州郡首府，一直是中国北方重要的政治、经济和军事中心。

两汉时期北京地区的农业、手工业生产有相当发展。在农业生产中已广泛使用铁器，大量荒地得以开发，水利事业得到发展。新中国成立以来，北京地区出土的汉代铁农具有镰、锄、耧脚等；在北京城内外发现了大批属于汉代的水井，这些水井都是用陶质井圈筑成，分布相当密集，不似单纯作饮水之用，很可能也是为了灌溉田地和园圃而开凿的。据文献记载，渔阳和涿郡都设有铁官，主管开山鼓铁。在今北京北郊清河镇，曾发现有汉代的冶铁遗址，出土很多铁器。

两汉时期这一地区的商业也很发达，蓟是这一地区的贸易中心。这一地区的主要商品，除本地的农业、手工业及土特产品外，还有来自中原地区的布帛、漆器，来自乌桓、夫余、秽貉、朝鲜、真番等北方和东北方少数民族的毛皮、牲畜等。东汉中期以后，乌桓、鲜卑族南迁，部分人迁到长城以内居住，各族间的交换关系进一步紧密。

北京地区长期设置王国，历代诸侯王多生活奢侈、政治黑暗。从已发掘的汉代王墓，可以清楚地了解这一点。1974 年至 1975 年，在北京大葆台发掘了两座大型汉代墓葬。其中的一号墓，全长 40 余米，由墓道、外回廊、“黄肠题凑”、“便房” 和梓宫构成。黄肠题凑是用 15000 余根长约 40 厘米、宽厚均为 10 厘米的柏木叠砌四壁，用长方木盖顶。椁内置棺，棺椁共 5 重。该墓早年被盗，残留有陶、漆、铁、玉和丝织品等，共 400 余件。其中有镶金铜龙头、玉衣片、玉佩、玉璧、玉饰、铜镜、鎏金铜豹等，有些器物相当精美。在墓道中放置有随葬车马，计有朱轮华毂车 3 辆，马 13 匹。从墓葬的规格和出土文字资料分析，大葆台一号墓的主人即广阳王刘建。1983 年在汉墓原址上建立了大葆台西汉墓博物馆。

1999 年底公安部门在破获的一起盗掘古墓案中发现了另一座汉墓，即老山汉墓。老山汉墓位于石景山区老山驾校环形公路东南段路北山坡上。经国家文物局批准，2000 年 2 月 24 日正式开始进行抢救性发掘。发掘出像大葆台汉墓那样的“题凑”木椁，共清理出 149 件（套）陶器，其中近乎完整或能够复原的有 90 余件。老山汉墓出土了迄今为止北京地区出土数量最多、器物种类最全、色泽最鲜艳、保存状况最好的一批汉代彩绘陶器。根据清理修复出陶器的器类组合、造型和花纹特征判断，老山汉墓的年代为西汉中晚期，而且根据墓中古尸分析，该墓主人最大的可能是西汉广阳穆王刘舜的王后。

老山汉墓是北京地区发现的第二座大型汉代王侯墓，其发掘是在北京地区考古发掘史上继 1956 年昌平明十三陵定陵和 1974 年丰台区大葆台西汉墓之后又一个具有全国影响的重大考古发掘工程。它对汉代北京地区的政治、经济、文化、城市变迁以及汉代王陵制度等多学科的研究提供了珍贵的实物资料。

四、魏晋十六国北朝时期的蓟城

东汉末年爆发了以张角为首的黄巾大起义，蓟城一带的起义人民杀了幽州刺史郭勋和广阳太守刘卫。黄巾起义失败后，今北京地区陷入大军阀刘虞、公孙瓒、袁绍的长期争夺之中，

汉初平四年（公元193年），幽州牧刘虞被公孙瓒所杀，公孙瓒和袁绍相继割据幽州，直至建安九年（公元204年）曹操占领幽州，统一北方为止。在此期间乌桓、鲜卑人民大量进入幽州，与当地汉族人民混居杂处。公元250年，魏镇北将军刘靖，在梁山（今石景山）戾陵旁的永定河上修筑拦河坝，名戾陵堰。堰高1丈，东西宽30丈，南北广七十余步，建有水闸以调节流量。又开凿车箱渠，引永定河水灌溉农田。戾陵堰和车箱渠是北京历史上第一个大型的水利工程。

西晋时，晋武帝封其弟司马机为燕王，治所在蓟城。西晋时期佛教开始流行，北京京西门头沟的潭柘寺，即始建于晋代。谚语称“先有潭柘寺，后有幽州城”，反映了该寺的历史悠久。潭柘寺初名嘉福寺，唐代称龙泉寺，金代称大万寿寺，元、明、清时又屡经扩建和改名。因寺旁有龙潭和柘树，故俗称潭柘寺。4世纪末，蓟城被鲜卑拓跋部的北魏政权取得。北魏分裂后，蓟城先后属于北齐和北周。

在魏晋十六国北朝近400年的漫长时期中，蓟城地区的政治形势变幻无常，蓟城居民人口经常流动，因此蓟城地区居民的民族成分不断变化。定居于蓟城的各族人民都是蓟城的主人，他们同以汉人为主体的原住居民一起，发展着蓟城的历史。

五、隋唐五代时期的幽州

今北京地区在隋代包括当时幽州的大部分地区，在唐代包括当时幽州的大部、檀州全部（今密云、怀柔、平谷县境）和妫州东部（今延庆县境）地区。隋炀帝大业三年（公元607年），改幽州为涿郡，唐初改郡为州，复称幽州，唐玄宗天宝时一度改称为范阳郡，以后又改为幽州。幽州治所设在蓟城，城址和北魏相同，一直到五代时期没有改变。

隋唐时期幽州城一直是北方的军事重镇，地处华北通往东北的要冲。隋唐两代东征高丽，每次大军都是从幽州出发的。

隋炀帝三次攻打高丽，都以涿郡为兵马粮食的集结地。

唐太宗贞观十九年（645年）四月，太宗誓师于幽州城南，亲率军队东征辽东，十一月班师入临榆关（今山海关）回幽州。这年在幽州城内诏建

悯忠寺，祭奠此次出征阵亡的将士。悯忠寺最终在公元696年建成。这座庙宇经过历代重修保留至今，改名为法源寺，它是北京城区内现存历史最悠久的名刹。

7世纪末，契丹和奚强大起来。为控制和防御契丹和奚，唐玄宗于开元二年（公元714年）设立幽州节度使。天宝三年（公元744年），平卢节度使（治所在今辽宁朝阳）胡人安禄山，由于镇压东北少数民族有功，兼任范阳节度使，天宝十一年（公元752年）又兼河东节度使。天宝十四年（公元755年）十一月，安禄山以讨伐杨国忠为名，从幽州起兵，一直打到洛阳和长安。后来安禄山集团发生内讧，安禄山为其子安庆绪所杀，安庆绪又为部将史思明所杀，最后史思明也为其子史朝义所杀。安史之乱前后持续7年多。

安史之乱被平息后，投降唐朝的安史余部仍然盘据在河北地区，实力仍很强大。唐王朝为换取他们表面的拥戴，都给以节度使名号，承认他们的割据。幽州地区从代宗广德元年（公元763年），李怀仙作幽州卢龙军节度使起，至后梁乾化三年（公元913年）李存勖从山西攻占幽州止，在150年间先后更换了28个统治者。

唐代的幽州地区，农业、手工业、商业都有发展。永徽年间，幽州农民引卢沟水，广开稻田数千顷，粟、绢是幽州重要的产品。蓟城附近有冶铁，城里也开设有铁行，铁的开采和冶炼是幽州重要的手工业之一。

幽州的地理位置决定了它在唐代国内商业贸易上的重要地位。马和皮毛等关外产品的输入，以及关内农产品和手工业品的输出，都以幽州为聚散地。幽州城北设有幽州市，各行各业都在市里进行营业。行业的种类见于房山云居寺石经题记的有白米行、米行、粳米行、屠行、肉行、油行、五熟行、果子行、椒笋行、炭行、生铁行、磨行、染行、布行、绢行、大绢行、小绢行、彩绢行、绵行、幞头行、靴行、杂货行、新货行等近三十种行业，不仅行业种类繁多，而且各行之间的分工也很细。

唐代与亚洲各国的经济文化交流频繁，中亚、西亚一带的乐舞和体育游戏不断传到中原。从波斯传来的击鞠（打球）成了唐代很流行的一种体育游戏，有马球和步打两种。幽州地区打球之风也很盛行，球场规模很大，通常还作为阅兵的场所。

隋唐时期佛教非常盛行，在今北京地区亦修建了不少佛寺，如云居寺、弘业寺、慧聚寺、兜率寺、悯忠寺等。位于房山区的石经山和云居寺是隋唐时期的佛教胜地，以石刻佛经而闻名。鉴于北魏北周统治者毁佛，大量佛经被毁，隋代幽州智泉寺僧智苑（又称静琬）秉承其师父北齐南岳慧思大师的意志，“以备法灭”，勒石刻经。后历唐、辽、金、元、明，共刻佛经

1100多种，3500余卷，15000余石，并有碑刻与题记共6800余条。石经版贮藏于半山腰的雷音洞中以及寺南的压经塔下藏经穴中，雷音洞内藏经石4196块，寺南的压经塔下藏经石10082块。云居寺石经版不仅保存了大量佛教经典，同时也为金石、书法、文字、历史等方面的研究提供了丰富而珍贵的资料，被誉为“北京的敦煌”。

第三节　辽代的南京

一、辽南京的建立

辽是我国古代北方少数民族之一的契丹族建立的政权。契丹族居住在今辽河上游的西喇木伦河（古称潢河）以南、老哈河以北一带，为鲜卑族的分支，长期过着游牧和渔猎生活。唐太宗时，契丹归附唐朝，唐在此设松漠都督府并赐其酋长姓李，担任都督。从武则天开始，契丹逐渐强盛，唐朝末年，契丹成为漠北的强大势力。

公元916年，契丹部落联盟首领耶律阿保机建立契丹国家。两年后，建都皇都（今内蒙古巴林左旗南波罗城）。公元927年耶律德光即位，改国号为辽，公元936年，辽支持后唐叛将石敬塘推翻后唐，建立后晋。作为酬谢，石敬塘无耻地称契丹主为父皇帝，贡纳岁币，并把包括今河北与山西两省北部的燕、云等十六州之地割让给契丹。辽会同元年（公元938年），改皇都为上京，改原南京（今辽宁辽阳）为东京，升幽州为南京，并作为陪都。

幽州历来是中原王朝在东北方的重镇。幽州依靠北面的古长城和榆关（山海关）、松亭关、古北口、居庸关、紫金关等天险，有力地屏卫了沃野千里的华北大平原，阻挡北方游牧民族骑兵的南下。在我国历史上，中原王朝与北方游牧民族统治者有统一，也有纷争。汉唐极盛时期，整个漠南漠北都在其直接控制之下。在统一的情况下，幽州作为汉族与北方少数民族间经济文化交流的枢纽而发挥积极作用。所以，当漠北被少数民族政权割据之后，幽州便成了中原王朝在东北前沿的军事重镇。而一旦幽燕尽失，中原王朝便在大平原上与之对峙，以骑战擅长的北方民族便可长驱纵横，中原王朝则直接暴露在他们铁骑的威胁之下。

二、辽南京城的重要性与遗迹

1. 辽南京城的重要性

契丹人将幽州升为陪都有两个原因：一是北京地区的地理位置重要，可以把它作为向南进攻中原或与中原对抗的阵地；另一个原因在于契丹占据了燕云十六州以后，它的统治疆域大大扩展，而且新占领的地区人口稠密，物产丰富，自然条件优越，经济文化和生产发展水平远远高于契丹族原来活动的北方草原地区。因此，为了加强对新占领地区的统治和掠取更多的财富，幽州城自然而然地成为辽在华北的政治中心。

辽建国 40 多年后，公元 960 年，后周禁军首领殿前都点检赵匡胤，在陈桥驿（今河南开封北）发动兵变，推翻后周，代周称帝，定都开封（亦称东京、汴梁），国号宋，史称北宋。并经过几年征战，初步统一中原地区，结束了五代十国的割据局面。北宋共历时 167 年，在此期间北方和西北地区先后出现了辽、金、西夏等地方政权，与北宋对峙和并立。

位于北方的辽，成为威胁中原的心患。由于汉地燕云十六州在契丹人手中，使得捍卫中原的天然屏障、险塞雄关尽失，契丹人经常挥兵南下滋扰和抢掠。因此，北宋的统治者从宋太祖赵匡胤起，不止一次企图北进，收复燕云十六州。公元 979 年宋太宗灭北汉后，乘胜伐辽，7 月双方在高梁河大战，宋军大败。7 年后，宋朝 30 万人马伐辽，又败。从此北宋再无力量北伐，只有在河北平原挖防御沟塘泊与辽对峙。公元 1004 年，辽兵南下，直抵黄河边，北宋妥协，与其签订了“澶渊之盟”，以每年向辽纳白银 10 万两、绢 20 万匹为条件换取辽军北撤，从此宋辽之间无大战，和平相处百年。

辽创制契丹大字和契丹小字，并在南京开科取士，辽南京遂成为北中国的文化与教育的中心。辽南京的印刷业十分发达，南京是雕版印刷业的中心，有着雄厚的经济基础和各种先进的工艺技术。印刷品中当首推官版雕印的《辽藏》（即《契丹藏》）。山西应县木塔出土了十二卷官版《辽藏》，进一步研究考证，《辽藏》编纂、雕印于辽圣宗时期，雕印地点就在燕京，当时主持制定经录、编校雕印《辽藏》的就是燕京首刹悯忠寺（今法源寺）沙门无碍大师诠明（旧名铨晓）。此外，在山西应县木塔中还发现了燕京辽统和年间印制的《南无释迦牟尼佛像》和《炽盛光九曜图》等彩色套印印品，为红、黄、蓝三色版在绢上印刷的。这是迄今发现的我国最早的雕版彩色套印印刷品，至今画面色彩绚丽夺目，造纸制墨都十分精良，所印经卷无论皮纸、麻纸都光洁柔韧，特制的施潢藏经纸近千年后未见虫蛀，墨色凝重黑亮，修复时在热水中冲洗刷去污垢而墨色毫不脱落湮晕。

2. 南京城垣

辽设有五个京城：上京临潢府，在今内蒙古巴林左旗南；中京大定府，在今内蒙古赤峰市宁城县；东京辽阳府，在今辽宁辽阳；南京幽州府，在今北京市；西京大同府，在今山西大同市。南京又称燕京，府名幽都，辽公元

1012年改称析津府，在辽代的五京中，以南京城的规模为最大。

南京城基本沿用唐幽州城，只是把城墙重加修筑，并未进行大规模城市改造。从史书记载与考古材料推断，其总体位置在今广安门和宣武门一带。其城垣四至为：北垣大致在今白云观以北一线；东垣应在今烂漫胡同与今法源寺之间；西垣在今会城门至莲花河东岸；南垣应在今白纸坊东西街稍北一线。

《辽史·地理志》记载南京城的周长是36里，城墙高三丈、宽一丈五尺。城有八门，每面二门，东面有迎春、安东；南面有开阳、丹凤；西有显西、清晋；北有通天、拱辰。南城外有打马球球场，也是阅兵场。东面有永平馆，旧名碣石馆，专为接待宋朝使臣和官僚贵族宴会而设。

辽兴宗重熙五年（1036年），在南京城内西南隅旧宫城的基础上动工兴建宫城，其西墙和南墙利用了外城的西、南墙的一段，即外城西墙的南段和南墙的西段同时也是宫城的西墙和南墙，而且城门也是共用的。宫城四面有门，东曰宣和门，南曰丹凤门，西曰显西门，北曰子北门。

由于南京城内西南角的一片地区为宫城，占了整个大城的近四分之一，所以大城内只有一条横贯东西的大街和一条纵穿南北的大街。纵穿南京城南北的大街由拱辰门直到开阳门，相当于现在牛街到南樱桃园一线；横贯全城东西的大街则自清晋门直到安东门，大致相当于现在的广内大街、广外大街的位置。

虽然辽南京城规模不大，但在当时整个北方仍不失为一个人口稠密、市井繁华的城市。城北设有市，为商贸中心，汇集各地的商品。城市人口达30万，其中包括多种民族，除了汉、契丹、奚、渤海等族以外，从“肃慎”、“罽宾”等坊名可以看出这里还有东北女真族及西域的少数民族。城内共划分为26坊，各坊有围墙、门上有楼，并悬挂坊额。坊门昼开夜闭，以此管理城内居民。辽南京城内的坊，大多分布在城的北半部及东半部。

3. 南京遗迹

随着历史的延续和城区的演变，辽代陪都南京城垣早已无存，但尚留有一些古遗迹供人观览。著名的有以下几处：

（1）大觉寺

大觉寺位于海淀区北安河乡西南的阳台山麓。始建于辽咸雍四年（1068年），初名清水院，占地9500平方米。金代时为西山八大水院之一，后改称灵泉寺。明宣德三年（1428年）原寺经扩建后方改今名。

大觉寺坐西朝东，在建筑上保持了辽代契丹人“朝日”之俗。寺院建筑布局精巧、严谨、幽深、壮观。其中中路主体建筑保持了明代的建筑法式及风格，为寺中建筑之精华，寺的后部是一处布局精巧、幽丽别致的寺庙园林。大觉寺有许多奇景被人们所称颂，其中：功德水兽，即山门内的功德池，其南北两端正中各有一石刻水兽，据考证，它系辽物，距今已有千年，殊为珍贵；辽代石碑，在龙潭之东，高 1 米多，顶部雕有盘龙，镌刻着“阳台山清水院藏经记”9 个大字，此碑对研究大觉寺的历史有重要价值；寺内有一株雄性银杏树，高过飞檐朱瓦，干围 7.5 米，树龄已逾千年，如今依然枝繁叶茂，被誉为“西山之冠”；寺内四宜堂前的一株玉兰树，花繁瓣大，玉洁香浓，据说它是遵乾隆年间住持僧迦陵的遗嘱，从四川随灵移来的，树龄已有 300 余年，被人们称为“北京玉兰”之最。在历史上大觉寺（玉兰为最）、法源寺（丁香为最）、崇效寺（牡丹为最）被称为“京城三大花卉寺庙”。

（2）戒台寺

京西古刹戒台寺坐落在北京门头沟区境内，始建于唐朝武德五年（公元 622 年），称慧聚寺。辽代咸雍年间（公元 1065 ~ 1074 年）高僧法钧来寺开坛讲授戒律，在这里营造戒台。当时，准备皈依佛门的人纷纷来寺学习经文和戒律，事后到潭柘寺楞严坛进行考核，合格者准许出家，并能成为游方僧人，从此戒台寺名声大震。

戒台寺又名戒坛寺。它以拥有全国最大的佛寺戒坛而久负盛名，同泉州的开元寺戒坛、杭州的昭庆寺戒坛，被称为“全国三大戒坛”，戒台寺在规模上又居三大戒坛之首，被誉为“天下第一坛”。

（3）天宁寺塔

天宁寺位于广安门外北滨河路，建于北魏孝文帝，原名光林寺。是为安放舍利而建，隋朝仁寿年间名为弘业寺，天宁寺塔隋代就有，后来塌毁。现存的天宁寺塔是辽代所建。

天宁寺塔为八角十三层密檐式实心砖塔，通高 57.8 米，建于一方形砖砌大平台上，塔下部为须弥座，雕有斗拱、莲花瓣。中部塔身四面设券门，有菩萨像，云龙等雕饰。转角处均浮雕金刚力士像，造型极为生动美观。上部为十三层出檐，各层檐角都系有风铃，每逢风起，便发出清脆的铃声。寺中僧书中所记塔上有铃 2928 枚，合计重 5246 千克。塔顶部为宝珠塔刹，整个密檐轮廓呈现出丰满有力的卷刹。天宁寺塔形雄浑，为典型的辽代密檐砖塔风格，造型及其雕塑艺术极为精美，同时也是研究辽南京城地理位置的重要依据。

(4) 牛街清真寺

牛街清真寺位于北京市宣武区牛街，是北京规模最大、历史最悠久的伊斯兰教场所，也是中国北方穆斯林主要宗教活动场所之一。

该寺初建于辽统和十四年（公元996年），明正统七年（公元1442年）重修，清康熙三十五年（公元1696年）大修，近年又有修缮装饰。寺院为中国宫殿式建筑，内部装修结合阿拉伯式建筑风格，总建筑面积1500平方米，寺院对面为一座长40米的汉白玉底座灰砖影壁。主要建筑有礼拜殿、邦克楼、望月楼、碑亭等。寺内还保存着明代石碑、清代巨型铜锅等重要文物，其中元至元十七年（1280年）和二十年的两块阿拉伯文墓碑，以及明弘治九年（1496年）用汉文、阿拉伯文两种文字所刻的《敕赐礼拜寺记》碑，为研究伊斯兰教历史的重要实物资料。

第四节 金代的中都

一、金军夺取燕京

辽朝统治南京城185年，在此时期我国东北松花江流域又兴起了一个少数民族——女真族，并建立了金政权。

10世纪初，女真人大多附属于契丹，分为熟女真和生女真。生女真人数最多，其中以完颜部较大，由十二个氏族组成。11世纪中期完颜部成为统一女真诸部的核心。公元1113年，阿骨打担任女真部落联盟的酋长，于公元1114年秋冬之间，正式举起反辽的旗帜，并先后大败辽兵。公元1115年初，阿骨打正式建国称帝，国号为金，定都会宁府（今黑龙江阿城县南面）。同年九月，女真人攻占了辽的军事重镇黄龙府（今吉林农安一带）。此后不久，辽的东京辽阳府及其附近地区被金兵全部占领。

女真人在军事上屡败辽兵，使腐败的北宋统治者认为有机可乘。宋徽宗宣和二年（公元1120年）派使者赵良嗣（原名马植）从山东浮海去金国与女真联系，订立“海上之盟”，议定两国合兵攻辽，金人攻辽的中京大定府，宋取燕京析津府，以长城为界，彼此用兵不得过关；事成，则将燕云十六州之地归还宋朝，宋仍以每年输辽的岁币50万两给金。

金人兴师攻辽，公元1120年5月，攻占辽上京临潢府；公元1122年又攻占了辽中京大定府，辽天祚帝西逃夹山。

而此时的宋朝，内部爆发了方腊起义，无力北伐。公元1122年5月，宋政府派兵北伐。辽将肖干、耶律大石等率兵应战，宋军一战即溃。7月，复进兵。由于郭药师的“常胜军”以涿、易二州来降，宋军才得以逼近良乡，但始终未能攻克南京。转年，金军却继续南下，突破居庸关、德胜口，直捣南京，肖后、耶律大石等自古北口西走天德，金兵不战而得燕京。

这时，北宋要求金按照盟约交还燕云十六州之地，并且提出收复原不在石敬塘割让之列的营、平、滦三州。金则责宋人出兵失期，认为原盟约不再有效，只同意将燕京及山前的蓟、景、檀、顺、涿、易六州予宋。而且威胁说，如果欲求平、滦等州，则连燕京也不给予。同时又以燕京为金兵所取为理由，要求把每年燕京租赋600万中的100万为代租钱赠予金人，作为酬谢。几经交涉，宋人只好全部接受金人的条件。公元1123年（宣和五年），金人席卷所有财货，并驱迫富室3万余户北去。宋人所得一座空城，把南京改称燕山府，郡为广阳。

不到两年时间，金人在俘获辽天祚帝、拔掉心腹之患以后，又卷土重来，乘胜南下攻宋。金军到达燕山府城下时，北宋守军不战而降。金军在占领燕山府后即长驱直入，渡过黄河，直逼北宋的京城汴梁。这时宋徽宗急忙传位给儿子赵恒，即宋钦宗。靖康元年（公元1126年），北宋的都城——汴梁被金军攻破，俘掳徽宗、钦宗二帝。徽宗、钦宗被俘至燕京后，徽宗曾囚于延寿寺，钦宗则囚于悯忠寺，不久又都迁至五国城（今吉林扶余县）。北宋王朝灭亡了，从此我国北方的广大地区沦为金朝统治，以淮水和陕西宝鸡境内大散关为界，以南属于偏安东南的南宋。

二、海陵王迁都燕京

金占领燕山府后，又把它改为南京，并把原设在平州的南京中书枢密院移到这里。由于金在华北地区的统治不稳定，也由于当时金政权仍处于原始落后状态，所以，金在攻占华北的最初十多年内，还以会宁府作为首都。公元1141年，宋金“和议”，淮水以北全部划归金朝版图。此时，南宋已杀害掉抗金将领岳飞，绝不再有任何抗金的准备，金在华北的统治已转入稳定状态，而迁都就提到日程上了。

公元1149年（金天德元年），完颜亮杀金熙宗而即帝位，史书上通称其为海陵王。海陵王登上皇帝宝座之后，一方面担心上京的宗室、贵族威胁他的统治，另一方面考虑到上京僻处一隅，不利于对全国的统治及与中原地区的经济交流，而燕京则四通八达，物产丰富。为了适应统治包含广大汉族地区的庞大帝国的需要，天德三年（公元1151）四月，海陵王颁发《议迁都燕京诏》，决定迁都燕京。天德五年，即公元1153年，金正式迁都燕京，改名中都，改析津府为大兴府。北京作为中国的首都自此开始。

金迁中都，有利于金对东北少数民族地区和对中原北方的统治，不仅使其政权体制实行封建化，还增加了汉族士人参政，使金朝成为多民族联合的政权，标志着金的历史发展到一个新的阶段。

三、金中都的营建与规制

金中都是在辽南京的基础上东、西、南三面各向外扩展1500米，并参照了北宋都城汴京的规划、建筑，进行大规模的改造和扩建而成，动用了120万人，历经两年，至贞元元年（公元1153）才告完工。

1. 城市布局

金中都呈长方形，由外城、皇城、宫城三部分组成。其外城的城垣遗址，据20世纪50年代考古勘测结果：西垣，位于今广安门外西南凤凰嘴及其以北一线，北端在羊坊店东南角，南端在凤凰嘴村的西南角；南垣，自凤凰嘴金中部城西南角向东，经鹅房营以北、万寿寺以南、祖家庄南、三官庙南有断续的土垣痕迹，土垣南侧凉水河自西向东流，延至花园村北，至四路通南而南流，此河即金中都的护城河，其北之土垣痕迹即为金中都南垣遗迹；东垣，应在直贯陶然亭南北一线不远，这条南北线上有潘家河沿、德荫沟、前河沿、大沟沿等，向北直达翠花湾处，“河沿”、“沟”、“沟沿”等地名均与东护城河有关，翠花湾应为东护城河与北护城河的转角处；北垣，一般均认为即唐、辽城的北垣，现已无迹可寻，约在今白云观的北侧，东北城角在宣武门内翠花街，西北城角在今军事博物馆南。

金中都的城门，据《金史·地理志》称“城门十三”：东为宣曜、施仁、阳春三门；西为灏华、丽泽、彰义三门；南为丰宜、景风、端礼三门；北为通玄、会城、崇智、光泰四门。金中都都城周长约18.69千米。

在今北京市区西南部丰台区凤凰嘴村、高楼村、万泉寺、马连道等地，为金中都城的南垣及西垣遗迹，共3处：凤凰嘴村为城西南墙角，墙体残高3米，长约100米，墙南面的水渠为金代护城河遗迹，为较大的一处遗迹；万泉寺村有南墙两段；高楼村有西墙一段。这些遗址是研究北京历史和城市变迁的重要实物。今北京市区西南部丰台区右安门外玉林小区的金中都水关遗址，是国内已知古代水关遗址中规模最大、保存完整的遗址，为金中都城的位置和水系研究提供了重要的实物资料，遗址区已建成北京辽金城垣博物馆。今北京市区西南部丰台区湾子的莲花池，古称西湖、太湖、南河泊，原为燕都蓟城西郊的一处湖泊，金代建都于湖东，莲花池作为城西的湖泊和城市水源，是研究金中都位置的重要实物。

2. 皇城

金中都的皇城，位于中部城内的中心，略偏于西南，是在辽南京皇城的旧址上扩建而成的，其位置在今广安门以南，呈长方形，皇城规模宏大。据《大金国志》记载“内城四周凡九里三十步”。中都内城的东墙在今南线阁稍东的南北直线上，北墙在今白菜籽村北的东西延长线上，南墙在鸭子桥以南的东西直线上，西墙在白云观铁道西大土堆南至小红庙村的南北直线上。

金中都皇城内的宫殿，是按北宋汴京宫室制度设计修建的。主要的宫殿建筑均配置在从应天门至拱辰门的中轴线上，皆以黄金五彩为饰，富丽堂皇。金中都的宫殿不仅在建筑制度上参照北宋的汴梁，甚至所用的建筑材料除取自真定府（今河北正定）“潭园”的木料外，也多从汴京拆卸而来，连汴梁京城里“艮岳”的太湖石，也被劫运到中都。

中都皇城内部的布局，据《金图经》等的记载，入皇城南门宣阳门，正中为御道，御道两旁东、西各有一排行廊（千步廊），东、西廊分为南北两段，之间有东、西大路。每段行廊中间各开一门。东廊南段的门内有来宁馆，为接待高丽、西夏外宾之所，西南转角处有“文楼”；东廊北段的门内通球场及太庙。西廊南段的门内为会同馆，是接待宋朝宾客之所，东南转角处有“武楼”；西廊北段的门内为金朝政府机关所在，南为三省，北为六部。御道之北为应天门前的东西大道。应天门前为丹凤楼。御道及应天门前东西大道，组成宫前“T”形广场。

3. 宫城

宫城坐北朝南，有四门：正门应天门、东门宣华门、西门玉华门、北门拱辰门。应天门内前为大安殿，为金宫中的主殿，即正殿，为皇帝举行盛大典礼的地方。后为仁政殿，是金帝常朝便殿，金宫中的第二大殿。据调查，在白纸坊西街城外段与滨河西路交叉处以外，为一处范围较大的建筑遗址。在这里采集到兽头瓦当，各种勾纹砖及唐、辽瓷片，可能是应天门内最大的建筑物大安殿遗址。在其北约300米处，椿树馆附近的另一处遗址，在此地曾采集到磨光黑色筒瓦、板瓦、绿釉瓦当及各种唐、辽时期的瓷片等，推测此地可能是仁政殿遗址。白纸坊西大街城外与滨河路交叉处路南土丘，可能是应天门一带的遗址。

今位于北京城内宣武区广安门外南街青年湖，为金中都太液池遗址，亦称西华潭遗址，在宫城西门玉华门外，是风景优美的皇家园林同乐园，该遗址是同乐园中的水池，南半部水池保留至今，是研究中都城宫室方位的重要实物。

4. 建筑技术

金代的建筑技术，达到了较高的水平，中都城则集中反映出金代在建筑上的成就。由于金灭北宋、攻陷汴京时，把大批建筑上的能工巧匠掳走，这些人被带到燕京定居，他们把中原的先进技术带到了北方。在海陵王扩建燕京、建立中都的浩大工程中，这些匠师发挥了他们的才能，为这座新的都城做出了贡献。

（1）华美的桥梁建筑

中都的桥梁建筑水平很高，技术精巧。金中都著名的桥梁——卢沟桥，建于大定二十九年（1189 年），原名广利桥，结构科学，技艺高超，是我国古代桥梁建筑史上的一颗明珠。

卢沟桥共有 11 个桥拱，除两侧金刚墙外共有 10 座桥墩。每座都是肩挑两拱，拱拱相连，共同承担桥体的负荷，使桥墩及各拱与桥体紧密地连接为一个整体，极为牢固。卢沟桥的桥墩平面呈船形，迎水的一面砌成分水尖，长 4.5~5.2 米不等，约占桥墩的 4/10，用以迎击上游冲来的洪水，经过券洞后，作流线型内收，状如船尾（即背水的南面没有分水尖，而是方形的），使水流可以迅速分散，减轻了水流券洞内的压力，有效地保护桥体。

为使桥墩北端的楔形分水尖更加经久耐用，设计者在每个分水尖上加装了一条边长约 26 厘米的三棱形铁柱，俗称“斩龙剑”，春季可以击破流冰，防止损坏桥墩，夏季可以防止、减少急流对桥墩的冲击力，这是卢沟桥建造者极富创造性的杰作。在卢沟桥地区，历史上曾有过许多关于“斩龙剑”守护石桥平息水患的传说。

在卢沟桥建成后约 100 年，意大利著名旅行家马可波罗称赞卢沟桥是一座“美丽的桥，各处桥梁之美，鲜有及之者”。

（2）金陵的修建

金陵位于北京西南的房山区大房山云峰山下，在方圆 60 平方千米的范围内，共分布有金代帝陵 17 座及一些后妃和亲王、郡主的陵寝。这是中国历史上为数不多的少数民族皇陵，也是北京地区目前已知年代最早、规模最大的帝王陵。

完颜亮迁都中都后，按照汉族的习俗，决定在国都附近修建皇帝的陵墓，最终选定了中都城西南方的大房山地区作为建陵地带。贞元三年（公元1155 年）开工建陵，到贞佑二年（公元 1214 年）中都被蒙古所占，前后59 年间，金朝的各代皇帝、皇后、太子、诸妃、诸王等死后都葬入陵域。

经过几代帝王的经营，金陵从初期安葬太祖等三帝发展成为一座庞大的陵墓群。金代在大房山设万宁县以奉山陵，其后又改称奉先县。元代这里又改称为房山县，房山县因大房山而得名。

金陵在金王朝迁都后开始荒废，在金元之际已遭破坏，到明代时仅存残迹，明末统治者因辽东战事又把残迹摧毁，在陵址建关帝庙“压胜”。清入关后，重修金太祖陵并恢复金陵祭祀，清初顺治年间将金太祖的睿陵、金世宗的兴陵加以修复。只修复这两陵的原因，是认为金太祖是开国皇帝、金世宗政绩卓著，他们的影响较大之故。清圣祖康熙在御制金太祖、世宗陵碑文中称：“惟金朝房山二陵，当我师克取辽阳，故明惑形家之说，谓我朝发祥渤海，气脉相关”。

由于金陵被毁，且年代久远，关于金陵的范围和方位，只有遗迹可寻。20 世纪 80 年代，北京考古工作者对金陵进行了大量调查，其中最重要的发现是睿宗陵碑，另一重要发现是一段保持原貌的御道，从碑的记载及御道原貌中，可窥见当年金陵位置及规模之一斑。

2002 年春，北京市文物研究所对金陵进行清理发掘，发现了一处石椁墓。经过一年多发掘，迄今已从该墓中出土四具石椁，其中的雕龙纹、凤纹的汉白玉石椁为国内首次发现，应为皇室专用。根据史书及有关文献记载，金陵主陵区内应埋葬五代帝王，即太祖、太宗、德宗、睿宗、世宗。由于该墓坑位于整个金陵遗址中轴线上，专家初步判定该墓坑为金太祖完颜阿骨打的睿陵。对金陵祭祀坑遗址进行清理发掘，截至目前，除在完颜阿骨打的睿陵内发现四具棺椁外，还在该陵寝遗址区内清理出金丝冠、铜柄铁剑、石枕、磁州窑龙凤罐及金“泰和”铜钱等。据史书中记载，当年陵区的面积约有 60 平方千米，比十三陵陵区的面积要大，而完颜阿骨打陵寝是这里第一个被发现的皇陵。此次金陵的考古发现，对于研究金代帝王陵寝制度，女真族政治、经济、文化和中国历史都有十分重要的学术价值。

（3）燕京八景

金章宗是北京古代少见的旅游家之一，他开辟了不少名胜。“燕京八景”据说即是在金章宗明昌年间确定的。自北宋画家宋迪以潇湘风景写平远山水八幅，世人称为“潇湘八景”之后，文人对地方风景，习惯上都有八景、十景之称。金章宗时也出现“燕京八景”之说。《春明梦余录》载：“燕京八景：一曰居庸叠翠，一曰玉泉垂虹，一曰太液秋风，一曰琼岛春阴，一曰蓟门飞（烟）雨，一曰西山积雪，一曰卢沟晓月，一曰金台夕照”。这八景在元代较为广泛地被文人当作诗、词、曲的题材。到了明代，金代的这八处景物大多被明人附会于明代北京的相应景物上，称为“北京八景”，明代及其后著作中所称的燕京八景，已大多不是金时八景所指的景物了。

思考题:

1. 周口店地区曾生活过哪些古人类?
2. 金海陵王的迁都，在北京历史上有何重大意义?

第五章

元代的大都

第一节 蒙古族统一中国

蒙古族是我国的一个有悠久历史的民族。辽、金之时，他们还处在原始社会的末期，分成若干部落，受辽、金的控制。13世纪初，蒙古族在杰出领袖铁木真的领导下，开始了统一各部的斗争。经过激烈的内部争夺，铁木真于公元1206年统一了蒙古各部，创建了蒙古帝国，被推举为全蒙古的大汗（皇帝），尊称为成吉思汗。

蒙古统一后，以成吉思汗为首的蒙古贵族，随即向金朝发动大规模的进攻。公元1211年，成吉思汗亲自率军击败金军于野狐岭，攻下了乌沙堡和德兴府。公元1213年，成吉思汗又一次大举伐金，分三路深入华北平原，一度包围了中都城。转年，再围中都，成吉思汗汇集大军于中都北郊，金宣宗遣使请和，成吉思汗退兵北去。为躲避蒙古军的威胁，金宣宗决计将都城南迁汴梁（开封）。中都城作为金朝的统治中心，前后共经历约60年。

公元1215年，金朝迁都汴梁的第二年，蒙古骑兵攻进了中都城，中都城内金代的皇宫被大火焚烧。蒙古军队攻陷中都城并占领了黄河以北广大地区之后，便在成吉思汗的统帅下挥师西征，留守华北的任务则交给了木华黎。这时的中都城已改称燕京，是一座残破的城池。

公元1227年，成吉思汗在消灭西夏后病死于六盘山南麓的军营中。一年后，蒙古诸王遵照成吉思汗的遗嘱，拥立窝阔台（元太宗）为大汗。公元1233年，蒙古与南宋联合共同灭金。1234年金哀宗在蔡州（今河南汝南）自杀，金朝前后历时120年，至此结束。

金朝灭亡后，蒙古与南宋开始处于正面冲突状态，揭开了长达四十余年的战争。蒙哥（宪宗）即大汗位后，令四弟忽必烈继续南进。公元1259年7月，蒙哥在一次战斗中死于军中。忽必烈闻讯，从鄂州急速北返燕京，与留守在和林的弟弟阿里木哥展开了争夺汗位的斗争，并于公元1260年3月，于开平（今内蒙古正蓝旗东）宣布自己即大汗位（即元世祖），年号中统。中统四年，改开平为上都。至元元年（公元1264年）八月，忽必烈下诏以燕京为中都，作为陪都。至元八年（公元1271年）十一月，定国号为“大元”。次年二月，忽必烈改中都为大都，并从上都迁都大都。从此，北京取代了长安、洛阳、开封等古都的地位，成为中国这个统一的多民族国家的政治中心。至元十三年，南宋帝后请降，至元十六年初，元军最终平定广东沿海地区，文天祥、张世杰等抗元领袖也先后遭到捕杀。至此宋亡，元朝统一全国，北京成为全中国的首都。

第二节 元大都的营建

一、开通惠河

元大都的营建工程从至元四年（公元1267年）开始，前后共历时近十年，工程浩大。元大都的兴建，是北京城市发展史上的一个极其重要的转折点。它放弃了莲花池水系上历代相沿的旧址，在其东北部高梁河的下游另选新址，以金代琼华岛离宫为中心重建新城。元大都成为大元帝国的统治中心后，由于人口迅速集中，数年间即超过了40万人，使大都面临两大难题：一是用水紧张，偌大的京城只有太液池、莲花池、海子三处蓄水，可供饮用，不能满足城市日常的需要；二是运粮困难，从南方运往京城的粮食经过京杭大运河运到通州后，靠夫役从陆路运输到大都，每年需运官粮若干万石（1石=10升），新粮运到正值北方秋雨季节，人役劳苦，效率较低，耗资巨大。在很长一段时间里，元大都的漕运都要依靠城市东部的坝河。每次河道淤塞，就要军民上万人进行疏浚，朝廷对此十分焦虑。

年仅31岁的郭守敬详细勘察了北京的地形地势，经过周密的分析以后，得出一条结论：要解决由通州到元大都这一段25千米的水运问题，必须要沟通大运河。但问题是，从测量中得知，通州的地势要比大都低，不可能引运河水向西流，只能引城内水向东流。

金朝开挖的运河，流经大都城墙的南面，以下往东到通州的一段完全可以利用，因此所需解决的只是上游的水源。郭守敬经过详细踏勘测量，发现在温榆河水系上游，昌平东南的白浮山诸山，山间有众多的泉源，如王家山泉、玉泉、龙泉、冷水泉等。他又发现此地的山势略高于元大都，这就为引水提供了方便，于是向忽必烈正式建议以白浮泉水为水源，用以接济与开通通州与大都之间的河运，作为漕运的水道。其次他精确测量出昌平东南的山势稍高于瓮山一带的高度。700 多年后的今天，我们从昌平区与海淀区地图上得知，白浮泉一带高约 60 米，万寿山昆明湖的入水口高约 48 米。郭守敬还提出了以海平面为零点的海拔高度概念，这一概念早于德国大数学家高斯 560 多年。从白浮村到瓮山泊有 50 多华里（1 华里 =0.5 千米）的水路，令人惊奇的是这与 700 年后，在精密仪器辅助下修成的京密引水渠的路线极为相近。其实，是京密引水渠沿着白浮河的故道向西流动。第三，通惠河工程从技术上来说最突出的是白浮堰线路的选择。这项引水工程是由东向西流动的。但是必经之地的沙河与清河谷地，地势都比大都低。白浮泉的水流不能通过谷地导入京城，怎样使水由低向高处流呢？于是他巧妙地调整了人工渠的流向，采取了“欲东先西”、“倒行逆施”的办法，让泉水顺着低势的坡降绕了一个弯，绕过两河谷地，使泉首开始不向南流而先向西流，沿着西山的前坡转向昆明湖，这就是所谓的“西行南折”。郭守敬所选的线路，虽然迂回，却保持了河道较小的水位落差梯度，且可拦截沿途所经的诸多水源，使流入运河中的水能有较大的水量。当代许多地理学家考察了白浮堰线路之后，对郭守敬的成就无不交口赞誉，这就是历史上著名的引昌平县白浮泉水入元大都的水利工程。

引自昌平白浮泉的水，先向西南到瓮山泊，也就是今天的昆明湖，然后再向东南方进入大都城，最后向东流入运河。当年，这条人工河流入大都，在城市的中间形成了一个巨大的湖泊，被称为“海子”，又叫“积水潭”。南北大运河全线修通后，积水潭成为北方终点码头。

通州的地势比大都低，如何使船队从地势低的通州驶向地势高的元大都，怎样使通州通惠河的河水向西“逆流而上”，关键是水量问题。郭守敬精巧的设计是“筑坝设闸”，每隔 5 千米设置一个水闸，至通州共 7 闸，当提起上一闸门时就马上关闭下一个闸门，保证这一河段内拥有充足的水量，以利于船只航行，如此提一闸，关一闸，闸闸相连，距闸 0.5 千米左右，上置斗门，及时蓄泄河水。整个引水工程于至元二十九年（1292）八月兴工，从昌平白浮泉开始，西折南转，汇集诸流，入瓮山泊，经高梁河，至和义门北入都城，汇入积水潭，东南出文明门，东至通州张家湾，尾注白河。整个工程只用了一年半时间，全长 80 多千米的运河连同全部闸坝工程就完成了，这条运河被命名为通惠河，而自昌平到瓮山泊的一段又特称白浮堰。从此以后，南来的船舶可直驶到大都城中，作为船舶终点码头的积水潭，桅樯如林，热闹非凡。通惠河不但解决了运粮问题，而且促进了南货北销，繁荣了大都城的经济。北京的漕运最多的时候，一年可以运输 250 万石粮食和大量的物资，直到太平天国时期，京城的漕运最终完成了它的历史使命。

二、元大都的规制

大都的设计，完全是按照《周礼·考工记》所规定的原则构思的："匠人营国，方九里，旁三门。国中九经九纬，经涂九轨。左祖右社，面朝后市。"大都城分为大城、皇城和宫城三重，整个城市布局严整、气势恢宏，宫殿建筑富丽堂皇。

据《元史·地理志》记载，大城"城方六十里，门十一座"。大城平面略呈长方形，正南三门，分别为文明门（今东单南）、丽正门（今天安门南）、顺承门（今西单南）；北面二门，分别为健德门（今德胜门小关）、安贞门（今安定门小关）；东面三门，分别为光熙门（今和平里东）、崇仁门（今东直门）、齐化门（今朝阳门）；西面三门，分别为为肃清门（学院路西端）、平则门（今阜城门）、和义门（今西直门）。1969 年北京市因修地铁环线，将西直门城楼、瓮城、箭楼拆除，拆除箭楼台基中发现元代和义门瓮城券门及城楼残迹，城门残高 22 米，门洞长 9. 92 米，宽 4. 62 米，内券高 6. 68 米，外券高 4. 56 米。城楼遗迹，面阔三间，进深三间，四壁有收分，有防火攻之设备。这一发现为研究元代城门建筑结构提供了珍贵资料，原址现已辟建为道路。

大城中心设中心阁。据《析津志》记载：阁之西为齐政楼、更鼓谯楼，楼之北为钟楼。齐政楼即现在的鼓楼前身。经钻探，在今景山以北发现一段南北向道路遗迹，即是当时中轴线上的大道一部分，由此向南，穿过故宫的厚载门、崇天门（今端门），经过皇城至丽正门，为大都的中轴线，恰与明清北京中轴线相吻合。

城中的街道，按照《周礼》的原则，由一些南北和东西走向的干道区划成方整的棋盘形，自南至北谓之经，自东至西谓之纬。大街二十四步阔，小街十二步阔，三百八十四火巷（即蒙语胡同），二十九条街。意大利旅行家马可·波罗对大都的街道颇为赞赏，他曾描述"街道甚直，此端可见彼端，盖其布置，使此门可由街道远望彼门也"，"全城地面规划有如棋盘，其美善之极，未可言宣"。

皇城在大城之内，周长约 10 千米。皇城的城墙俗称"拦马墙"，它的东墙在今南北河沿的西侧，西墙在今西皇城根一线，北墙在今地安门南，南墙在今东西华门大街以南，南端正中的棂星门在今午门附近。皇城之内，以万岁山、太液池为中心，大内、隆福宫和兴圣宫三组宫殿鼎立。

宫城偏在皇城的东部，太液池以东。宫城周长九里，共开六个城门：南面正中为崇天门，约在今故宫太和殿的位置，其左为星拱门，右为云从门；

北为厚载门，在今景山公园少年宫前；东为东华门，西为西华门，东边和西边的城墙在今故宫的东西两城垣附近。

宫城内的主要建筑，分南北两组。南组以大明殿为主体，大明殿是皇帝登极、正旦、寿节、会朝的地方，殿址正好选在宫城的中心线，也就是全城的中轴线上。前为殿陛，分为三级，绕置雕有龙凤图案的汉白玉栏杆，栏杆外每根楯柱下面有汉白玉雕琢的螭头伸出，环绕殿陛四周，殿四面皆有方形大柱，上面装饰有金龙、花卉和云朵图案，和现在的故宫太和殿基本相似。北组宫殿以延春阁作为主体，为后廷，整个后廷的建筑形制与前朝基本一致。大明殿和延春阁，这两组主要宫殿都是“殿”与“宫”之间加筑一道柱廊，构成“工”字形。马可·波罗在游记中写道：“城是如此的壮丽，布置得如此巧妙，我们竟是不能描写它了。”

元人都城是以汉族为主设计建造的，但也融合了蒙古族的习俗。如元大都宫城为白色，这与汉族宫墙喜红色相左，从中反映蒙古族人崇尚白色。再如“内寝屏障重复帷幄，而裹以银鼠，席地皆编细罩，上加红黄厚毡，重复茸单”，“凡属木构露明部分都用织造物加以遮盖”，以及壁衣地毯的广泛使用，这些都是元代宫廷建筑上比较明显的特点。大都城的设计和建造，继承了中国传统设计的特点，遵循了“面朝后市，左祖右社”的传统，突出了封建帝王独尊的建筑主题；又采用了北宋汴京的开放型城市建筑的优点，打破了汉唐以来的封闭型坊式建筑，使新建的大都城建筑风格为之一新，成为中国封建社会后期的典型，在中国古代都城建筑史上占有很重要的地位。

三、元大都的文化

1. 元大都的典型建筑

白塔寺：位于北京城内阜成门内大街路北。白塔始建于元至元八年（公元1271年），至元十六年（公元1279年）建成，高50.9米，由尼泊尔著名工艺家阿尼哥主持兴建。塔成后建寺，名大圣寿万安寺，建于辽永安寺旧址。元至正二十八年（公元1368年）寺毁于雷火，仅存白塔。明天顺元年（公元1457年）重建，改称妙应寺，俗称白塔寺。

北京孔庙：位于北京东城区国子监街。占地2.2万平方米，始建于元大德六年（公元1302年），大德十年建成（公元1306年）。历代多次重修，为元、明、清三代祭孔建筑，又名“先师庙”。庙内立有元、明、清三代进士题名碑198座，题刻历代进士5万多名。

国子监：位于北京东城区国子监街，是元、明、清三代的最高学府。国子监古时称成均，后称太学，唐代始名国子监。元大德十年（公元1306

年）始于大都兴建，初名国子学。明洪武年间改称北平郡学，永乐年间改称国子监，又称北监（有别于南京国子监），清代扩建。

后门桥：位于北京西城区地安门外大街中央。始建于元至元二十二年（公元1285年），初名万宁桥，俗称海子桥。因桥在地安门北，地安门又称后门，故桥又称后门桥。建于元大都城内的通惠河上，是当时重要通道。桥为单孔石拱桥，桥下有著名的海子闸（澄清闸），为调节水位之用。传说桥下刻有“北京”二字，如水涨至此，北京就会发生水灾。后门桥对研究北京漕运史及周围地区商业发展具有重要价值。

白云观：位于北京西城区滨河路白云观街。为金代长春宫之别院，成吉思汗命全真派长春真人丘处机掌管天下道教。金正大元年（公元1224年）丘处机自蒙古东归主持太极宫，并改名长春宫。正大四年（公元1227年），丘处机去世，其弟子尹志平将长春宫东院命名白云观，并建处顺堂葬丘处机。元末长春宫毁，明洪武二十七年（公元1394年）以白云观为主体加以扩建，正统三年至八年（公元1438～1443年）大修。清康熙十五年（公元1676年）再次扩建。

双塔寺：又名庆寿寺，原址在今西长安街一带（今电报大楼附近）。初建于金大定末，元初重修，为“京师之冠”，因寺内有僧海云和可淹的二灵塔而得名。海云，号称“燕国大师”，元初刘秉忠（著名政治家和大都的建筑设计者）是他的弟子，并由他推荐，使刘秉忠成为忽必烈的幕僚。

万松老人塔：在今西四一带。万松老人是金元时名僧，是元初中书令耶律楚材的师傅，1241年圆寂后，修此墓塔祭之。清乾隆十八年（1753）重修，现塔为1927年重修。清塔中包着元塔。

2. 杂剧

元代的杂剧艺术，是继唐代的诗歌和宋代的词曲这两种文学形式达到巅峰状态之后而发展起来的又一种新的艺术。

元代杂剧的产生和发展与当时的社会现实有着密不可分的联系。蒙古统治者入主中原后，采取了野蛮的掠夺方式，施行落后的统治政策，导致了社会矛盾的激化，从而使过去在统治机构中占有一席之地的许多儒士，长时期倍受压抑。他们的抱负和才干得不到统治者的承认，由此而产生的郁愤要通过各种形式加以宣泄。于是许多儒士起而执笔，运用创作杂剧角本，把他们对社会现实的不满和抨击完全表露出来。许多杰出的现实主义的杂剧作品，也正是在这种情况下问世的。

杂剧产生于金元之际，其活动中心在大都。当时汇集在大都的众多杂剧作家中，成就最高、影响最大的首推关汉卿。关汉卿，大约生于成吉思汗末年（公元1227年前后），卒于成宗大德初年（公元1297年前后）。据有关文献记载，关汉卿的杂剧作品，共有六十多部，流传到今天的，只有《感天动地窦娥冤》、《救风尘》、《单刀会》等十余部了。

当时与关汉卿齐名的著名杂剧作家，还有马致远、王实甫等人。马致远，字千里，号东篱，大都人。他的杂剧作品，艺术水平也很高，但在作品的取材和立意等各方面，都表现出较多的消沉倾向，这和他仕途不得志有关。他的传世之作有《江州司马青衫泪》、《破幽梦孤雁汉宫秋》、《半夜雷轰荐福碑》等剧。王实甫，名德信，大都人。他的成名之作是《崔莺莺待月西厢记》。该剧是在金朝董解元《西厢记诸宫调》的基础上进一步加工而成的。自问世以来就备受好评。作者对人物内心的细腻刻画，达到了元代杂剧的最高境界。这部作品，是所有元代杂剧中少见的长篇巨著。

3. 大都的书画

元朝统一后的大都，聚集了全国众多的书画名家，代表了元代书画界的最高水平。其中，赵孟頫、鲜于枢、邓文原、杨植、郭贯、周伯琦等，皆以书法为一代之典范；而高克恭、何澄、李衎、商琦、李士行、赵雍、王振鹏、李肖岩、刘融、张彦辅、柯九思等，则以画技为当时之巨匠。他们或是生长在大都，或是在此生活过一段时间。

在大都的书画界，甚至在整个中国书画发展史上，赵孟頫都占有极其重要的地位。他不但诗文超群，为一代之冠，而且书画技艺也极高，称绝古今。他的绘画作品，见于文献记载的有：以山水为题材的有《江山万里图》、《山房清思图》、《鹊华秋色图》、《水村图》、《秋山图》等；以人物为题材的有《陶渊明像》、《袁安卧雪图》、《杜陵小像》、《吹萧美人图》等；以花竹为题材的有《幽兰修竹图》、《枯木竹石图》等；以禽鸟为题材的有《雪鹊图》、《迷禽竹石图》、《秋郊饮马图》、《梅鹤图》等，不胜枚举。此外，赵孟頫的书法技艺也很高，人们常说的颜、柳、欧、赵四大楷书书体，其中赵，即是赵孟頫。

思考题：

1. 郭守敬在元大都的营建上有哪些重要贡献？
2. 元大都是根据什么规制设计的？

第六章

明朝的北京

第一节 朱棣迁都北京

公元1368年春（旧历正月）朱元璋即皇帝位，定都南京。当年七月，大将军徐达会诸将于临清，长驱北上，攻克德州及通州。元顺帝带着后妃、太子及部分蒙古大臣，从健德门仓皇北逃。至此，历时98年的元朝灭亡，明政府改大都为北平府，并设立了一个地方行政机构——北平布政使司。

元顺帝退走蒙古高原，继续号称大元皇帝，时刻伺机南侵，企图复辟。明军攻克大都之初，北城一带空旷荒凉，为了防备北逃的元皇室残余势力的南犯，放弃了北部城区，拆掉了北城，在其南面约5千米处另筑新的北城城垣。新筑北城城墙仍只设两个城门，重加命名，东为安定门，西为德胜门。此外，明初还分别将东城墙的崇仁门易名为东直门，西城墙的和义门易名西直门。

洪武三年（公元1370年），朱元璋封第四子朱棣于北平，为燕王，以巩固北方的守卫，防御蒙古的南侵，燕王府即设在元朝的隆福宫旧址。洪武三十一年（公元1398年）朱元璋死后，因太子早死，由皇太孙朱允炆嗣位，改元建文。不久，建文帝为巩固统治，采取削藩政策。朱棣以清君侧为名，于公元1399年起兵，称其师为“靖难”，朝廷将士有许多人投降燕王。经过3年的战争，于建文四年（公元1402年）六月，燕兵入都南京，建文帝不知所终。朱棣于六月十七日即皇帝位，建元永乐。

永乐元年（公元1403年）正月，礼部尚书李至刚等首先提出北平应建为京都。此议正中朱棣心意，遂命改北平为北京，升为陪都。

永乐四年（公元1406年），朱棣遂决定派出尚书、侍郎、副都御使、佥都御使等大员七人赴五省采木，督军民匠役烧造砖瓦，并命工部征天下诸色匠役、军士、民丁，明年赴北京听役，一个迁都的计划已经形成。

维护北部边疆的稳定，造福子孙后代，是永乐迁都的主要原因，但也有一些其它方面的原因。北京是燕王的发迹之地，起事时的宿将谋臣，多为燕邸、北平都司及燕山三卫所属的将校，功成之后难免有恋乡之情。另外，朱棣在“靖难”之役时虽“义正词严”，但在得位后大量杀戮忠于建文帝的臣子及家属，难免有失忠、仁、义之嫌，总有一种不安的心理。因此，离开南京，将京师建在自己熟悉的北京，心理上亦能得到某种平衡。

北京城的营建，至永乐十八年（公元1420年）才基本竣工，前后延续了15年之久，其间虽经历了三次大规模对蒙古战争，但营建工程一直未有停止过。当时有23万工匠、上百万民夫以及大量兵士投入宫殿营造工程，工程规模之浩大，耗费钱财之惊人，是难以想象的。

永乐十九年（公元1421年），正式迁都北京，北京再一次成为全国的首都。

第二节　北京城的改建

据记载：“营建北京，凡庙社、郊祀、坛场、宫殿、门阙，规制悉如南京，而高敞壮丽过之。”明代的北京城，分为紫禁城、皇城、内城、外城四重，而改建的最主要的重点工程，则是紫禁城和皇城。

一、紫禁城

紫禁城即宫城，是京城的核心。明代的紫禁城较元朝大内旧址稍向南移，周围加凿了护城河，一律用石条砌岸，俗称筒子河。随后又拓展了旧皇城的南、北、东三面，从而扩大了紫禁城与皇城之间的距离。

紫禁城南北长950米，东西宽760米，东西两墙的位置仍同元大内旧址，南北两墙分别向南推移了近400米和500米。紫禁城周围共3千米，墙高10米，有4门，南为午门，东为东华门，西为西华门，北为玄武门（清改为神武门）。

紫禁城的主要建筑均座落在中轴线上，由南而北有午门、皇极门（原称奉天门，清改称为太和门）、皇极殿（原称奉天殿，清改称太和殿）、中极殿（原称华盖殿，清改称为中和殿）、建极殿（原称谨身殿，清改称为保和殿）、乾清门、乾清宫、交泰殿、坤宁宫、御花园、玄武门。其它次要建筑则按对称原则，配置在中轴线的左右两边。皇极门、中极殿、建极殿的左右有文华殿、武英殿；乾清宫、交泰殿、坤宁宫的左右更是重楼叠阁，千门万户。由午门到建极殿构成外朝，是皇帝发布政令、举行国家大典的地方。由乾清门到玄武门构成内廷，是皇帝处理日常事务及与后妃居住之所。

坤宁宫的后面有御花园，中间一座大殿名钦安殿，大殿四周在苍松翠柏、奇花异石之间点缀有亭台楼阁、池馆水榭。花园面积不大，却玲珑奇巧，景色瑰丽。

紫禁城门卫森严，设防严密，宫城高大的城门矗立着城楼，城墙的四隅建有结构奇巧、号称九梁十八柱七十二脊的角楼。围绕宫城设有三十六座驻所，驻扎重兵，四周绕以宽阔水深的护城河。

在紫禁城以北，座落在中轴线上的建筑，还有万岁山和钟鼓楼。万岁山俗称煤山，清初改称为景山，是明初扩建北京城时，用渣土堆筑而成，上有五峰。清乾隆十六年（公元1751年）于五座山峰上各建一亭，中为万春亭，东为观妙亭和周赏亭，西为辑芳亭和富览亭，登临山顶可俯瞰全城。此山立在元朝后宫的旧址上，意在压胜前朝，所以又叫做“镇山”。鼓楼和钟楼建在元代中心阁的旧址上，成为明代北京城中轴线的北端，是全城的报时中心，现存建筑为清代重建。

二、皇　城

紫禁城的外面为皇城，周围9千米有余，主要有六门：南面第一门为大明门（清改为大清门，辛亥革命后改为中华门），第二门为承天门（清改为天安门），第三门为端门，东面为东安门，西面为西安门，北面为北安门（清改为地安门）。皇城于民国初年拆毁，现在根据东西皇城根和东安门、西安门、地安门等地名，仍可勾画出其轮廓。

承天门是皇城的正门，门前点缀有汉白玉石桥和华表。凡皇帝登基和册立皇后等盛大庆典，照例在承天门举行隆重的“颁诏”仪式。承天门内，端门至午门的御道两旁，分别建有六科值房，辅助皇帝处理奏章，检查监督吏部、户部、礼部、兵部、刑部、工部等中央官署。

三、内　城

内城是在元大都城基础上改建的。洪武元年徐达占领元大都后，以其城围太广，不便防守，遂将比较空旷的北部放弃，另在原北城墙南5里筑了一道新的城垣。永乐十七年（公元1419年），又将南城墙向南推移了1千米，仍开三门，名称如旧，至此城围共20千米。正统元年（公元1436年），明朝又修建九门城楼、月城、角楼、城壕、桥闸，四年完工，遂改丽正门为正阳门，文明门为崇文门，顺城门为宣武门，齐化门为朝阳门，平则门为阜城门，九门之名历清朝未变。

四、外　城

明朝中叶，北方蒙古族马队不时南下骚扰，甚至迫近京城；同时又由于京城人口大量增加，城外居民日益稠密，因此朝中不断有人主张修筑外城。于是在1564年（嘉靖四十三年），又完成了一道包围京城南面的外罗城，即所谓北京外城。原计划外城包围京城四面，但因经费不足，只修成了正南一面，因而使北京城的轮廓呈一个“凸”字形。外城长14千米，有七门，正南为永定门，南之东为左安门，南之西为右安门，东为广渠门，东北角为东便门，西为广宁门（清代为避道光旻宁名讳，改为广安门），西北角为西便门。

元代大都城为土城，明朝则把内城的土墙全部用砖包砌，洪武时包砌了城墙外侧，正统时又包砌了城墙的内侧。嘉靖年间加修的外罗城，则是一开始即用砖包砌。内城九门外面护城河上旧有木桥，正统初年也都一律改易为石桥，明代京城的坚固，远远超过了元大都。

第三节　明代北京的经济和文化

北京自15世纪初建成为明朝的首都后，作为全国的政治中心，经济繁荣、文化兴盛，是全国首屈一指的繁华城市。

一、经济发展

永乐初年，从全国各地征调大批工匠参加北京宫室的营建，其后不少人就留住北京，他们把我国各地的优良传统手工业技术带到了北京。明朝把匠户分为轮班和住坐两种，明政府规定要有18万户轮班匠定期分批来北京服役，每隔3年或4年为一轮，每户出工匠一人，估计每年来京上工的工匠有4.5万之多。此外，还有2.7万户住坐匠从南京搬来，这些人以后就附籍于大兴、宛平两县，长期留住北京了。

最初，在北京的手工场和作坊大部分是官营。明政府把一切营建和制作的工程分由内府和工部管理，在其下设立若干局、厂和窑作。局、厂是管理手工业或建筑的机构，包括神木厂、大木厂、琉璃厂、黑窑厂和台基厂等五大厂。窑、作是从事生产的基层组织，如内宫监的土、木、石、漆等工作。属于内府的手工作坊，生产品专供皇家消费；属于工部的手工作坊，生产品则供应国家的大工程和军需。

明初北京的官营手工业，无论是冶铁、铸铜、纺织或是军器、火药的制作技巧，都超过了前代。在染织局、蓝靛厂工作的工匠有32种行业，从打线、络丝、挑花、纺织、洗白到染色，包括织和染诸工序，分工极细。在兵仗局服役的工匠有34种行业，其中如弓匠、火药匠、神箭匠等，都具有特殊的制作技能，他们和军器局共同生产的火器已达58种之多。在内府服役的工匠制成的漆器、香炉、景泰蓝瓶、宫扇之类的工艺品，均十分精巧细致，雕漆和景泰蓝成为全国驰名的珍品。在城郊各地受官府控制从事凿石、烧灰、冶铁的窑工和窑户，专门为修建北京城垣、宫阙、寺院供给原料，窑工们所烧造的金碧辉煌的琉璃瓦更是独具风格。

在北京城郊，还有一部分私营的手工作坊和矿场。手工作坊中有磨坊、酒坊、机坊、染坊、铁坊、铜坊等，很多作坊都与店铺相连，前面是店铺，后面设有小作坊。

贯穿我国南北的大运河的疏通，使全国各地的商品和物资川流不息地运至北京，给北京城带来了新的繁荣。南方的货物转运到北京，更多的则集中于城南门外，因此在正阳门、崇文门以南，逐渐形成为新的商业区，人口骤增，商贾荟聚。其中最热闹、最繁华的市街是“朝前市”，分布在正阳门内外。正阳门内至大明门前的棋盘街，是东西城来往的要冲，大明门两侧又是中央六部、五军都督府等的集中地，其东更有会同馆的南馆，因此棋盘街百货云集，最为热闹。

此外，在东四牌楼、西四牌楼、钟鼓楼等东西干道的十字路口一带，也形成了繁华的市场。城内还有米市、猪市、骡马市、驴市、羊市、果子市等专门经营某一种商品的商业区。在隆福寺、护国寺、东岳庙、城隍庙、白云观等寺庙定期举行的庙会，也成为物资交流的场所。东华门外的灯市（今灯市口大街），明代每年正月初八至十八在此举行“上元”放灯。每逢上元放灯，白天为市，晚上放灯。开市之日，全国各地的商贾到此经销各地出产的商品，既有珠宝、绸缎，又有各种烟火和花灯。在东华门皇城范围内，还有专门为勋戚、宦官、皇室设置的内市，每月初四、十四、二十四日3天开市。

二、文化建设

永乐元年至六年（公元1403～1408年），明成祖朱棣命解缙等人编成我国古代最大的类书《永乐大典》，这是中国文化史上的一件大事。明成祖迁都北京后，就把《永乐大典》从南京移藏于北京皇宫内的体仁阁。《永乐大典》计22877卷、11095册，起初只缮写一部，嘉靖、隆庆年间另摹副本一部，藏于皇史宬。正本毁于明亡之时，副本在清代遭英法联军和八国联军的劫掠，现国内仅存120余册。

明朝在北京设立有国子监等一些文化教育机构。国子监是明朝的最高学府，有南京的南监和北京的北监两处。国子监内有孔庙、讲堂、宿舍、图书馆、刻书处，入监读书的学生叫监生。宣德时，在北京国子监学习的学生约有1万人，明中叶也有五六千人。在国子监读书的学生还有来自各地少数民族以及邻国高丽、暹罗和越南的。明政府还分别在太医院、钦天监、四夷馆附设学习班以培养各种专门人才。

三、科技发展

在科技方面，明代后期出现了李时珍、徐光启和宋应星等杰出的科学家。他们分别在医学、农业和手工业方面写出了举世闻名的三部科学文献，即《本草纲目》、《农政全书》和《天工开物》。李时珍曾任职为宫廷服务的太医院。徐光启长期任职京师，官至礼部尚书兼内阁大学士，他重视祖国传统生产技术，撰写了著名的《农政全书》。意大利传教士利玛窦于万历二十九年（公元1601年）来到北京，带来了《坤舆万国全图》等西方科技著作，他一面传教，一面传播西方的自然科学。徐光启向利玛窦学习新的科学知识，他们还合作译出了《几何原本》。利玛窦死后就葬在北京阜成门外车公庄。

被誉为“钟王”的永乐大钟也值得一提，此钟铸成于永乐年间，钟身铸有佛教经文22.7万多字，钟高二丈一尺，全重46.5吨，钟声悠长宏亮，铜质坚密。清代存放于觉生寺，该寺因而有大钟寺之称。

第四节　北京的两次保卫战

一、“土木之变”与于谦

明朝初年国力强盛，蒙古三大部（鞑靼、瓦剌、兀良哈）的首领都曾接受明的封爵，表示归附。随着明朝国势的逐渐转弱，蒙古各部频频南扰。15世纪中叶，瓦剌部在也先统治下，势力扩张，成为明朝北方的劲敌。

明英宗正统十四年（公元1449年）七月，瓦剌军分为四路南下，也先亲自率兵攻打大同。明英宗在宦官王振的策动下，率军50万亲征。明军在土木堡（今河北怀来县东）与瓦剌军相遇，明军大败，死伤惨重，王振在混乱中被护卫将军樊忠击毙，明英宗被俘，这次战役历史上称为“土木之变”。

同年十月，也先挟持英宗，进攻北京。为了政治上的需要，兵部尚书于谦等人拥立英宗之弟朱祁钰为帝，改元景泰，反对妥协屈服和迁都逃跑的主张，坚决抵抗。于谦部署明军于京城九门之外，亲自临阵督战，也先战败退兵，北京保卫战取得了胜利。

第二年，也先放回英宗，景泰帝将其幽居于小南城。景泰八年（公元1457年）正月，明廷发生“夺门之变”，英宗复辟重登皇位，景泰帝被废，于谦惨遭杀害。于谦临刑时，“京师妇孺，无不洒泣”，纷纷设祭哭奠。后人在东城裱背胡同于谦故居建祠，以纪念这位民族英雄。

二、清兵入畿与袁崇焕之死

东北女真族领袖努尔哈赤，于万历四十四年（公元1616年），建立后金，同明朝对抗。其子皇太极继位后，于崇祯二年（公元1629年）率军直逼北京。主持山海关外军事的明督师袁崇焕千里入援，十一月二十日，激战于广渠门外。袁崇焕督军奋战，打败后金军，使北京转危为安。明朝末年，袁崇焕任兵部尚书兼右副都御史，在抗击清军入关的战斗中屡建奇功。后被皇太极施以反间计，被生性多疑的明朝皇帝崇祯施以磔刑，惨死在北京，首级被悬竿示众。袁崇焕手下谋士顺德人佘义士（名字不详）冒死盗回其首级，葬在北京广渠门外的广东义园。佘义士辞世前，立下家规：不做官，不返乡，世代为袁将军守墓。佘家人一守就是370多年，至今已历17代。今北京市崇文区袁崇焕祠墓改为袁崇焕纪念馆对外开放。

第五节　明代北京遗迹

一、明长城

长城的修筑始于战国时代，燕、赵、秦等国的北部与匈奴为邻，为防御匈奴的侵扰，作为一种防御工程，相继修筑了长城。秦始皇统一中国以后，为了继续防御匈奴，派大将蒙恬将燕、赵、秦北部的长城连接起来，加以修葺，合成一条西起临洮（今甘肃岷县），东至辽东，长达万余里的长城。此后，两汉、北魏、北齐、北周及隋，都曾对长城兴过大役，其中以汉代的工程规模最为宏大，将长城西拓至敦煌附近的玉门关和阳关。明代对长城的整修在历史上是工程规模最大的一次，明代大筑长城的目的在于防御北部蒙古势力及后来崛起于东北的女真政权。明朝开国的第一年，朱元璋即派大将军徐达修筑居庸关等处长城，此后各代屡修长城，历时200余年才完成了明长城的全部工程。明长城西起嘉峪关，东至鸭绿江，全长 6350 多千米。其中山海关至嘉峪关一段，由于工程非常坚固，至今仍保存较好。

明代北京长城东西横跨密云、怀柔、昌平、门头沟等六个区县，基本上是沿燕山和军都山内侧山脊，呈环抱北京、拱卫京师之势。北京长城全长达 629 千米，有墙台、敌台、战台共 827 座，关口、城堡 71 座，地势险、走向曲、防线长、关隘多、城墙固，成为 270 多年的明代帝都之坚固屏障。修筑明代北京长城，凝聚了徐达、华云龙、谭纶、戚继光、于谦等军事家、建筑学家及劳动人民的智慧和血汗，为今日中国乃至世界留下了宝贵遗产，也成为世人瞩目的旅游胜地。1987 年长城被联合国教科文组织列入世界文化遗产名录。

1. 居庸关和八达岭长城

这是明代长城中颇具代表性的一段。城墙表面砌以石条，内部以泥土碎石填实，顶部铺以方砖，平均墙厚约 7.8 米，顶宽 5.8 米，可容五马并驰，高大而坚实。城墙每隔半里，有一个突出墙体的台子，一种是墙台，为士兵巡逻放哨的地方。另一种是敌台，一般为上下两层，既能住人，又能战斗防御。城墙内外附近的山丘上，或远处易见的地方，还设置烽火台（或称烽燧、墩台、烟墩、狼烟台），日间举烟，夜间点火，用以传递边情。

居庸关关城是明洪武元年（公元 1368 年）大将军徐达所建，建在一条长约 20 千米的崎岖峡谷中间，峡谷名为关沟，是华北平原通向蒙古高原的必经之路。由南而北分布着南口、居庸关、上关、北口（八达岭）等关城。居庸关关城跨山而筑，有南北二门，上有明景泰年间题记的“居庸关”三字石匾。自南口以上，两山壁立，中通一路，两旁皆重岭叠嶂，遮蔽天日。

居庸关关城内的云台，其上原有三座石塔，建于元至正五年（公元 1345 年），名为过街塔。后三塔废毁，台上又建立一寺。此寺于明正统四年（公元 1439 年）重修，清康熙年间又毁于火焚。现存云台全部用汉白玉石条砌成，券门内石壁雕刻有四大天王像，造型生动。石壁上还刻梵文、汉文、藏文、八思巴文、维吾尔文、西夏文等六种文字的陀罗尼经。云台是具有重要文物价值的元代建筑遗迹。

八达岭关城，雄踞于峡谷的最高点上，居高临下，易守难攻，形势极为险峻。关城始建于明弘治十八年（公元 1505 年），有东西二门，其上皆有石匾，东门题为“居庸外镇”，西门题为“北门锁钥”。自八达岭俯视居庸关，如同窥井，所以自古人称“居庸之险不在关城而在八达岭”。

2. 司马台长城

司马台长城位于密云城北 77 千米的东庄禾乡境内，东起望京楼，西与金山岭长城相连。司马台长城建于陡峭如削的峰巅危崖之上，犹如“天梯”，城上有独特的“田、日、川、回”字等形状的敌楼。

3. 金山岭长城

金山岭长城东接司马台，西连古北口，全长20余千米，是明万里长城中气势雄伟、最具代表性的一段长城。从明成祖朱棣迁都后，历代帝王曾重点修缮这段长城，因其险要，被人称为“第二八达岭”。

4. 慕田峪长城

慕田峪长城位于北京东北隅的怀柔区境内，西接居庸关，东连古北口，可称危岭雄关，是拱卫北京的军事要冲。

二、雄伟的十三陵

明朝共有16位皇帝，开国的洪武帝营建陵园于南京钟山脚下，称为“孝陵”；建文帝因“靖难之役”，下落不明；景泰帝因“夺门之变”，以王礼葬于北京西郊的金山，陵园不大，建筑稀少。其余十三位皇帝均葬于昌平区天寿山下，称为十三陵，十三陵是中国现存最集中、最完整、最宏伟的陵园建筑群，2003年被联合国教科文组织列入世界文化遗产名录。

朱棣于永乐四年（公元1406年）开始营建北京紫禁城宫殿，与此同时亦着手进行陵墓的建设。永乐五年（公元1407年）徐皇后去世，朱棣命礼部、工部会同所谓通晓阴阳的“术士”到北京附近名胜地区选择葬身的“吉地”。江西“术士”廖均卿说，昌平北面有一块“吉壤”，可做为“万年寿域”，山名黄土山，山前有龙、虎二山，温榆河蜿蜒东下。朱棣很满意，决定以此做为自己的陵地，并把黄土山改称“天寿山”，从永乐七年（1409年）营陵工程正式开始。明十三陵各陵自成一个独立的陵园，每座陵墓均建在一个小山下面，除思陵偏在西南一隅外，其余十二座都散列在长陵附近。

1. 长陵

长陵是永乐帝朱棣的陵墓，是十三陵中最早最大的陵墓，建成于永乐十一年，是明成祖朱棣及其皇后徐氏的合葬墓，长陵整体布局规模宏大，气势壮观、雄伟。

长陵位于天寿山主峰之下，陵园由三个院落组成。陵门至祾恩门为第一院落。祾恩门与北面的祾恩殿构成第二院落，祾恩殿是举行祭祀的地方，长陵的祾恩殿是十三陵中惟一保存完好的一座。大殿建在三层汉白玉台基上，东西面阔九间，南北进深五间。殿内有三十二根楠木大柱，直径在1米以上，两人合抱不能交手。大殿前设焚帛炉，东西各一，为焚烧祭文用。大殿后的内红门与北面的明楼、方城组成第三院落。方城下有通道，可以上登明楼。明楼后为“宝城”，周围筑有城墙，长约1千米，宝城中心土丘为宝顶，宝顶下面即是地宫。

2. 定陵

定陵是明代第十三帝神宗朱翊钧及其两位皇后的陵寝。定陵位于昭陵北0.5千米的大峪山下。它的建筑，主要有陵门、祾恩门、祾恩殿、明楼、宝城、宝顶和地下宫殿等。1956年经国务院批准，对定陵进行考古发掘，揭开了地宫之谜。

定陵的地下宫殿是十三陵中惟一被发掘的地下宫殿，殿距墓顶27米，总面积为1195平方米，由前、中、后、左、右五个高大宽敞的殿堂联结而成，全部为石结构，没有梁柱，完全为拱券式。殿与殿之间用石门隔开，石门巨大而沉重，但制作精巧，轴厚边薄，开关轻便。前殿，面宽6米，进深20米，顶高7.2米，金砖墁地；中殿，高宽同前殿，进深32米，金砖墁地，陈设有三个用汉白玉雕制的“宝座”，前面设三个做为长明灯用的青花大龙缸和琉璃烧制的“五供”；左右配殿，殿高7.1米，顶高7.4米，宽26米，各自中间有一用汉白玉垒起的棺床；后殿是地宫中最大的殿堂，顶高9.5米，宽30.1米，进深9.1米，地面铺磨光的花斑石，棺床中央放置朱翊钧和两位皇后的棺椁，三具棺椁周围放置玉料、瓷瓶及装满殉葬品的26只红漆木箱。

定陵地宫出土各种随葬遗物3000余件，主要有金银器、丝织品、瓷器和玉器。其中最引人注目的为“金冠”，是用极细的金丝编织而成，做工精细，是我国出土文物中的首次发现。另外还有四顶凤冠，每顶凤冠上都有5000多颗珍珠、百余块宝石。定陵出土的丝织品数量较多，主要有袍服衣着和成匹的织锦，共300余件。

定陵地宫的发掘，揭开了明代帝陵“地下宫殿”的秘密，为了解明代陵墓地宫结构、随葬制度等提供了宝贵的实物资料。

三、北京的坛庙

1. 紫禁城外八庙

环绕在紫禁城周围有八座庙，被称作紫禁城外八庙，即宣仁庙、凝和庙、普度寺、真武庙、昭显庙、万寿兴隆寺、静默寺和福佑寺。这八间庙宇建筑都有严格的规制，皇帝每年定期祭祀，祈求上天保佑风调雨顺、万民安居、励精图治、百战功成。

宣仁庙供奉风神：宣仁庙位于北池子大街和五四大街交界处，为北京市级文物保护单位。1728 年由雍正皇帝下旨建造，为道教建筑。根据《清史稿》记载，宣仁庙的建筑是仿制中南海时应宫（祀龙神）的规制设计的，其前殿供奉的是风伯，后殿供奉的是八大风神，意在祈求神灵保佑，不使国家遭受风灾。该庙曾于清嘉庆九年（公元 1804 年）重修，原庙内有清世宗雍正皇帝御书“协和昭泰”匾额。

凝和庙供奉云神：凝和庙位于东城北池子大街 46 号，为北京市级文物保护单位。清雍正八年敕建，命仿宣仁庙规制建庙，以祀云神，俗称云神庙，今为北池子小学所在地。

福佑寺供奉雨神：福佑寺位于西城区北长街北口路东，俗称雨神庙。清顺治年间创建，是清圣祖康熙帝幼年读书处及其在紫禁城外避水痘处。雍正元年（公元 1723 年）建正殿并赐予宝亲王（弘历）作府邸，但弘历并未迁入，登基后改为喇嘛庙，名福佑寺。寺坐北朝南，外垣门朝西，中路依次为照壁、东西牌楼、山门、钟鼓楼、天王殿及东西配殿、大雄宝殿、后殿及东西配殿、后罩房。1919 年毛泽东来京时曾居住于此，1949 年后为班禅驻京办事处，1987 年修缮。

昭显庙供奉雷神：昭显庙位于西城区北长街路西。建于清雍正十年（公元 1732 年），俗称雷神庙。今为北长街小学校址，现校内仅存一座大殿。据史书记载，明代紫禁城共遭十四次雷击。雍正年间，雷击频发于内城，皇帝遂下诏在皇城附近择地修建雷神庙，以防不测。工部与礼部司其事者经缜密分析并勘察，认为京城雷电多发自西北方向，而位于宫廷西北方的北长街又系京城之龙脉，龙生水而水克火，故启奏皇帝拟在北长街修建雷神庙。

普度寺：普度寺位于南池子大街路东胡同内，建于明代，是皇家东苑内的洪庆宫。清朝开始时是八大铁帽子王之一睿亲王多尔衮的府邸。康熙三十三年（公元 1694 年）改建成喇嘛庙，专门供奉大黑天神。大黑天神是满族的战神，每次出征前，将军们都要到这里祭祀。

万寿兴隆寺：万寿兴隆寺位于北长街 39 号，原为明代兵仗局佛堂，清康熙年间经两次重修，清康熙三十九年（公元 1700 年）敕改万寿兴隆寺。当时的寺院规模较大，西至中南海，北至庆丰司，南邻后宅胡同，有房 200 多间，内有东向殿二进，南向殿四进，各殿均有配殿，该寺山门保存完好，上书“万古长春”四个大字，现为居民大院。据专家介绍，清朝宫中的太监年老体衰不能干活后，很多人因为无儿无女，且自幼进宫无家可归，都集中在万寿兴隆寺居住。万寿兴隆寺一度曾经被称为“太监寺”。

静默寺：静默寺位于西城区北长街 81 号，原是明崇祯元年（公元 1628

年）建的关帝庙，后于清康熙五十二年（公元1713年）重修，赐名静默寺。现临街的山门已改建为北长街居民委员会，寺内为居民大院。院内的大殿及配殿全部住进居民，石碑被砌进了居民自建的厨房，原来门前的石狮子现埋在地下。

真武庙：真武庙位于西华门外的玉钵胡同内，又称玉钵庵。元代广寒殿内有一个珍贵的渎山大玉海，明万历七年，广寒殿倒塌，渎山大玉海及其底座被运走。几经辗转流落于真武庙内，成了道士腌咸菜的菜缸子。清康熙五十年（公元1711年）重修真武庙时，将玉海移至大士像前，并在内贮水堆石以示南海普陀之意，此后真武庙也改称“玉钵庵”了。现元代的玉瓮，在北海团城的玉瓮亭，元代玉瓮的底座在今天的法源寺内。

现在，环绕在紫禁城周边的这八座皇家庙宇正在修复，使之成为故宫周边新的旅游景点。

2. 太庙

按照左祖右社的规制，皇宫的左侧建祭祀祖先的太庙。明代太庙位于承天门东侧，始建于永乐十八年（公元1420年），为明初皇帝合祀祖先的场所。明嘉靖十四年（公元1535年）世宗朱厚熜（cōng）又将太庙一分为九，改合祀为分祭，设九座庙分别供奉历代祖先。嘉靖二十四年（公元1545年）重建太庙，恢复了“同堂异室”的合祀制度。清入关后，将明代神主牌位移于历代帝王庙内，改祀清太祖、太宗于太庙。顺治五年（公元1648年）六月，重修太庙落成。此后，又经多次修缮、改建、添建、逐渐形成现在所见的规模。太庙内有三道长方形朱红高墙，内植柏树。第三道围墙的大门称戟门，门外广场东有神厨，西有神库。太庙的主体建筑为前、中、后三殿。

3. 社稷坛

按照左祖右社的规制，皇宫的右侧建祭祀土地五谷神的社稷坛。位于承天门西侧，始建于明永乐十九年（公元1421年），清因明制，继续沿用。社，指土地神；稷，指五谷神。社稷即是土地人民。主体建筑有社稷坛、拜殿、戟门等。之外还有宰牲亭、神厨和神库等辅助建筑。

社稷坛是用汉白玉砌成的正方形二层平台，坛中铺垫五色土，中为黄色土，东为青色土，南为赤色土，西为白色土，北为黑色土。最初的五色土是由全国各地贡纳而来，每年春、秋二祭由顺天府铺垫新土。明弘治五年（公元1492年）规定将所铺坛土由2.4寸改为1寸，此后明清两代皆遵此制。坛四周建有矮墙，按东、南、西、北方位分别覆青、红、白、黑四色琉璃瓦。社稷坛北有一座高大宏伟的木构建筑，为拜殿，是明、清两代皇帝祭祀时行礼的地方。戟门在拜殿北，明清时于戟门当中的三个门洞内各陈列铁戟二十四把。

4. 天坛

天坛位于外城永定门内的东侧，明京城的南郊。天坛初名为天地坛，为天地合祀。嘉靖九年（公元1530年）改为分祭，在大祀殿南建圜丘祭天，在北城安定门外建方泽坛祭地。嘉靖十三年（公元1534年）圜丘改名天坛，方泽改名地坛，大祀殿废弃后，改为祈谷坛。嘉靖十七年（公元1538年）祈谷坛被废，于嘉靖十九年在坛上另建大享殿。清乾隆十六年（公元1751年）改名祈年殿。以后又经多次修缮、扩建，形成今日的规模。天坛是世界上最大的祭天建筑群，1998年被列入世界文化遗产名录。

天坛有两重垣墙，分内外坛，平面北圆南方，象征天圆地方。主要建筑在内坛的南北中轴线上，圜丘坛在南，祈谷坛在北。圜丘坛祀天，主要包括圜丘台、皇穹宇等。祈谷坛祈谷，主要包括祈年殿、皇乾殿等。两坛由一座长360米，宽近30米、南低北高的丹陛桥相连（也称海墁大道或神道）。内坛西墙内有斋宫，外坛西墙内有神乐署。

5. 山川坛

山川坛又称先农坛，位于今永定门大街街西，与天坛隔路相对，始建于永乐十八年（公元1420年），是皇帝祭祀先农神的地方。明嘉靖初年，立京师四部分祀制，重建先农坛，形成现在的规模。每年阴历二月，皇帝亲率文武大臣到先农坛，举行祭先农和亲耕籍田的典礼。清乾隆十九年（公元1754年）对先农坛进行重修。先农坛是一座长宽各约16米，高1.5米的方形平台，用砖包砌，周饰黄琉璃瓦，四面出阶。坛北有正殿五间，供奉先农神牌。

思考题：

1. 明代北京城共有几重？每重的城门名称是什么？
2. 北京地区有哪些著名的明长城？

第七章

清代的京师

明中期以后，随着国势的转弱，蒙古各部频频南侵。东北的女真族也日益强大，建立了后金政权，与明朝对抗。国内由于政治黑暗、经济凋敝、灾荒频繁，导致了明末农民大起义，明统治处于内忧外患之中。崇祯十七年（公元1644年）正月，李自成在西安建立了大顺政权，三月十八日，大顺军攻破北京外城，三月十九日，农民军攻入内城，崇祯帝在万岁山（景山）东侧的一棵槐树下自缢。当天中午，李自成带领农民军将领们，从德胜门进城，宣告明王朝的灭亡。原明朝宁远总兵吴三桂降清。四月间，李自成农民军东征，山海关一战，失利败回，于四月二十七日退回北京，四月二十九日即皇帝位于紫禁城武英殿，表示决心抗清到底。四月三十日，李自成放弃北京，撤回关中，随之清军进入北京。

第一节　清朝“定鼎燕京”

一、清朝“定鼎燕京”

清太祖努尔哈赤最早建都于赫图阿拉城（今辽宁新宾），天命十年（公元1625年）迁都沈阳。天命十一年（公元1626年），努尔哈赤在攻打宁远时被袁崇焕所伤，并在返途中死去。1627年，皇太极继汗位，将女真族改为满族，后金国改为大清国。崇德八年（公元1643年）皇太极死，六岁儿子福临即位，改年号顺治。顺治元年（公元1644年）四月，山海关大战。睿亲王多尔衮率清军于五月三日进入北京。九月，清顺治帝福临从沈阳到达北京。十月，福临祭告天地，正式宣告“定鼎燕京”。以北京为清朝的首都，先后共有十个皇帝临朝，历时268年，从此北京再次成为一个统一的多民族国家的政治中心。

清朝前期，康熙、雍正、乾隆执政时，先后平定吴三桂发动的“三藩之乱”、统一了台湾、控制了蒙古各部、加强了对天山南北和西藏的管辖，中国作为统一的多民族国家得到了巩固和发展，北京作为全国的政治中心也得到了显著的加强。

二、北京内城社会

1. 八旗制度

女真人以射猎为业，每年到采捕季节，以氏族或村寨为单位，由有名望的人当首领，这种以血缘和地缘为单位进行集体狩猎的组织形式，称为牛录制。总领称为牛录额真（牛录意为大箭；额真，又称厄真，意为主）。努尔哈赤在统一女真各部的战争中，于明万历二十九年（公元1601年）建立黄、白、红、蓝四旗，称为正黄、正白、正红、正蓝，旗皆纯色。万历四十三年，努尔哈赤在原有牛录制的基础上，创建了八旗制度，即在原有的四旗之外，增编镶黄、镶白、镶红、镶蓝四旗。旗帜除四正色旗外，黄、白、蓝均镶红边，红镶白边。正黄、镶黄、正白为上三旗，由皇帝亲自控制，其余为下五旗，由诸王、贝勒控制。规定：每300人为1牛录，设牛录额真1人；5牛录为1甲喇，设甲喇额真1人；5甲喇为1固山，设固山额真1人，此为满洲八旗。后又建立蒙古八旗和汉军八旗。

清军入关后，满族人口大量涌入北京。为了安置八旗官兵，清政府进行了大规模的圈地运动，下令圈占内城房舍给旗人居住。原在内城居住的汉民、回民一律搬到外城居住。内城以皇城为中心，八旗布防在四周，两黄旗居北城，两白旗居东城，两红旗居西城，两蓝旗居南城。

八旗制度从正式建立到1911年辛亥革命后清王朝覆灭，前后296年，它是清王朝统治全国的重要军事支柱，曾为发展和巩固中国多民族统一的国家，为保卫边疆防止外来侵略等都作出了重要贡献，对满族社会的发展有重要作用。

2. 内城主要王府

清朝统治者鉴于明朝分封藩王的弊端，采用了只封爵位，不分封土地的政策，一方面给诸王爷以优厚的待遇，使其有特殊的荣誉感；另一方面又将他们的王府设在京城内，便于朝廷控制，形成了清代封王、赐建府邸的制度。清朝的皇子长大成人照例要搬出紫禁城，分给府邸，叫分府，而宗室则封爵。如清初“八大铁帽子王”的王府：郑亲王府，位于西单大木仓胡同，现为高教部、教育部所在地。礼亲王府：位于西皇城根西安门以南——东斜街酱房胡同口，现为国家机关办公地。顺承郡王府：位于西城太平桥大街，现为全国政协所在地。克勤郡王府：位于新文化街以北，现为新文化街二小所在地。庄亲王府：位于西四北平安里，府邸现已无存。睿亲王府：位于东城外交部街，现为124中学所在地。豫亲王府：位于东城东单三条，现为协和医院所在地。肃亲王府：位于东城东四十四条西头路北，原址在正义路东侧（毁于庚子）八国联军入侵后划入使馆区。另外清朝还有两个恭王府，一个是铁狮子胡同的承公府，一个是什刹海南岸的恭王府（道光第六子）。除此之外，还有至今保存尚好的王府，如东交民巷15号的安亲王府，正义路5号的淳亲王府，美术馆后街北京中医院的诚亲王府、柳荫街的愉郡王府和钟郡王府等。

三、北京外城社会

同内城严格的按照八旗方位划分居址地界不同，外城的不同地区，往往是随着行业的发展，自然地形成了各自的特色。清代流行着一首巡城谚语，勾勒了五城的不同行业特点："中城珠玉锦绣，东城布帛菽粟，南城禽鱼花鸟，西城牛马柴炭，北城衣冠盗贼"。五城中的南城，主要是指以琉璃厂为中心的一带，习惯上又称作"宣南"。清代，这一地区主要是汉族朝臣、京官以及士子聚居的地方，还有以手工业者和商人，他们共同构成了外城市民社会的主体。

清代北京外城出现的一个重要现象是会馆的大批设立。大部分是地方性的同乡组织，主要为旅京的同乡提供食宿方便。按照清廷的规定，内城不得开设旅店。因而，无论是受清廷召见的地方官员，还是赴京参加谒选的士子，以及进京参加会试的举子，都必须住在外城，于是各地纷纷在外城设立会馆。据统计，清代北京外城大、小会馆总计392处。其中著名的有湖广会馆、湖南会馆、南海会馆、安徽会馆等。在这众多的会馆中，有一类行业会馆，即工商会馆，由经营同一行业的商人联合而建。所有作为商人组织的会馆，将祭神当作最重要的事情，因为他们相信神灵会保佑他们生意兴隆，因而，各会馆设有祀神之所，都供奉着福禄财神。

商人会馆的另一重要组成部分，是戏台罩棚，罩棚的设立，提供了演戏的场所。凡规模较大的商人会馆，都有演戏的设施。有了这种设施，会馆在年节喜庆之日，就可以举行盛大的宴会，邀请戏班前来演出，这为会馆提供了社交的场所和机会。

商人会馆还具有行业性和地域性。例如，正乙祠，乃"浙人懋迁于京者创祀之"。仙城会馆，由粤商组成，主要经营南货和洋货。临襄会馆，由临汾、襄陵两邑商人组成，主要经营油、盐、粮行。晋翼会馆，由翼城商人组成，经营布行。潞郡会馆，由潞郡商人组成，多经营铜、铁、锡、炭诸货。河东会馆，也由晋商组成，经营烟行。盂县氆氇行，均为盂县商人，经营氆氇。延邵纸商会馆，由福建延、邵二郡纸商组成，经营纸张。

外城的市民社会，既然是一个商业聚集的中心，就不可避免地表现出繁华都会所独有的特征。例如，行业的多样性，习俗的多种色彩，市井的喧嚣，酒楼的奢靡等。在这样的商业社会中，商人们共同发展着北京城。

第二节　清代对北京西郊的开发

清朝入主中原后，沿用明朝的北京城，只对建筑物作了一些重修和局部的改建。然而，来自关外的清室帝王贵族，不习惯北京盛夏的炎热气候，遂有择地另建避暑宫城的拟议。但是，由于清初开国之际，百废待兴，筑城避暑计划被搁置起来。

清朝统一中国之后，国家政治安定，经济亦有发展。康熙二十三年（公元1684年）、二十八年（公元1689年），两度南巡，对江南灵秀山水十分爱慕，回京后即命善画山水的叶洮在北京西郊明代清华园的旧址上设计建造畅春园，做为“避喧听政”的地方。这是清代在北京西郊兴建的第一座皇家园林。

北京西郊，景色风光幽美异常。历代在北京建都的皇室贵族，都看中了这一带的自然景色，相继在此建造了不少离宫别馆，逐渐形成了燕京西北的名胜之区。明成祖迁都北京以后，文人雅士纷纷在这里占地造园，武清侯的清华园和明末进士米万钟的勺园，更是齐名于当时。到了清代，皇室又看中了这块山青水秀之地。康熙、雍正和乾隆祖孙三代，前后一百三十多年，相继在此营建了畅春园、圆明园、长春园和绮春园（后改称万春园），又在瓮山（今万寿山）、玉泉山、香山分别修建了清漪园（后改称颐和园）、静明园和静宜园等皇家苑囿，这就是著名的“三山五园”。

一、畅春园

位于北京西郊南海淀，今北京大学西门对面，是康熙时在明武清侯李伟的清华园旧址修建的。畅春园建成后，圣祖每年大部分时间都居住在此。自此以后，清代帝王园居遂成为惯例。他们每年在新正郊礼完毕后，即移居园中生活，直至冬至大祀前夕，才回到城中的大内。一年之中，除夏天去热河行宫外，园居时间超过三分之二，城内的皇宫仅成为举行大典的地方。

二、圆明园

位于北京西郊挂甲屯北，距畅春园0.5千米。是清代继北京畅春园、热河避暑山庄之后，所营建的第三处大型皇家园林，包括圆明园、长春园和万春园三个部分。三园的外围墙周长 10 千米，面积总计 5000 多（1 亩 = 666.7 平方米）亩。三园之中圆明园面积最大，位于西半部，长春园在圆明园东，仅以一墙相隔；万春园偏居以上二园中间部分的南面。

1. 长春园

长春园是高宗准备在退位后养老的地方，景致玲珑巧雅，占地约 1000 亩。园中有人工叠山 50 余座，长河 4 条，湖池两处，以水体为主分隔各个景区。它的主体建筑是位居中央部位的“淳化轩”。长春园最富特色的建筑群是位于北端的一组中西合璧的“西洋楼”，建于乾隆十二年（公元 1747 年）。西洋楼景区的建筑，包括“谐奇趣”、“黄花阵”、“养雀笼”、“方外观”、“五竹亭”、“海晏堂”、“大水法”等。这些用汉白玉精雕细刻的巨大宫殿以及亭台建筑，融合了中西建筑艺术之长，在表现手法上也有独特的创造。

2. 万春园

万春园是皇太后的住处。园林风格秀丽、婉约多姿，水面和岗阜曲折有致。仁宗时曾有三十景，如“四宜书屋”、“竹林院”、“夕霏榭”、“清夏斋”、“镜虹馆”等。

3. 圆明园

圆明园创建于清康熙四十八年（公元 1709 年），自此以后 150 多年间，几乎年年都有兴建。康熙以后的雍正、乾隆、嘉庆、道光等不仅在园中长期居住，而且设有朝署值衙，在圆明园内举行朝政、宴会等重大活动，圆明园成为仅次于紫禁城的政治活动中心。正因为如此，圆明园的建筑规模是相当惊人的，它的修建到乾隆年间达到了全盛时期。圆明园正门（大宫门）前面的东西两侧有六部朝房，为中央政府各衙署的所在。在二宫门（即出入贤良门）内侧，是以正大光明殿为中心的一组建筑群，为皇帝朝会听政的地方。从这里绕过一区山岗，眼界豁然开朗，九个岛屿环抱一片开阔水面，构成“九洲清宴”为主要宫殿的居住区。圆明园不仅集中了我国园林艺术的精华，而且富集了难以数计的大批古玩珍品，它是当时世界上规模最宏伟、建筑最富丽多姿的大型园林，是我国古典园林艺术发展的高峰，当时欧洲盛赞它是“万园之园”。

但是 1860 年英法联军入侵北京后，圆明园及附近诸园以及万寿山清漪园，玉泉山静明园和香山静宜园，从海淀到香山 10 多千米范围内的苑囿惨遭洗劫、焚烧和破坏。1900 年八国联军侵犯北京，三山五园又一次遭到浩劫，一代繁华似锦的艺术之宫，变成荒园。

三、颐和园

颐和园前身叫清漪园。乾隆十五年（公元1750年）乾隆皇帝为庆祝母后寿辰，择瓮山圆静寺废址兴建了一座大型佛寺，名大报恩延寿寺，改瓮山为万寿山，同时将瓮山泊改名“昆明湖”。万寿山和昆明湖，统称“清漪园”，历时十五年竣工。1860年英法联军入侵时，侵略军派马队焚烧了清漪园的“大报恩延寿寺”、“田字殿”、“五百罗汉堂”及山后的苏州街，园中四万多件文物陈设被掠之一空。光绪十二年（公元1886年）慈禧从海军经费中挪用巨款修复清漪园，作为她归政后的游憩场所，并将清漪园改名为颐和园。

颐和园规模宏伟，景色秀丽，是我国现存较完整的一座大型皇家园林，1998年列入世界文化遗产名录，成为全世界人类共同的财产。颐和园总面积为290公顷，其中水面约占四分之三。全园主要由万寿山和昆明湖组成，共有宫殿式建筑3000余间，形成以东宫门内仁寿殿为中心的宫廷区，是帝后朝会大臣、处理政务的场所；以乐寿堂为主体，包括玉澜堂、宜芸馆、德和园的生活区，是慈禧、德宗和皇后的寝宫和专供慈禧看戏、娱乐的地方；以万寿山佛香阁为中心的游览区，这一区又分为前山和后山两个主要部分。万寿山前山，沿昆明湖北岸，为一条长728米的彩画长廊连接分布在前山的建筑群，从湖边的云辉玉宇牌楼，经排云门、排云殿、德辉殿、佛香阁直至山顶智慧海形成一条中轴线。环湖有知春亭、十七孔桥、西堤六桥和石舫等临水建筑。万寿山后山以四大部洲为中心，东西两侧对称有云会寺、善观寺、多宝塔等建筑。后山脚下为后湖，两岸古松参天。后湖东端自成一局的园中园——谐趣园，是仿无锡惠山寄畅园建造的。

四、静明园

位于北京西郊玉泉山的西面，是清代皇家设在京西的离宫之一。玉泉山，泉眼遍布，故名玉泉池。古有“玉泉垂虹”之称，为燕京八景之一，清高宗改名“玉泉趵突”，并亲自题写“天下第一泉”，此后玉泉水成了宫廷饮用水。据文字记载，对玉泉山的风景建设最早始建于金代，金章宗时建成了玉泉行宫。元代建昭化寺，明代建上、下华严寺。清康熙十九年（公元1680年）开始大规模建园，当时名“澄心园”，康熙三十一年时改名“静明园”。乾隆十五年（公元1750年）对静明园进行大规模扩建，玉泉山及山麓的河湖地段全部圈入宫墙之内。

五、静宜园

静宜园位于北京西郊香山。金大定二十六年（公元 1186 年）金章宗曾在此建大永安寺及行宫。康熙时期，开始修缮香山佛殿，并建立香山行宫。乾隆十年（公元 1745 年）建殿台亭阁，修建宫门、朝房，还加修了一道周长 5 千米左右的外垣，形成一处规模宏丽的皇家苑囿，并赐名静宜园。

六、乐善园

乐善园即今北京动物园东部。明代这里曾是皇室在京郊的庄园，清初为康亲王的别业，至乾隆时已经荒废。乾隆皇帝于十二年（公元 1747 年）重建乐善园，十六年（公元 1751 年）建倚虹堂做为皇帝舟行高梁河上小憩的地方，后乐善园逐年衰落。光绪三十二年（公元 1906 年），经商部奏准，将这一带辟为农事实验场。光绪三十四年（公元 1908 年），在场内附设博览园，并于博览园内附设动物园，亦称“万牲园”，即今北京动物园之前身。

第三节 北京的经济文化

一、土地与农业

清军入关后，就开始大量圈占直隶地区的汉人耕地，没收明朝皇室、勋戚的田产，名为“圈田”，俗话叫做“跑马占圈”。圈地使许多农民倾家荡产，景象非常悲惨，直到康熙八年（1669）才逐渐停止。以这种方式占的地，称为“旗地”和“旗下地”，可分为“皇庄”、“王庄”和“八旗庄田”三类。随着社会经济的发展，旗地买卖也开始出现，起初清政府对此严格禁止，后来禁止不住，只好允许在本旗买卖，再后又规定汉人只须请旗人顶名即可购买旗地，于是旗地买卖业也兴盛起来。

京郊的农业生产以水稻为主，用水质清甜的玉泉山水浇灌种植的京西稻，品质优良，籽大粒饱，光润透明，富于油性，蛋白质含量高，早在清初就已成为供皇宫享用的御米了。除水稻外，北京地区还种植玉米、高粱、小麦等作物。城郊的许多上等田，作为皇庄，种植了蔬菜、瓜果、棉花、花卉、染料植物等。京城居民养花、爱花的习惯，又促进了养花业的发展，同时卖花业也因此兴旺起来，清中期，下斜街的花市极为热闹，直到清末才逐渐衰落。

二、手工业

清代北京是一个典型的消费性城市，因此构成了北京地区的手工业是以服务于宫廷的特种工艺品生产，官营手工业为主，以满足城市居民的一般消费为次要的格局。

料器业：料器是在中国传统琉璃工艺基础上发展起来的特种工艺品，色彩艳丽，造型生动，风格独特，品种包括鸟、兽、花果、首饰、花瓶、盘碗、鼻烟壶等。北京的料器生产是从生产清代的舆服上的朝珠开始的，由于需求量大，从而刺激了料器生产的发展，后来又吸收了国外制料工艺，故清代北京的料器生产，处于中国历史上的鼎盛时期。

玉器业：清初是北京玉器生产的鼎盛时期，尤其是乾隆帝在位的60年中，由于平定了西北厄鲁特蒙古和新疆回部，为和田玉进入中原打通了道路，清宫玉作坊有了高质量的玉料，各地匠工济济一堂，相玉水平、制玉技艺都已达到空前境界，雕刻出许多稀世珍品。

珐琅彩瓷业：清代盛世康、雍、乾时期的珐琅彩瓷器是专供内廷秘玩之用，内务府造办处所属作坊中专有珐琅作坊，生产制作珐琅彩瓷。珐琅彩瓷使用外来颜料，色彩丰富且易准确控制，画面富于立体感，工巧精细，富丽堂皇。

刺绣业：北京的刺绣也叫官绣，是在北京民间刺绣基础上发展起来的。由于主要服务于宫廷贵族，受到宫廷爱好的影响，擅长刺绣平金，工艺精细规整，内容常选择云龙、狮兽、百鸟、花卉等主题，成品华贵富丽，装饰性强。

宫灯的制造：京城久负盛名的宫灯和纱灯，在清末有了一定的发展。宫灯的制作都由皇宫内务府造办处统一管理，用紫檀、红木、花梨木等为框架，再镶玻璃纱绢、彩画制成，制作精细，古雅明净，色泽沉着，具有北京地方特色。

棉纺织业：清代，棉纺织业迅速崛起，京郊的宛平、良乡、香河、固安、怀柔、宝坻等县都盛产棉花，棉纺织业是京郊农村重要的家庭副业。

酿酒业：清代北京的酿酒业十分发达，造酒作坊多，产量大，售酒的酒肆更是多如牛毛。酒类有御酒、南酒、北酒、药酒等。南酒产于良乡，味似绍兴酒；北酒有刀酒、苡菩酒、金澜酒、烧酒等；玉泉酒是由玉泉山泉水加糯米、淮曲、豆曲、花椒、酵母、芝麻、箬竹叶等酿造而成，醇美浓香，是清代宫廷大宴和帝后日常饮膳特供酒。

三、文化艺术

1. 刊印图书、编纂古籍

清朝统治者为达到研习汉人的学术文化、推展政治制度的目的，在入关之初便开始刊印图书，当时所刊行的图书都沿承明代遗风。清代政权稳定以后，在皇帝的倡导下，京师的国学研究兴盛，整理、编纂古籍，搜集珍版遗书的风潮使京师迅速成为全国古籍汇集的中心，其中以皇家主办的内府武英殿修书处和外城琉璃厂民间经营的书肆为主要集聚地。

《古今图书集成》：是康熙时编撰并完成排印了大部分、至雍正年间印刷完成的一部大型类书，全书正文1万卷，分32典，有历象、方舆、明伦、博物、理学、经济6编，每编若干门类，所收集图书的丰富程度，仅次于明《永乐大典》，而且还是我国历史上最大的一部铜活字印本图书，代表了活字印刷的杰出成就。

《康熙字典》：是清康熙皇帝亲自下诏编撰，由翰林院掌院学士张玉书主持编写，依据明代《字汇》、《正字通》两书加以增订，花费6年时间，于康熙四十九年（公元1710年）编成。《康熙字典》由康熙题名，康熙帝说："这部书'善美兼具'，可奉为'典常'，称其为'字典'。"其中总收47025字。此文字巨典自成书以来经久不衰，影响之大，流行之广，三百年来无出其右者。

《四库全书》：是乾隆朝纂修古籍工作中取得的最大成就。这部规模宏大的丛书，始于乾隆三十七年（公元1772），前后历时10年才最终完成，共收3461种书，装成36300册，分成经、史、子、集四大类，保存了十分丰富的文献资料，是我国最大的一部丛书，也是书籍编纂史上的最重大的文化工程，对保护史籍作出了重要贡献。这其中的编纂者纪晓岚的故居就位于今天两广大街虎坊桥东晋阳饭庄旁。

清代北京内府的大举修书，需要在全国范围搜访遗书、珍籍，以资参考，京城古书行业成为访求各种版本旧书籍的重要渠道。当时修书的翰林院人员，主要居住在宣南一带，为了满足他们对古籍的需求，京城书肆渐渐集中到宣南琉璃厂地区。随着《四库全书》的开始纂修，对古籍图书的需求量迅速扩大，琉璃厂图书市场的古旧书业日益繁荣。乾隆中期，琉璃厂的书肆有数十家，经营者又多通晓书籍版本优劣，使带有浓重文化气息的书肆最终形成了以经营古旧书业为中心的琉璃厂文化市场。

2. 文学与艺术

（1）文学

康熙、乾隆皇帝酷爱诗词绘画，不仅自己写下了许多诗歌，而且经常组织学者编印诗集和韵律书。在北京八旗子弟和满洲贵族中，也产生了一批文人，其中以曹雪芹和纳兰性德（原名纳兰成德）最著名。

曹雪芹（1715~1763）：清代小说家，著有《红楼梦》。名霑，字梦阮，号雪芹、芹圃、芹溪。祖籍辽阳，祖先原为汉人，后入正白旗为“包衣”。自曹雪芹曾祖父曹玺始，3代4人任江宁织造，长达60多年。祖父曹寅是有名的藏书家、刻书家，工诗词，兼作戏曲，受到康熙帝信任。曹雪芹生于南京，少时尽享荣华富贵，具有深厚的文化修养和卓越的艺术才能。由于康熙末年诸皇子争位受牵连，曹家家产遭到查抄，家道从此衰落，后曹家迁北京。曹雪芹晚年流落到北京西郊，生活穷困，写就《红楼梦》前80回，后40回为高鹗所续。今海淀区四季青乡正白旗村39号院，据称曾是曹雪芹故居，现辟为曹雪芹纪念馆。

纳兰性德（1655~1685）：清代词人，原名成德，字容若，号楞伽仙人。满洲正黄旗人，清大学士明珠长子，刑部尚书徐乾学门生，康熙进士，授乾清门侍卫。他善书法，能骑射，工诗，尤长于词，被人称为“国初第一词人”，词集名《纳兰词》，另有著作《通志堂集》；还与徐乾学一同编刻宋元以来说经诸书，成《通志堂经解》。

（2）京剧

清乾隆年间，经济、文化高度发展，为戏曲的繁荣创造了条件。清代北京的戏曲是中国古代戏曲发展的顶峰，每逢节日、月令、庆典、喜筵，皇宫内外都要演戏，致使全国各地方名剧精华聚汇京城。先是昆腔，稍后又有京腔、秦腔、乱弹腔、弋阳腔等。乾隆五十五年（1790），为庆贺高宗八旬万寿，闽督伍拉纳命其子率“三庆”徽班进京祝禧，给京师带来了二黄调，受到京师上下广泛喜爱。此后，至道光年间，又有徽班的“四喜”、“春台”、“和春”戏班相继来京，逐渐成为闻名中外的京剧。今北京颐和园的德和园大戏楼、紫禁城的畅音阁为著名的清宫大戏楼。

（3）宫廷绘画

宫廷绘画，是清代京城绘画艺术的主要成就。清初，宫廷内没有设立画院，但在启祥宫南面设如意馆，工作内容包括绘画、雕琢玉器、装潢帖轴等。后来渐渐由大臣引荐或奉旨被召入的画家、名流取代了那里的工匠，如意馆便成为事实上的清宫画院。顺治、康熙、乾隆三朝皇帝都十分喜爱绘画，无论是南巡或去围猎、避暑等都要带上画师，以便及时准确地绘下壮观的场面，所以，宫廷的绘画活动十分活跃。

宫廷画家来自全国各地，包括海外传教士。在皇帝的旨意下，院画中有许多是反映清廷政治、军事、文化、外交等方面的美术作品，用以纪念王朝的史事。宫廷绘画中的代表作有《康熙南巡图》等。《康熙南巡图》共计12卷，规模宏大，历经六载，此画卷真实纪录了康熙二十八年（1689年）玄烨沿运河南下的盛况，展现了清初运河两岸的人文、自然景观，开清代大型院画之先河。又如意大利传教士郎世宁奉命主持制作的《哨鹿图》，描绘了乾隆六年（公元1741年）弘历首次赴木兰围场举行秋狝，图中乾隆帝的形象和坐骑系出自郎世宁手笔，法国传教士画家王致城，以及郎世宁部分徒弟均参加作画。此画被认为是清院画纪实画的开端。

第四节　晚清北京的政治风云

鸦片战争以后，清王朝日益腐败，各帝国主义列强纷纷进入中国。1860年英法联军发动第二次鸦片战争，北京受到侵略者铁蹄的蹂躏。当时咸丰帝逃往承德避暑山庄，其弟恭亲王奕訢留京与侵略者议和，分别与英、法签订了《北京条约》，从此，各国纷纷在东交民巷设立使馆。沙皇俄国也趁火打劫，迫使清政府签订了中俄《北京条约》。这些不平等条约的缔结，使中国进一步陷入半殖民地的境地。

公元1861年6月，咸丰病死于热河，他的六岁儿子载淳继承皇位。载淳生母慈禧太后勾结恭亲王奕訢，发动“北京政变”，慈禧夺得了清廷的最高权力，开始了中国近代史上长达半个世纪的统治。1894年爆发中日甲午战争，清政府1895年4月签订了丧权辱国的《马关条约》，激起了全国性的抗议怒潮。康有为联合到京参加会试的举人在宣武门外松筠庵集会，并上万言书反对投降、主张抵抗、要求“变法”，这就是有名的“公车上书”。

德宗于光绪二十四年（公元1898年，旧历戊戌）6月11日下诏变法。9月21日，慈禧发动政变，新法只推动了103天，称戊戌变法，史称“百日维新”。9月28日，谭嗣同等六位维新志士在北京菜市口刑场惨遭杀害。当年，光绪帝在维新派推动下，接受康、梁的变法主张，实行新政，开办京师大学堂为新政措施之一。京师大学堂创办于清光绪二十四年（公元1898年），其校址在今东城区沙滩后街55号、59号，原为乾隆第四女何嘉公主府空闲府第。民国成立后，京师大学堂改为北京大学。现建筑保留有原属于和嘉公主府的正殿、公主院等清式建筑和民国年间建成的数学系楼及“西斋”十四排中式平房，是我国近代成立的第一座最高学府。

戊戌变法失败后，慈禧在冬季把光绪帝幽禁于中南海的瀛台，夏季慈禧住颐和园时，则把光绪帝禁闭在园内玉澜堂，自此至1908年11月14日，光绪帝度过了10年没有人身自由的囚徒生活。同年，慈禧将珍妃囚禁在紫禁城景祺阁东北角的一个小院里。1900年，八国联军进攻北京，7月21日早晨，慈禧太后带上光绪皇帝逃离北京，出逃前一天，慈禧命太监崔玉贵和王德环将珍妃推进了紫禁城顺贞门内的井里。珍妃遇害的水井，后来人们就称为“珍妃井”。

光绪二十六年（公元1900年）春，北京又爆发了义和团反帝斗争。在义和团声势极盛、几乎控制了北京的情况下，清政府于6月21日向各国宣战。但清廷顽固派首领慈禧却施展两面派手段，以致义和团英勇苦战了近两个月，未能攻下东交民巷的使馆和西什库教堂。英、美、德、法、俄、日、意、奥等八国组成的侵略军，于8月14日攻入北京。慈禧带着光绪帝，仓皇西逃。侵略军在北京大肆奸淫掳掠，抢走大量珍贵文物。公元1901年（旧历辛丑）9月7日，清政府同侵略者签订了卖国的《辛丑条约》。该条约规定：东交民巷划为由外国人自行防守管理的使馆区，中国人不得入内居住，东交民巷使馆区从此成为“国中之国”。

20世纪初，中国资产阶级革命运动兴起。1911年（宣统三年，旧历辛亥）10月10日，辛亥革命爆发，1912年1月1日，孙中山在南京就任临时大总统，宣告中华民国成立。不久，南京临时政府与袁世凯妥协，双方协议：清帝退位，袁世凯赞成共和，孙中山则把总统一职让给袁世凯。1912年2月12日，隆裕皇太后在紫禁城养心殿代溥仪签订退位诏书，清朝268年的统治结束，袁世凯以临时政府首领的名义执掌了大权。

辛亥革命推翻了清王朝，结束了中国长达两千年的封建帝制，但在北京城内的变化并不明显。清帝退位优待条件规定：退位皇帝尊号仍存不变，以对外国君主之礼相待；清帝暂居皇宫，日后移居颐和园；其宗庙陵寝永远奉祀，由民国政府卫兵保护；清帝私产由民国政府特别保护等等。据此，紫禁城内除太和殿、中和殿、保和殿划归民国政府外，其他仍属宫禁范围。清室小朝廷依旧是黄袍马褂，叩头请安，拖长辫子，这种状况在北京城内存在了十年之久。

思考题:

1. 清朝时的北京为什么有许多王府？现存有哪些王府？
2. 清代对北京西部进行了怎样的开发？

第八章

民国时期的北平

第一节　北洋军阀和“五四”运动

一、北洋军阀的黑暗统治

清帝退位的第二天，孙中山辞去临时大总统之职。3 月 10 日，袁世凯在北京石大人胡同（今外交部街）前清外交部公署内宣誓就任临时大总统。1913 年 10 月，袁世凯成为正式总统。袁世凯爬上总统宝座后并不满足，以签订出卖国家主权的“二十一条”密约，换取日本对他复辟帝制的支持，于 1915 年 12 月 13 日演出了恢复帝制的丑剧，改国号为“中华帝国”，改民国五年（公元 1916 年）为“洪宪元年”。袁世凯卖国复辟激起全国人民的愤怒，全国上下爆发了反对袁世凯卖国和复辟帝制的怒潮。袁世凯被迫于 1916 年 3 月 23 日宣布取消帝制，废除“洪宪”年号，总共当了 82 天短命皇帝。同年 6 月 6 日，在全国人民的一片唾骂声中，结束了他的一生。袁世凯垮台后，北洋军阀分成许多派系，分别投靠帝国主义各国。在帝国主义的支持和操纵下，各派系以及各地方军阀拥兵割据，中国陷入军阀混战的混乱局面。

1917 年 7 月 1 日凌晨，盘踞徐州的军阀张勋，正式演出了溥仪复位的闹剧，一时间北京城内又挂出了清王朝的黄龙旗。但是，这场复辟丑剧仅仅上演了 12 天便草草收场，溥仪再次宣告退位，历史上称为“张勋复辟”。此后，中国处在直、奉、皖三系军阀征战的混乱局面。

二、“五四”运动

从 1915 年起，中国先进的知识分子掀起了以“民主”和“科学”为两大旗帜的反封建的新文化运动。1916 年底以后，新文化运动的代表人物陈独秀、李大钊、胡适和后来成为中国文化革命主将的鲁迅，都在北京大学任教，文化古都成了新文化运动的重要阵地。

1919 年 1 月，中国在巴黎和会交涉失败的消息和帝国主义的卑劣行径，激起了北京爱国学生和全国各阶层人民的极大愤怒，5 月 4 日，北京大学等爱国学生五千余人，集会天安门前，举行抗议活动。从北京开始的这场斗争，迅速发展成为全国性的群众反帝爱国运动。6 月 3 日以后，北京长辛店和唐山、上海等地的工人也举行罢工、示威游行，中国工人阶级开始独立地登上了政治舞台。“五四”运动促进了马克思主义的进一步传播及其同工人运动的结合。1920 年 10 月，在北京大学图书馆办公室，建立了以李大钊为首的共产主义小组。1921 年 7 月，北京共产主义小组赴上海参加了中国共产党第一次全国代表大会。共产党组织在北京的建立，是北京近代史上的一件大事。

1924 年 1 月，中国共产党帮助孙中山改组国民党，推动了革命统一战线的发展。1925 年 3 月 12 日，伟大的民主革命先行者孙中山先生在北京病逝。他的衣冠封葬于西山碧云寺后山的金刚宝座塔内。

第二节　北京城市的变化

一、皇宫禁苑的开放

辛亥革命给北京城带来的最明显的变化，就是紫禁城和皇家禁苑的陆续开放。1924 年，清逊帝溥仪被逐出皇宫，次年在故宫的后半部（内廷）成立了故宫博物院。从此，这座皇宫禁地开始对外开放。与此同时，北京城内外的其它皇家苑囿以及殿坛宗庙，也陆续开放。1914 年，天安门西侧的社稷坛辟为中央公园（现中山公园），继而天坛和先农坛也随之开放。1925 年北海开放，中南海、颐和园也相继开放。故宫博物院成立后，景山、太庙也陆续开放。

但是，由于管理不善，年久失修，许多建筑和文物、古树遭到极大的破坏。中山公园和天坛内的许多古柏被乱砍滥伐；先农坛改为游艺场后，北面围墙被拆毁，后来竟变成了刑场；故宫博物院内的大量珍贵文物被官僚政客明偷暗窃，造成了我国文化遗产不可估量的损失。

二、城市的局部改建

随着近代工商业和交通运输业的发展，北京城旧有的传统格局也开始被打破。

北京城内旧有皇城、内城、外城等高大的城墙，还有城门、瓮城等层层设防的各种建筑，随着城市的发展逐渐成了市内交通的障碍。皇城位居全城的中心，过去东西城之间的交通，须经地安门以北及正阳门内棋盘街绕行，极为不便。民国初年，开通了紫禁城东西的南北池子和南北长街。后又在皇城东北角开一门，为北箭亭；皇城西北角开一门，为厂桥；皇城西南角开一门，为府右街。1917 年，拆除了东安门南段皇城城垣，同年又拆除了西皇城根灵清宫一带至灰厂豁口的皇城，用其砖石移修大明壕。

1923 年后，又拆除了东安门以北转而向西至地安门的城墙，继而又拆除了地安门以西至厂桥和西安门南北城墙。至此，原来的皇城除了从南海南岸经过天安门至太庙以东的一带仍保留，其余东、西、北三面全部拆除殆尽，现只留有东、西皇城根的街道名称。

民国初年，对天安门前宫廷广场也进行了改造。首先拆去了长安左右门；民国四年（公元 1915 年），拆去了大清门（中华门）内的东西千步廊，以及东西三座门两侧的宫墙，打通了天街（天安门大街），并修砌了中华门至天安门石道。从此，前往地安门不必远绕东安门和西安门，可以经过南北池子和南北长街直接到达。1913 年后，故宫博物院拆除了神武门外的北上东门和北上西门，在景山门与北上门之间修筑了大道，使原来紫禁城和景山之间的禁地也变成了一条东西交通要道。

昔日的都城九门，不能适应城市交通日益发展的需要。民国以后，拆除个别城楼及瓮城和加开豁口以及开辟新城门的工程，在陆续进行。1914 年拆除正阳门外月城，又在正阳门左右两侧各开二门。1926 年，在正阳门和宣武门之间另辟和平门，使南北新华街连成一线。1927 年，宣武门、朝阳门城楼被拆除。1933 年，宣武门南面的瓮城被拆除，于是宣武门外大街遂成为通衢大道。

三、现代化都市雏形的形成

1. 城市规划思想

20 世纪以来，欧美一些大城市在城市规划、建设方面取得了一定的成效。在这种世界潮流影响下，一些留学归国有志于市政建设研究的人，以及市政府中的一些务实的官员，开始对城市规划产生了兴趣。1933 年 6 月，袁良任北平市市长，首倡《北平市游览区建设计划》、《北平市沟渠建设计划》和《北平市河道整理计划》等，这是官方编制北平城市计划的开始。这些专门计划提出把北平建成一个优美、康乐的文化古城。从经济、文化角度出发，建设游览区，吸引海外游客，弘扬祖国文化，吸收外汇。并成立了故都文物整理委员会，对一些古建筑进行了整修。1935 年，南京国民政府将北平辟为游览城市，对海内外游客开放。市政府创办公共汽车公司，开辟了去游览景点的五路旅游专线车。

日本侵占北平后，为了把这里变成统治中国的基地，1938 年编制了《北京都市计划大纲》。该大纲提出保存故都面目，疏散城内过密人口，计划建设西郊新市区和东郊工业区。日本侵略者把北平作为占领的城市来规划，只注重建设以日本统治机构和日本侨民居住区为中心的西郊新市区，而并不重视对旧城区的改建。但是，他们利用日本国内保留京都封建古都、建立东京新城市的建设规划经验而编制的都市计划符合现代城市规划的一般原则，如地域、地区制的布局等。

2. 最初的北京都市规划

1945 国民政府接收了北平城。市政府先后颁布了都市计划法、建筑法等二十余种法规。1947 年 5 月 29 日成立了北平市都市计划委员会，开始进行编制城市规划的准备工作。市长何思源提出的规划原则是：表面要北平化，内部要现代化，主要有以下内容：①把北平建设成为现代化都市，注重保存、保护历史文物与名胜古迹；发展旅游区，重视文化教育；继续完成西郊新市区的建设，同时以郊区村镇为中心建设卫星市。②交通设施。城内干道以达各城门为目标。城外设园林式环路，至少两环。城区有轨电车逐渐改为无轨电车，发展郊区汽车。在城区与西郊市区之间建设地下铁路。③游憩设备。城墙内外设绿地；在城墙上端建公园；建立全市的运动场、广场，儿童游戏场，以及公墓等。④公用卫生。设煤气厂，以气代煤；加强垃圾运输能力。⑤住宅建设。在外城西南建平民居住区，集中建筑新式平民住宅，设市场、商店、菜市等服务设施。此外，还要改市内电话为自动式等。尽管北平市政府未及制订城市总体规划，但是这些初步设想有一定科学性，是值得借鉴的。

思考题：

1. “五四”运动是怎样兴起的？
2. 辛亥革命后北京城有什么明显变化？

第九章

新中国成立

第一节 北平和平解放

抗日战争胜利后，北京人民刚刚摆脱亡国奴的屈辱地位，又重新陷入国民党统治的深渊。1946 年 12 月 28 日，北平学生掀起了反对美帝暴行的爱国斗争。1947 年 5 月 20 日，北平学生举行了更大规模的“反饥饿、反内战、反迫害”的示威大游行。包括北平在内的全国学生的爱国民主运动，形成了反对美蒋反动派的第二条战线，有力地配合了中国人民解放军的作战。1948 的12 月至1949 年 1 月间，人民解放军进行了伟大的平津战役。傅作义将军接受中国共产党提出的八项和平条件，二十余万北平守军接受和平改编。

北平和平解放谈判，始于 1948 年 11 月 18 日。当时辽沈战役胜利结束，平津战役即将开始。中央军委同年 11 月 18 日给林（林彪）、罗（罗荣恒）、刘（刘亚楼）的电报中说：“傅作义经过彭泽湘及符定一和我们接洽起义，据称傅起义大致已定。目前考虑着起义时间、对付华北蒋军及与我党联系等问题。现符定一已到石门，明后日即可见面”。

1948 年 12 月，中国人民解放军上千门大炮瞄准了有着三千年历史的北平。一旦发出攻击令，只要 10 分钟，这座古老的都城就会玉石俱焚。熟读《二十四史》的毛泽东深知这座三朝古都的意义，所以他制定的战略是用大军压境，不战而屈人。如果不得不兵戎相见，那就要尽最大可能保护北平城里的文物古迹。为此，毛泽东专门派人找到清华园里的梁思成，请他在地图上标明北平城内不能用炮火攻击的古建筑。梁思成先生不仅把北平重点文物的位置准确地标在北平军事地图上，而且拿出了带领学生们收集古建筑文献时记载的《全国建筑文物简目》，把它们一并交给了那位解放军干部，并对他进行了详细讲解。于是，那张北平军事地图变成了北平重点文物图，挂到了在西柏坡毛泽东指挥平津战役的指挥所墙壁上。随后，毛泽东命令：“把这幅图，交给围城部队，一定要他们注意保护这些重要的文化古迹，部队在进行攻击练习时，一定要对目标计算精确！”在毛泽东的指示下，北平城的全面保护被列为第一项第一级。

为了保护北平这座文化古城，中央军委决定继续同傅作义谈判，争取和平接管北平。通过谈判，傅作义接受毛泽东提出的“八项和平条件”。1949年1月21日，傅作义在华北“剿总”机关及军以上人员会议上，宣布了北平城内国民党守军接受和平改编。22日，傅作义在《关于北平和平解决问题的协议书》上签字，并发表广播讲话。同时，城内国民党守军开始移到城外指定地点听候改编。31日，人民解放军入城接管防务，至此，北平宣告和平解放。北平的和平解放是震惊中外的伟大历史事件，它胜利结束了平津战役，达到了歼灭和改编华北国民党军52万多人的预期目的，解放了华北地区；它创造的解放国民党军队的“北平方式”成为后来解放湖南、四川、新疆、云南的范例；它使驰名世界的文化古都免于战火而完整地保存下来，为新中国的定都奠定了基础。

第二节　开国大典

一、中国人民政治协商会议第一届全体会议

1949年3月5日至13日，中国共产党七届二中全会在河北省平山县西柏坡村召开。此次会议决定，将中共中央领导机关迁往北平。会后不久，1949年3月23日上午，毛泽东、刘少奇、朱德、周恩来、任弼时等中央领导和工作人员、警卫部队，分乘11辆吉普车和10辆大卡车，从西柏坡出发，途经河北省唐县、保定，于3月24日到达涿县。3月25日凌晨，由涿县乘火车，于中午抵达北平清华园火车站后，换乘汽车前往颐和园稍事休息。当天下午，毛泽东等中央领导在西苑机场举行了入城式，检阅了解放军驻北平部队，会见了前来迎接的各民主党派负责人和北平各界代表。当晚，毛泽东住进了香山双清别墅。

毛泽东在双清别墅领导解放战争和筹划新中国建立，毛泽东住进双清别墅期间，正值解放战争行将胜利、新中国即将诞生的历史转折之际。

1949年4月8日，毛泽东和周恩来在双清别墅会见了国民党和谈代表团团长张治中。由于国民党政府拒绝签署国共双方代表团达成的《国内和平协议》，4月21日，毛泽东和朱德在双清别墅签发了《向全国进军的命令》，发起了渡江战役。解放军一举渡过长江，占领了国民党政府的“首

都”南京。为筹备召开新政治协商会议，毛泽东多次在双清别墅会见民主党派负责人，那时常来双清别墅的座上客有张澜、李济深、沈钧儒、何香凝、柳亚子等人。毛泽东还和第一次国共合作时期的老朋友柳亚子一同游览了颐和园，归来后，于1949年4月29日在双清别墅写下了《七律·和柳亚子先生》。

为了广泛吸收各方面的代表人物，在参加新政协的单位中，还专门开列了“特别邀请人士”类。1949年6月19日，毛泽东在双清别墅给住在上海的宋庆龄写了亲笔信，邀请宋庆龄来北平参加新政治协商会议，“共商建国大事”。其他还有：戊戌变法领导人之一梁启超的儿子梁思成；辛亥革命老人张难先；中国近代海军耆宿萨镇冰；国民党重要起义将领傅作义；曾经是南京政府首席和谈代表的张治中。此外，1868年出生的辛亥革命先辈，美洲致公党元老司徒美堂也从美国辗转来到北平参加会议。

1949年9月21日，毛泽东告别了双清别墅，正式搬进中南海里的菊香书屋。周恩来、朱德、刘少奇等中央领导人和中央机关也都先后迁进了中南海。毛泽东搬到中南海当天，中国人民政治协商会议第一届全体会议就开幕了。

新政治协商会议第一次全体会议，共45个单位，正式代表580人，候补代表77人，总共662人。在这662人当中，共产党员约占44%，工农代表与无党派人士约占26%，各民主党派约占30%。1949年9月27日，中国人民政治协商会议第一届全体会议一致通过：北平为中华人民共和国首都，改名为北京；采用公元纪年；以《义勇军进行曲》为代国歌；以五星红旗为中华人民共和国国旗。

二、开国大典

1949年10月1日下午2点55分，毛泽东和一代开国元勋们经由新华门来到天安门，从西头马道登上天安门城楼。在金水桥之南大约50米处的以华北军区军乐队为主组成的联合军乐队奏响了《东方红》乐曲，广场上人群欢声雷动。

下午3时整，盛大而隆重的开国大典开始。中央人民政府秘书长林伯渠宣布典礼开始，中央人民政府主席、副主席、委员就位。当林伯渠宣布“请毛主席升国旗”时，毛泽东神情庄重，用力按动了通往电动旗杆的电钮……第一面耀眼夺目的五星红旗顺着旗杆，冉冉升起。与此同时，54门礼炮齐鸣28响。这54门礼炮象征着参加中国人民政治协商会议第一届全体会议代表中的54个民族；28响标志着中国共产党领导人民英勇奋斗的28个春秋。参加大会的30万人肃立致敬，指挥员行举手礼，注视着中华人民共和国的庄严而美丽的五星红旗徐徐上升。

在这庄严、热烈的时刻，毛泽东用响亮的声音宣读了中央人民政府公告，向4.75亿中国人民，向全世界宣布："中华人民共和国、中央人民政府成立了！中国人民从此站起来了！"

接着，阅兵式开始，阅兵式共用了2个多小时，受阅部队的人员总计有1.6万多名。接下来是群众游行，走在游行队伍最前面的是工人，京郊农民紧随其后，后面是机关干部、青年学生的游行队伍。晚上9时25分，无数彩色的礼花向广场四周发射出来，首都军民载歌载舞，尽情地欢度这中华人民共和国的第一个夜晚。

开国大典宣告了中华人民共和国的诞生！宣告了中华民族的新生！中国共产党领导全国各族人民进行了28年艰苦卓绝的斗争，推翻了帝国主义、封建主义、官僚资本主义在中国的统治，建立了人民民主专政的国家政权。中华人民共和国的成立，标志着中国已从半殖民地半封建社会进入了新民主主义社会，开始社会主义中国的新纪元。

思考题：

1. 北平的和平解放有何重大意义？
2. 中国人民政治协商会议第一届全体会议一致通过了哪些重大决定？

第三篇
北京重点文物保护单位

第十章

北京重点文物保护单位简介

第一节　北京的文物保护单位

表1　中国的世界文化和自然遗产名录（北京部分，共6处）

序号	项目名称	批准时间
1	故宫（文化）	1987年
2	长城（文化）	1987年
3	周口店北京猿人遗址（文化）	1987年
4	颐和园（文化）	1998年
5	天坛（文化）	1998年
6	十三陵（文化）	2003年

表2　全国重点文物保护单位（北京部分，共98处）

1	北京大学红楼	民国	北京市东城区沙滩
2	卢沟桥（包括宛平县城）	金至1937年	北京市丰台区
3	天安门	近代	北京市东城区
4	人民英雄纪念碑	1958年	北京市天安门广场
5	房山云居寺塔及石经	隋、唐、辽、金	北京市房山区
6	妙应寺白塔	元	北京市西城区
7	真觉寺金刚宝座（五塔寺塔）	明	北京市海淀区
8	居庸关云台	元	北京市昌平区
9	故宫	明、清	北京市东城区

（续）

10	万里长城－八达岭	明	北京市延庆县
11	天坛	明	北京市崇文区
12	北海及团城	明、清	北京市西城区
13	智化寺	明	北京市东城区
14	国子监	清	北京市东城区
15	雍和宫	清	北京市东城区
16	颐和园	清	北京市海淀区
17	周口店遗址	旧石器时代	北京市房山区
18	十三陵	明	北京市昌平区
19	北京宋庆龄故居	1963 年	北京市西城区
20	皇史宬	明	北京市东城区
21	古观象台	明、清	北京市东城区
22	北京市城东南角楼	明	北京市东城区
23	恭王府及花园	清	北京市西城区
24	郭沫若故居	1963～1978 年	北京市西城区
25	正阳门	明、清	北京市东、西城区
26	太庙	明、清	北京市东城区
27	社稷坛	明、清	北京市西城区
28	北京孔庙	元至清	北京市东城区
29	崇礼住宅	清	北京市东城区
30	法海寺	明	北京市石景山区
31	牛街礼拜寺	明、清	北京市宣武区
32	天宁寺塔	辽	北京市宣武区
33	银山塔林	金至元	北京市昌平区
34	琉璃河遗址	西周	北京市房山区
35	圆明园遗址	清	北京市海淀区
36	戒台寺	辽－清	北京市门头沟区

（续）

37	东岳庙	元－清	北京市朝阳区
38	大高玄殿	明	北京市西城区
39	历代帝王庙	明、清	北京市西城区
40	鼓楼、钟楼	明、清	北京市东城区
41	南堂	清	北京市西城区
42	觉生寺	清	北京市海淀区
43	金中都水关遗址	金	北京市丰台区
44	景泰陵	明	北京市海淀区
45	潭柘寺	清	北京市门头沟区
46	可园	清	北京市东城区
47	孚王府	清	北京市东城区
48	景山	明、清	北京市西城区
49	白云观	清	北京市西城区
50	万佛堂、孔水洞石刻及塔	隋、唐至明	北京市房山区
51	法源寺	清	北京市宣武区
52	先农坛	明、清	北京市宣武区
53	碧云寺	明、清	北京市海淀区
54	大慧寺	明	北京市海淀区
55	十方普觉寺	清	北京市海淀区
56	清净化城塔	清	北京市朝阳区
57	长城——司马台段	明	北京市密云县
58	东交民巷使馆建筑群	近代	北京市东城区
59	未名湖燕园建筑	近代	北京市海淀区
60	清华大学早期建筑	近代	北京市海淀区
61	元大都城墙遗址	元	北京市朝阳区、海淀区
62	十字寺遗址	元	北京市房山区
63	金陵	金	北京市房山区

（续）

64	利玛窦和外国传教士墓地	明、清	北京市西城区
65	袁崇焕墓和祠	明、民国	北京市崇文区
66	承恩寺	明、清	北京市石景山区
67	地坛	明、清	北京市东城区
68	德胜门箭楼	明、清	北京市西城区
69	月坛	明、清	北京市西城区
70	中南海	明、清	北京市西城区
71	大觉寺	明、清	北京市海淀区
72	日坛	明、清	北京市朝阳区
73	静明园	清	北京市海淀区
74	健锐营演武厅	清	北京市海淀区
75	万寿寺	清	北京市海淀区
76	关岳庙	清	北京市西城区
77	醇亲王府	清	北京市西城区
78	广济寺	清	北京市西城区
79	柏林寺	清	北京市东城区
80	爨底下村古建筑群	清	北京市门头沟区
81	安徽会馆	清	北京市宣武区
82	报国寺	清	北京市宣武区
83	京杭大运河	隋至清	北京市、天津市、河北省、山东省、江苏省、浙江省
84	京师大学堂分科大学旧址	清	北京市东城区
85	清陆军部和海军部旧址	清	北京市东城区
86	亚斯立堂	清	北京市东城区
87	清农事实验场旧址	清	北京市东城区
88	西什库教堂	清	北京市西城区
89	国立蒙藏学校旧址	清	北京市西城区
90	北京国会旧址	清、民国	北京市西城区
91	京师女子师范学堂旧址	清、民国	北京市西城区
92	国民政府财政部印刷局旧址	清、民国	北京市宣武区

（续）

93	大栅栏商业建筑	清、民国	北京市宣武区
94	协和医学院旧址	清、民国	北京市东城区
95	北平图书馆旧址	民国	北京市西城区
96	辛亥滦州起义纪念园	民国	北京市海淀区
97	孙中山行馆	1924～1925年	北京市东城区
98	北京鲁迅旧居	1924～1926年	北京市西城区

第二节　第一批重点文物保护单位（1961年3月公布）

一、北京大学红楼

北京市东城区沙滩北街，有一条朴实而热闹的小街。街口坐北朝南，有座并不高大抢眼的四层“工”字形建筑。古朴凝重的红色砖墙记录了它的沧桑，依旧端庄挺拔的身姿则时刻昭示它的光荣——它曾是新文化运动的堡垒，是伟大的“五四”运动发源地，中国马克思主义的火种就在这里点燃。这就是名扬海内外的北京大学红楼。

1918年8月，经过两年多的建设，国立北京大学第一院校舍落成，这座整体红砖砌成的建筑连地下室共五层，东西面宽100米，主楼进深14米，东西翼楼各长34.34米，总面积10000平方米。当年的建设者或许不会想到，他们的杰作将为中国传统中最为人所重的“红色”赋予全新意义。

红楼自落成伊始，就被用作北大校部、文学院和图书馆。在蔡元培校长“兼容并包”的民主治学政策下，陈独秀就任文科学长，李大钊、鲁迅、胡适、钱玄同、马寅初、李四光等大批名流学者和新派人物荟萃北大，新思想、新学说、新团体争先涌现。陈独秀带来了《新青年》，李大钊建立的中国第一个马克思主义小组开始传播革命火种，“德先生”、“赛先生”从这里走向全国，红楼一时成为中国新文化运动的大本营、向传统思想道德文化宣战的前线、近代民主自由科学的象征。1919～1920年，毛泽东同志在红楼担任图书管理员，而当时的图书馆长就是伟大的革命先驱李大钊。1920年8月，伟大的文化先驱鲁迅应聘讲授《中国小说史》，直到1926年被迫离京，鲁迅先生在红楼授课整整6年。

1919年5月4日下午，北大爱国学生从红楼北面的民主广场出发，一路联合高等师范（北师大前身）、汇文大学、朝阳大学、工业专门学校、农业专门学校等十四所高校三千余进步师生，高喊“内争国权，外惩国贼”、“取消二十一条”、“还我青岛”等爱国口号，浩浩荡荡奔赴天安门。北洋政府对游行师生的镇压，迅速引发全国各界大规模的示威请愿风潮，直接导致中国政府拒签《巴黎合约》，在灾难深重的20世纪初维护了国家领土和主权的完整。伟大的“五四”反帝反封建爱国运动，推动了社会主义思潮在中国的广泛传播，接受了马克思列宁主义的革命知识分子从此投身工人运动；“五四”运动是旧民主主义革命转向新民主主义革命的分水岭，是无产阶级革命从胜利走向胜利的起点，它对中国无产阶级革命胜利和近现代史产生的深远影响无可替代。

1953年，北京大学迁址西郊，从此在未名湖畔雄视同侪。而有过辉煌历史的红楼，于1984年5月挂上“红楼纪念牌”，2002年4月红楼正式成为北京新文化运动纪念馆，从此开始它的第二次新生。

二、卢沟桥

卢沟桥之宏丽壮观，显示了我国古代工匠卓越的建桥艺术。在北京地区，卢沟桥作为保存最完整的金朝古迹，在漫长的800年里，承担了不可替代的交通重任。这座桥落成一个世纪之后，曾经迎来一位威尼斯商人，这位商人随后在他的《马可波罗行记》中如是记录自己的惊叹和赞美：“河上有一美丽的大桥，各处桥梁之美鲜有及之者……老实说，它是世界上最好的、独一无二的桥……”。这座桥历史上的正式名称叫“广利桥”，欧洲人称它“马可波罗桥”，但它却有个800年来深入人心的名字——“卢沟桥”。

自古以来，从华北大平原北上蒙古高原和东北地区，卢沟渡口都是必经之路。随着中都的兴起和金王朝政治经济的发展，这条商旅要道更具政治和军事的重要意义，卢沟渡口的浮桥显然不敷应用，建造经年畅通的跨河桥梁势在必行。自世宗大定二十九年（公元1189年）至明昌三年（公元1192年），历四载桥成，全部为花岗岩所建。桥长266.5米，宽7.6米，下设10墩、11涵孔，桥身两侧石雕栏板共279块、护栏望柱281根，柱头雕刻大小石狮501只，无一雷同，雕工精湛，卧伏翻滚，神态如生。金章宗制“燕京八景”，其余各景名称地点历朝或有变动，但“卢沟晓月”一景从未更易，而乾隆皇帝御题的“卢沟晓月”碑和碑亭，至今矗立桥头。

卢沟桥在其后的漫长岁月里，一直承担无可替代的南北交通重任，而凭借马可波罗的游历和记述，它更成为欧洲乃至整个西方世界心目中的中国建筑工艺代表和繁华象征。作为出京西南的第一个歇宿点，当进出中都的路人闻鸡起程，晓月当空，道路宽整，伴着马蹄敲击桥面的“得得”碎步，东方初露鱼肚，西天斜挂银钩，空气清新，大地披霜，不知触动过多少游子的情怀。桥东有宛平县城，建于明末，武备工事齐全，用以拱卫京都。

进入20世纪，古老的卢沟桥出人意料地在中国的近代史上再次扮演了重要角色。1937年7月7日深夜，随着日军轰击宛平城、卢沟桥的枪声炮火，中国人民抗日战争的序幕就此拉开。八年抗战，艰苦卓绝，四万万同胞同仇敌忾，中华大地遍燃战火，这场战争是亿万华夏儿女挥之不去的沉痛记忆，是饱经沧桑的中华民族心中永不磨灭的伤痕。如今卢沟桥和宛平城已成为具有重大历史意义的纪念地和文物保护单位，陆续建起中国人民抗日战争纪念馆、中国人民抗日战争纪念雕塑和中国古桥陈列馆。

三、天安门

庄严雄伟的天安门，是中华人民共和国的象征，各族人民的向往，而这座古老建筑本身，还承载着更多的岁月与沧桑。

天安门原名承天门，建成于明永乐十八年（公元1420年），是明成祖朱棣所营建的北京城的皇城正门，距今已将近600年了。当时的它还只是一座木结构的三层楼阁式牌坊，直到清顺治八年（公元1651年）才改建为今天所见的格局，名字也随之改为天安门，并一直沿用到今天。

天安门坐北朝南，通高33.7米，合旧制九丈九尺，“九九归一”，象征皇权至高无上；城台高三丈九尺，用每块重达24千克的大城砖建在近五尺高的汉白玉须弥座上，通体满刷赭红色；城台上就是木结构的城楼，面阔9间、进深5间，面积2000平方米，黄琉璃瓦重檐歇山顶，正脊和垂脊末端装饰鸱吻和仙人走兽，斗拱、大小梁枋和楼内天花藻井上富丽堂皇的金龙彩画和各种吉祥图案，金色部分都是纯金箔贴饰；城楼内，60根巨大的木柱排列如林，方砖墁地平滑如镜，36扇雕工精美的菱花格扇门面向广场。整座建筑工料考究，油饰严整，在蓝天白云下灿烂生辉。

城台设有五座券门，中间一门最为高大宽阔——作为皇城正门，它平时仅供皇帝一人使用，例外的只有皇帝大婚当天，皇后的凤舆可以从此门抬进后宫一次，以及新科鼎甲（状元）恩准出此门游京城；另外四门的规格分左右依次递减，过去即使有资格从这里进出皇城的人们，也要根据自己的等级地位进出相应的门，等级极为森严。

天安门前弯弓形的人工河名叫外金水河，洁白的汉白玉栏板、碧绿清澈的河水映衬着凝重热烈的红色门楼，美不胜收。河上有七座石桥组成的群桥，合称外金水桥，中间的五桥最为精美别致，分别与城楼五个门洞对应，桥面微拱，曲折多姿。同券门一样，五桥也各有严格的功用：正中一座称

“御路桥”，为皇帝专用，桥长23.15米，宽8.55米，在七桥之中体量最为宽大，汉白玉栏杆望柱雕饰蟠龙，下衬云板；御路桥左右的桥称“王公桥”，宽5.78米，供宗室亲王通行；王公桥外侧的叫“品级桥”，仅宽4.55米，供三品以上文武官员行走；这四桥的汉白玉栏杆都雕有荷花栏柱。最远处的两座桥名“公生桥”，分别在太庙（今劳动人民文化宫）和社稷坛（今中山公园）门前，体量最为窄小，是专供四品以下官员、兵弁、夫役来往使用的，但今天所见的公生桥已不是当年规格，桥身在新中国成立后的扩建工程中加宽为11.8米。

封建社会时的天安门是诸门至尊，平时决不轻启，即便皇帝自己也不能随意出入，一般只有新帝登基、大婚、重要节日的朝贺、祭天告地、万寿节（皇帝生日）、“金凤颁诏”、“金殿传胪”等国家大典，以及皇帝或大将出征前祭路祭旗、凯旋时行“献俘”“受俘”礼等重要仪式才启用或在天安门举行。清王朝终结后，天安门成为各界爱国人士进行各种民主爱国运动的前线阵地，1919年声势浩大的“五四运动”、1935年的“一二·九”抗日救国示威游行，都在这里进行，再扩散到全国各地。1949年10月1日，第一面五星红旗在天安门的前冉冉升起，毛泽东主席站在城楼上向全世界庄严宣告了中华人民共和国成立了。古老巍峨的天安门，从此掀开历史上崭新的一页。

天安门南面的广场就是世界上最大的广场——天安门广场，面积40万平方米，可容纳50万人同时集会；广场中央矗立着37.94米的人民英雄纪念碑，南侧是毛主席纪念堂，东侧是国家博物馆，西侧是人民大会堂。天安门城楼曾于1970年进行过翻建，1984年重新修缮油饰。

四、人民英雄纪念碑

1949年9月30日，为了纪念在人民解放战争和人民革命中牺牲的人民英雄，中国人民政治协商会议第一届全体会议决定，在首都北京建立人民英雄纪念碑。当天下午6时，出席中国人民政治协商会议的全体代表，在天安门前广场上举行了建立纪念碑的奠基典礼，以毛主席为首的政协各单位首席代表执锨播土，奠下纪念碑的基石，并向全国征求设计方案。全国优秀的建筑师和专家们共设计了一百多种图案，1952年经有关方面广泛征求各界人士意见，归纳修正而最后完成，形成了今天的人民英雄纪念碑。

人民英雄纪念碑兴建委员会由北京市长彭真任主任委员，副主任委员郑振铎、梁思成。委员会下设工程处，分设计、施工、采石、美术工作等7个组，此外另设一个专门委员会，在中国科学院现代史研究所所长范文澜领导下，专攻浮雕的史料题材。纪念碑于1952年8月1日正式动工修建，1958年4月22日落成，同年5月1日隆重揭幕。

人民英雄纪念碑位于天安门广场中心，通高37.94米，建筑面积3000平方米，用17000多块花岗石和汉白玉建成，分为碑身、须弥座和台座三部分。双层台座四周设有台阶，环绕汉白玉栏杆，下层座海棠形，东西宽50.44米、南北长61.5米，上层座为方形；台座上是双层须弥座，下层大须弥座束腰部四面共镶嵌八幅大型汉白玉浮雕，分别表现虎门销烟、金田起义、武昌起义、五四运动、五卅运动、南昌起义、抗日游击战、胜利渡长江等中国近现代史上的重要事件，其中在渡江战役浮雕的两侧，另有两幅装饰性浮雕，主题分别为支援前线和欢迎人民解放军。浮雕高2米，总长40.68米，雕刻有180个人物形象，生动概括了中国近百年来惊天动地的革命史实。上层小须弥座的四周，是牡丹、荷花、菊花、垂幔等组成的八个浮雕花环。碑身两侧装饰着用五星、松柏和旗帜组成的浮雕花环，肃穆庄严，雄伟壮观，象征人民英雄的伟大精神万古长存。

由两层须弥座承托的高大碑身，是一块长14.7米、宽2.9米、厚1米、重达60多吨的整石料。碑身正面向北，面对天安门城楼，镌刻毛泽东主席手书“人民英雄永垂不朽”八个大字，字体鎏金，耀眼生光；背面是毛主席起草、周总理题写的碑文：“三年以来，在人民解放战争和人民革命中牺牲的人民英雄们永垂不朽！三十年以来，在人民解放战争和人民革命中牺牲的人民英雄们永垂不朽！由此上溯到一千八百四十年，从那时起，为了反对内外敌人，争取民族独立和人民自由幸福，在历次斗争中牺牲的人民英雄们永垂不朽！”

五、房山云居寺塔及石经

云居寺首创于隋末唐初，位于京西南距市区70余千米，号称“北方巨刹”，占地面积达7万多平方米，五院六进，两厢是配殿、僧房和帝王行宫，殿宇精丽，南北双塔相对，寺中经藏典籍荟萃。云居寺以一寺（云居寺）一洞（石经山藏经洞）一塔群（唐辽塔群）构成佛教文化宝库，而其中尤以“石经、纸经、木经版”并称三绝，闻名海内外。

石经刻于隋代大业年间（公元605~616年），是当时的僧人静琬等人为了维护佛法而首倡，历经隋、唐、辽、金、元、明六代，绵延长达1039年，共镌刻佛经1122部、3572卷、14278块。这样规模巨大、延续绵长的佛经刊刻活动，堪称世界文化史和宗教史上的壮举，更是堪与万里长城、京杭大运河相媲美的文化遗产，被誉为“北京敦煌”。房山石经自隋唐绵延千年至今，不仅是研究中土佛教、政治历史、社会经济、文化艺术等珍贵的历史资料，而且在书法艺术史上也具有重要的文化和艺术价值。

纸经刊印于明代，现存仍达2.2万多卷，主要为刻印本和手抄本，不仅包括明南藏、明北藏，还有一部分单刻经典。其数量之多、涵盖典籍之全为国内著名寺院所罕见，其中的《大方广佛华严经》系妙莲寺比丘祖慧刺取舌尖鲜血书写的“舌血真经”，更为珍稀。

木经版即清代汉文大藏经《龙藏》，始刻于清雍正十一年（公元1733年），至乾隆三年（公元1738年）完工，工程前后6年，集佛教入华2000年以来经典译著之大成，为我国木版经书之最，世界仅存的两部汉文大藏经之一（另一部是现存韩国海印寺的《高丽藏》），现存尚有7.7万余块。

藏经洞是石经山山腰上9个洞穴的总称，以雷音洞为代表，共藏石经4196块。雷音洞是一开放式洞穴，洞内面积宽广如殿，洞中四根石柱上共雕刻佛像1056尊，称千佛柱，洞内四壁所镶嵌的经板大多是静琬禅师所刻。1981年11月27日，雷音洞中出土两颗赤色肉舍利（佛祖遗体火化得到的结晶体，被视为佛门至宝），这是世界上惟一珍藏在洞窟内而不是以佛塔供奉的舍利，与中国北京八大处的佛牙舍利、陕西西安法门寺的佛指舍利并称“海内三宝”。

现存的云居寺塔群共有唐塔7座、辽塔5座。唐开元十五年（公元727年）塔内壁所雕供养人高鼻深目，面貌特征类似白种人，据推断应与当时唐王朝与中西亚交流密切、广泛任用外族官吏有关。此像服饰华丽，线条细腻流畅，体现了盛唐的繁荣富庶。“北塔”又称“罗汉塔”，是一座砖结构舍利塔，建于辽天庆年间（公元1111～1120年），塔高30.46米，下部为八角须弥座，座上建双层楼阁式砖塔，再上置覆钵和“十三天”塔刹，内有可供攀登的磴道。这种集三种塔式为一身的造型又称“钟鼓楼式”，极为特殊，历史上相当少见。此塔曾经元、明两代几次修缮而保存至今。北塔四角各有唐代石塔一座，都有明确纪年，造型有单檐式、密檐式两种，形式相近，塔身七层，平面正方形，雕刻有多种佛像，其中有景云二年（公元711年）纪年的石塔是北京市现存最早的塔。塔内浮雕不仅反映了当时的政治经济状况，对研究我国古代文化艺术也有重要价值。

1942年，云居寺曾遭日军炮火袭击，被夷为废墟。新中国成立后，云居寺修复工作受到了党和政府的高度重视。1992年云居寺塔及石经被列入世界文化遗产预备清单。为了更好地保护这批佛教文化遗产，1999年9月9日，10082块辽金石经经隆重仪式回藏地宫，现代化的地宫恒温、恒湿、密闭充氮，并设有9个观察窗，可以从外部直接观察石经保存情况。今天的云居寺，已经恢复了它的昔日庄严。

六、妙应寺白塔

妙应寺白塔，位于今天的阜成门内大街，是元大都保存至今的重要标志，是我国现存最早最大的藏式佛塔，也是中国和尼泊尔人民友谊和文化交流的历史见证。其设计和建造者是入仕元朝的尼泊尔工艺家阿尼哥。塔始建于元世祖忽必烈至元八年（公元1271年），选址在大都城西南，工期8年，竣工时轰动京城，阿尼哥也因此受到丰厚赏赐。至元十六年（公元1279年）塔落成后，忽必烈围绕塔基增建大圣寿万安寺，寺院规制宏丽，“殿堂栏楯一如内廷，佛像窗壁皆饰金”，寺内神御殿供奉忽必烈及太子真金像，是元皇室在大都的重要工程之一，五世达赖的《大昭寺志》也记载此事。1368年全寺毁于雷火，仅白塔幸存。明天顺元年（公元1457年）整复寺院，改名妙应寺至今；清康熙、乾隆年间又数次修缮。妙应寺共有四进殿堂和一座塔院，院中央矗立白塔，四角各建角亭，现仅白塔为元代遗物。

塔为砖结构，外表涂饰白垩，远望通体洁白，俗称白塔，形制源于古印度的覆钵式塔（窣堵坡），为国内常见的几种基本塔式之一。它的兴建不仅为中国历史久远的佛塔增添了新的种类，也为藏传佛教的覆钵式塔制定了中央模式，对明清内地喇嘛塔有着极其深远的影响。塔高50.9米，由塔基、塔身、相轮、伞盖、宝瓶等组成。塔基高9米，底座面积1422平方米，共分三层，最下层呈方形，台前设有通道和台阶，可直登塔基，上、中二层是“亚”字形折角须弥座；台基上砌基座，其上即半圆突起莲瓣组成的覆莲座和覆钵式塔身（宝瓶），并以5道环带金刚圈承托，方形塔基由此过渡到圆形塔身，自然而富有装饰性；塔身为覆钵式，环绕有7道铁箍；再上的“亚”字形小型须弥座上即十三重相轮，象征佛教的“十三天”；塔顶置一直径9.9米的巨型华盖，厚木为底，上覆的铜板瓦有做出的40条放射形筒脊，周沿悬挂36副高1.8米的铜质透雕佛字华鬘和风铎，随风鸣响，清脆悦耳，曾是旧京一景；刹顶为铜质鎏金空心的小型喇嘛塔，高约5米，重4吨，以8条粗壮的铁链牢牢固定在华盖上。在1978年进行的白塔维修加固工程中，还发现了清乾隆十八年（公元1753年）封藏在鎏金塔刹内的全部大藏经（龙藏）、满蒙汉藏四体文大藏全咒及藏文首楞严经、黄檀独木整雕观世音像（像之前后身有乾隆御书朱字藏文六字真言）、铜三世佛、赤金镶嵌舍利长寿佛、乾隆讲经穿用过的补花袈裟和五佛冠、乾隆手书《般若波罗蜜多心经》、蒙古活佛章嘉呼图克图手书藏文《尊胜咒》等珍贵佛教文物。

七、真觉寺金刚宝座塔（五塔寺塔）

西直门外，长河北岸，白石桥东，树丛间掩映一座不大的院落。这里曾是寺庙，寺名真觉，建于明朝永乐初年。明世祖朱棣接受印度高僧班迪达所献金佛五尊和金刚宝座塔图纸，授以金印、封大国师、赐地赐名建寺，中心建筑就依据班迪达图纸所绘之金刚宝座塔。该塔竣工于成化九年（公元1473年）。五百多年来，真觉寺便以五塔寺这个俗称为世人所熟知。

金刚宝座塔的起源相当古老，源头可追溯到公元前3世纪的古印度阿育王在佛祖成道处建造菩提伽耶精舍，建筑形式是一座方形高台上的五座佛塔，中间主塔高大而突出，四角四座副塔相对矮小。其中的方形高台象征佛祖打坐的石台，五座塔则代表五方佛。这种塔式国内很少，留存至今的不过十余座，北京地区真觉寺、西黄寺、碧云寺、玉泉山各有一座，而其中以真觉寺塔年代最早、等级最高。

真觉寺塔设计、建筑、装饰都极为考究，内部砖砌结构，外层全部为青白石包砌。台基为略呈长方形的须弥座式，外周雕刻有佛教造像、法器和梵文字句等密宗题材的装饰；台基上面即是宝座，共分五层，各层均有石制短檐出挑，檐头雕刻筒瓦、勾头、滴水及椽子，其下周匝满饰佛龛，每龛各雕坐佛一尊，龛间间隔以花瓶纹饰的石柱，柱头还雕出斗拱。宝座南北向正中各开券门，直通塔室，券楣上雕饰金翅鸟、孔雀、狮、象、飞羊等吉祥动物形象，南券门上镶嵌“敕建金刚宝座，大明成化九年十一月初二日造”石制匾额。券门内首先是过室，其顶部的盘龙藻井是高规格寺院的标志，东西两侧各有44级石阶梯盘旋而上，可通宝座顶部“天圆地方”罩亭；过室之后便是塔室，拱顶，中央立一方形塔柱，柱四面各有佛龛一座，龛内佛像已不存；罩亭为琉璃砖仿木结构，南北也各开一座券门通向宝座顶端的台面；台面四周围绕石护栏；罩亭北面是五座密檐式小石塔，中间一塔十三层，体量最高，塔顶有铜制覆钵形塔刹，据说班迪达献给永乐皇帝的五尊金佛就藏在这座塔里；四角的小塔都是十一层，高度也略低，用石塔刹。五座小塔的雕刻都集中在须弥座和第一层塔身上，题材和构图大致与宝座相同，只有中央小塔的塔座南面正中刻出佛足图案，这种法器标记多见于印度、尼泊尔和我国西藏等地。金刚宝座塔的形式源自印度，但中国工匠并不拘泥原式，在建造时较典型的普提伽耶塔缩小规模，大小塔的比例也较为协调，同时融入短檐、斗拱、琉璃罩亭这些典型的中国传统建筑元素，使这座塔成为中国传统文化和异域文明相互借鉴融合的代表作之一，是中华民族吸收外来文化的成功范例。

真觉寺在清朝因避雍正皇帝胤禛讳改名大正觉寺，乾隆二十六年曾被作为圣母皇太后70大寿的道场，清末真觉寺大半毁于火。

八、居庸关云台

历史上，“居庸叠翠”名列燕京八景之首，远近青山，夹峙20千米的溪谷，雄关巍然跨谷矗立，关城中心便是名闻遐迩的古迹——云台。

云台本非台，原是一座大型过街式金刚宝座塔，建于元朝末代皇帝顺帝至正五年（公元1345年），为一台三塔格局，元末明初塔毁，仅存基座而得此俗称。600多年来，云台精美的建筑工艺为它赢得不朽的盛名。

云台跨街而踞，平面为长方形，造型端庄稳重，底长26.84米、宽17.57米，全部用白色大理石砌筑，正中辟有券门，门道可通行车马，券洞外沿装饰作弧形，洞内为五边折角式；台顶四周石栏杆、望柱、栏板和外挑龙头等构件，都保持了元代的建筑艺术风格。券门和券洞的拱顶、两壁和外沿等处都有石块拼接的大型浮雕，题材全部遵照佛教仪轨，包括五曼陀罗、十方佛、千佛像、四天王、六拿具，佛经中的神鸟瑞兽及数十种纹样图案。券门上两旁刻交叉金刚杵、象、怪狮、卷叶花和大龙神，正中是金翅鸟；券顶布满曼陀罗花，花中各有佛像，工艺精绝。天王像之间是用梵文、藏文、八思巴文（一种脱胎于藏文的蒙古文字）、西夏文、维吾尔文、汉文六种文字阴刻的《陀罗尼经咒》全文等近10种经咒和《造塔功德记》，其中西夏文字的书写者据考证是党项族僧人智妙弥通，这批经文对中国佛典和古代文字的研究具有相当高的价值。洞壁两端的四大天王是整个浮雕群最成功的作品，各高2.75米、宽3.65米，身材魁梧，神态威猛，服饰刻画细致入微，造型极具生气和力度，手中各持长剑、琵琶、宝盖和灵蛇，分别寓意风、调、雨、顺。云台浮雕气势宏大，题材广泛，内容丰富，雕琢精细，天神造型和装饰图案与西藏桑鸢寺和萨迦寺有直接关系，显示了浓厚的梵式风格。

云台浮雕是元代最重要和最具代表性的藏传佛教雕塑作品，具有极高的艺术、历史和宗教价值。

九、故　宫

故宫位于北京城中心，曾是明清两个朝代24位皇帝执政和居住之处，是我国现存最大的古建筑群。

故宫的正式称谓是紫禁城——紫微星垣之“紫”，最高禁地之“禁”。古人以为，北极星所居的紫微垣位在中天，万年不移，是天帝居所，号称“紫宫”，投射在人间便是帝王宫禁。修建紫禁城的是明成祖朱棣，他从即位第四年就下诏建设，但工程断续进行，直到永乐十八年（公元1420年）才基本竣工。

故宫坐落在京城中轴线正中，左右对称，南北长961米、东西宽753米，占地724250平方米，建筑面积155000平方米；城墙高10米、周长3428米，四方各开一门（午门、神武门、东华门、西华门），四角各有极为精巧的角楼，墙外护城河宽达52米，防卫固若金汤；宫内楼阁殿宇千门万户，房舍9000多间。工期前后14年，参与的工匠据说有30万人，夫役多达百万，建筑材料取自全国各地，花费不计其数。

故宫严格遵守《周礼·考工记》“前朝后市，左祖右社”的帝都营建原则。以乾清门为界，其南是外朝，作为皇帝朝政典礼场所，处处营求庄严宏伟。外朝中心是太和殿、中和殿和保和殿，俗称“三大殿”，建筑在8米高的三层“亚”字形汉白玉高台上。东西两翼“文华”、“武英”二殿。太和殿便坐落在紫禁城对角线的中心，高35.5米，是明清两代北京最高的建筑。内廷是帝后生活起居和处理日常事务的地方，以乾清宫、交泰殿、坤宁宫为中心，两翼有嫔妃居住的东、西六宫，建筑大多自成院落，点缀花园、书斋、馆榭、山石等园林小品，更富有生活气息。坤宁宫北面的御花园古木参天，名花争艳，亭阁山石玲珑精巧。

故宫处处见龙，时刻不忘“九五之尊”，整体布局、规模乃至建筑形式、色彩装饰、装潢陈设等处处体现皇权至上和森严的等级，传统的“阴阳五行”学说更渗透于它的设计理念之中。从北京城南门的永定门起到皇帝寝宫乾清宫，共九道城门，这正是历史上宫殿的最高等级九门之制；宫内建筑群组主次分明，呼应有序，中轴线建筑用黄琉璃瓦，雄伟堂皇，庄严和谐，微小的细节也每每蕴含特定寓意。

明清两代王朝历时近五百年，天下珍宝尽入皇家收藏，上至商周、下迄清末，数以百万计的陶瓷、玉石、铜器、雕塑、书法、绘画、珐琅、文房四宝……琳琅满目的国宝级工艺品充塞宫廷。

故宫是当今世界上规模最大、最完整的古代木结构建筑群，现存最大的帝王宫廷。这座举世无双的的建筑杰作和它珍藏的稀世珍宝使其成为中华民族灿烂文化的象征，1987年被联合国教科文组织世界遗产委员会列为世界文化遗产，每天这里人流如织，世界各地的参观者纷至沓来。

十、万里长城——八达岭

从战国秦汉到封建社会终结，万里长城沿北方群山迤逦伸展，守卫着中原的安全。京北延庆境内，有一段保存最为完好、最具代表性的明代长城。

这里地势险峻，是太行山八大关隘之一居庸关的前哨、明长城北京地区最重要的隘口之一。这里南通京城，北达延庆，东去永宁、四海，西往宣化、大同，四通八达，故名八达岭。在明代，它是京城的北大门和关防要塞，今天，它成为游人如织、闻名中外的风景名胜。

八达岭距市中心70余千米，随山峦起伏曲折，最高处海拔约1000米，沿线的险要处和交通要道上筑有碉堡、烽火台，遇有敌情即以烽火台传递情报、传达号令。天气晴好时极目远眺，群峰连绵不绝，巨龙从云岭深处奔腾而来，又向天边蜿蜒而去，不见首尾。

八达岭长城包括城体本身和关城、城台、烽燧四部分，重要隘口修筑“内三关”、“外三关”，为驻防重地。墙体用巨型花岗岩条石和大型城砖砌筑，高大坚固；高8.5米，下宽6.5米，上宽5.7米，顶部方砖铺砌，可容5马并驰、10人并行；墙顶外侧筑有高1.7米的垛口，上有了望孔，下有射口；内侧筑有起护栏作用的宇墙。城墙每300~500米筑有堡垒性质的方形城台，部分为层楼建筑，也有了望孔和射口，下层为券洞，供守城军士住宿和储存军械食粮。关城总面积约5000平方米，筑有瓮城，其东西两门匾额分别为“居庸外镇”和“北门锁钥”。这段长城沿山脊建筑，随山势曲折起伏，气势磅礴，宛如一条巨龙奔腾飞舞于群山峻岭之中。万里长城已被列入《世界遗产名录》，我国已在八达岭建成中国长城博物馆。

八达岭向南10余千米即居庸关。居庸关位于京北昌平区南口以北，距北京市区约50千米。东接燕山支脉军都山，早在汉代已是通向蒙古高原的交通咽喉，公元5世纪北魏时在此建城筑关。明代再次构建关城并设水、陆两道关门，派重兵把守，现存有明代关城和关门。城中的元代汉白玉塔基即云台。关北有阅武场遗址。附近青龙桥火车站有我国第一代铁路工程师、京张铁路的修建者詹天佑墓园和纪念馆。

十一、天　坛

天坛是“圜丘”、“祈谷”二坛的总称，为明清两代皇帝祭祀诸天神祇和祈祷年景丰饶以及祈雨的场所。每年冬至、正月上辛日和夏季的首月，皇帝要来此拜祭。1998年11月，它被列入《世界遗产名录》。

从空中鸟瞰，天坛是一处双重围墙的回字形封闭院落，东西长1700米、南北宽1600米，总占地面积达紫禁城的四倍，为273万平方米，但其中建筑面积甚小，大量的空间满植树木，据统计仅古柏就有4000株，松柏参天，葱郁肃穆，向上苍默默地表达着崇敬、追念和祈求；坛内部以东西向横墙分隔南侧圜丘和北侧祈谷坛两大功能区。外坛墙为“南方北圆”结构，北墙呈弧形，南墙呈方形与东西墙垂直相交，象征“天圆地方”，故而有“天地墙”之称。外坛墙东、南、北三面不设门，只在西墙开有圜丘坛门和祈谷坛门（天坛门）两座大门，内坛墙东南西北四方均开有大门。内坛并设有祭坛和斋宫。

斋宫和神乐署是坛内两组颇为特殊的建筑。斋宫实际是座小型的“行宫”，专供皇帝举行祭祀礼前斋戒居住，与皇宫一样也有城池卫护。神乐署是一组标准的衙署建筑，位于外坛西侧，与斋宫隔墙相邻，作为常设机构隶属礼部太常寺。它拥有数百人的专职乐师和舞队，平时排练，逢有典礼则负责礼乐舞蹈。

祈谷坛上为祈年殿，高33米、直径24.2米，是昔日京城最高的建筑之一。祈年殿建于明永乐十八年（1420年），原为方形的大祀殿，面宽12间、进深36间，重檐垂脊，黄瓦玉陛，气魄壮丽非凡；1545年时嘉靖皇帝下旨拆除大祀殿，在原址建大享殿；清王朝建立后专用行祈谷礼；乾隆十六年（1751年）重修，更换蓝琉璃瓦顶，用以象征蓝天，并正式更名祈年殿。光绪十五年（1889年）阴历八月二十四日，雷雨交加，祈年殿毁于雷火。现在的祈年殿是雷击后重修的，但形状和结构都保持原状。殿内28根巨柱支撑整个殿顶和中央九龙藻井，内外檐柱各12根，中间4根通天柱（龙井柱）高18.5米、大头直径1.2米，沥粉堆金海水宝相花柱身，古镜式柱础。整座建筑为全木结构，不用一砖一石，上下形状统一而富于变化，色彩对比强烈而和谐。

圜丘坛在天坛南半部，坐北朝南，始建于嘉靖九年（公元1530年），四周环绕红墙绿瓦，俗称“子墙”。子墙四周各有一门：北门成贞门，也称北天门；东门泰元门，也称东天门；西门广利门，也称西天门。南面为正门昭亨门，也称南天门。门上都有满汉合璧门额。元、亨、利、贞四字出自《周易》的“乾卦四德”：“元”天地始生万物，各无偏私；“亨”万物生长繁茂亨通；“利”天地阴阳相合，万物生长各得其宜；“贞”天地阴阳调和而不失衡，使万物正固而持久。

皇帝祭天时要从西边牌楼下轿，步行入昭亨门至圜丘坛，圜丘台（祭天台、拜天台）就在坛正中。台面墁嵌九重石板，象征天之九重：日天、月天、金星天、木星天、水星天、火星天、土星天、二十八宿天和第九重宗动天（天帝居所）。古人认为天阳地阴，而奇数属阳，偶数属阴，因此圜丘的建筑设计都用奇数；又因为阳数最大是九，引申为至极，因此反复使用九和九的倍数。从台中心的圆形的大理石板天心石（又叫太极石）开始，上坛共有九环，每环扇形石的数目都是“九”的倍数。一环的扇面石是9块、二环 18 块、三环 27 块……九环 81 块取名九九。中层坛从第十环开始，即 90 块扇面石，直至十八环，为 126 块九组成，下层坛从十九环开始，至第二十七环，扇面石 243 块。三层坛共有 378 个“九”，合计用扇面石 3402 块。

天心石也有奇妙的声学现象：站在石上轻唤一声，立即伴随洪亮的回声，好似一呼百应。这是因为声波传到四周的石栏以后，同时迅速反射回来，互相叠加，振幅加大；又由于圜丘坛的半径较短，所以回声很快。据测试，从发音到声波返回到圆心的时间，总共只有 0.07 秒，所以天心石上的人会觉得声音格外响亮。因此这块圆石又得名“亿兆景从石”。

连接“圜丘”、“祈谷”两坛的是一座长 360 米的砖石台，称为“神道”，也叫“丹陛桥”，它表示人要到达天庭需经过遥远漫长的路程。

十二、北海及团城

位于北京西城区文津街 1 号的北海，占地 68 公顷，是北京最古老的帝王宫苑之一。这里唐代叫海子园；11 世纪中叶辽代开始构建帝王宫禁；金代浚湖叠石，营建琼华岛；元世祖以岛为中心建帝都宫苑，称上苑，至正八年（1348 年）赐山名万寿山，水名太液池；明代北海是西苑的一部分，与南边的中海、南海连为一体；清代多次进行大规模扩建，乾隆以后基本上形成了今日的格局。

北海历史悠久，规模宏大，建筑精美，其中水面就达 39 公顷，陆地 29 公顷，湖光山色，秀丽迷人。整个北海以琼华岛为中心，高 35.9 米的覆钵式白塔雄踞山巅，是旧日京城著名景观。

从山下堆云、积翠坊过永安桥至琼华岛，进永安寺，经山门、钟鼓楼、法轮殿、正觉殿、普安殿、善因殿至白塔，殿宇重重，依山层叠，高低错落，气势极为壮观。

山东麓林木茂盛，怪石嶙峋，有智珠殿、麓日亭和“燕京八景”之一的“琼岛春阴”碑。

山西侧的悦心殿是皇帝处理政务、接见臣僚之地，庆宵楼、静憩轩、甘露殿、琳光殿、蟠青室、阅古楼等处，景色古雅清幽，是专供帝后观赏风景之处。其中阅古楼内壁镶嵌三希堂法帖刻石 495 方，精妙绝伦，弥足珍贵。

山北有仿镇江金山寺的漪澜堂、道宁斋、碧照楼、远帆阁等建筑群，傍湖 300 米长的游廊东起漪晴楼，西至分凉阁；山崖有邀山亭、酣古堂、写妙石室、看画廊、盘岚精舍、一壶天地、得性楼及铜仙人承露盘等景点错落有致。

湖东岸濠濮涧三面临水，幽静别致；画舫斋布局紧凑，建筑精巧，号称园中之园。湖北岸以静心斋为主体的建筑群是清代皇子读书处，乾隆曾在此抚琴吟诵，因而有“乾隆小花园”之称。另有大小西天、九龙壁、阐福寺、蚕坛、快雪堂、观音殿、万佛楼、天王殿等。

团城位于北海公园南门西侧，是一座平面呈圆形的小城池，占地4553平方米。这里原是太液池中的一个小岛，金代大宁宫的一部分；元代称圆坻又名瀛洲，至元元年（1264年）在岛上建仪天殿；明永乐十五年（1417年）重修，改名承光殿，岛四周加筑高4.6米的圆形城墙，围成的城池面积约4500平方米，周长276米；清康熙八年（1669年）承光殿毁于地震。康熙二十九年（1690年）重建，乾隆十一年（1746年）扩建。今天所见的团城保存了乾隆重修时的风貌。城东西两侧各有随墙门，入门由蹬道可达城台。城上殿宇堂皇别致，建筑布局以对称为主，兼顾园林景观需要，以承光殿为中心，南有玉瓮亭、北有敬跻堂，两侧古籁堂、余清斋和东西庑，朵云亭、镜澜亭高踞假山之上。承光殿内陈设白玉佛，玉瓮亭中有元代遗留的巨大墨玉瓮——“渎山大玉海”。城内数十株树龄几百年的古松柏，使金碧辉煌的建筑群更添秀色。北海及团城1924年辟为公园，成为京城最大的观光游乐场所。

1900年八国联军侵占北京时，团城横遭洗劫，衍祥门门楼被击毁，白玉佛左臂被击伤，团城上的珍宝文物也被洗劫一空。新中国成立后，党和政府对团城多次进行修缮。

十三、智化寺

明正统八年（1443年），大太监王振将自己在今天东城区禄米仓胡同5号的宅第舍建寺院，作为家庙，次年寺成，英宗朱祁镇赐额“智化禅寺”，不久英宗遂有“土木之变”。12年后英宗复位成功，改元天顺（1457年），在寺中为王振立“旌忠祠”，年年祭奠，天顺六年（1462年）更颁赐大藏经一部。终英宗朝，智化寺可谓备极恩荣了。今天的智化寺，以“二宝”著称于世：完整恢弘的明式建筑群组，以及寺内渊源深厚、传承严谨的国宝级佛乐——智化寺京音乐。

佛教向有将音乐用于“供养”、“颂佛”的传统，几乎所有佛事活动都包含音乐，各种仪轨、法会中的音乐更是必不可少。《法华经·方便品》就云“歌呗颂佛德，乃至一小音，皆已成佛道”。因而大型寺院大都培养专事演奏佛乐的乐僧（艺僧），以区别专职参禅念佛的禅僧。智化寺乐僧师徒授受，至今已是第29代。

智化寺音乐属于汉传佛教寺院音乐（庙堂音乐），属唐宋燕乐余绪并保存北宋鼓吹教坊的遗制，与福建南音（南管）、西安鼓乐、丽江洞经（白沙细乐）合称“中国四大古乐”。它源自正统十一年（1446 年）王振擅自移入寺中的内廷音乐——这在当时要算“大逆不道”的僭越之举，却托赖英宗的宽容包庇而在智化寺扎了根，并在完好传承其本来面目的同时，不断吸收民间音乐、宫廷音乐和佛教音乐的营养，终于成为今天中国古典皇家管乐中保存最完整、资料最丰富、传承不辍的“音乐活化石”。永乐二年（1404 年），明成祖曾搜集唐宋元以来通行南北的佛教音乐曲调四百余首，编成《诸佛世尊如来菩萨尊者名称歌曲》，智化寺音乐的曲牌大多与这部曲集相同。由于历代艺僧将之奉为神圣，严格坚持口授秘传，在演奏技巧和方法上更不允许丝毫更改，故而 560 年来智化寺音乐始终呈现“远、虚、淡、静”的佛教意境和历史原貌，并成为清代京城寺院管乐的主要源泉。到清末民初，附近居民甚至称之为“京吹”，而把其他寺庙的音乐叫“邪吹”。

新中国成立后，北京佛教界一些高僧和杨荫浏、查阜西等著名音乐界专家学者，曾于 1952 ~ 1953 年、1986 年进行过两次针对智化寺京音乐的全面深入的考察研究，并取得丰硕成果。1953 年 2 月，北京市文学艺术工作者联合会在霞公府 15 号举行“京音乐”演奏会，老舍先生亲自主持，吴晗、丁西林、赵树理、叶恭绰、巨赞法师等 150 余位各界名流到会，专请智化寺等九所寺庙的 16 位资深乐僧演奏。时至今日智化寺音乐已公演百余场，出访多个国家和地区；选录寺中最具代表性的京音乐和禅音乐曲目 20 首，出版《北京智化寺京音乐》和《北京智化寺禅音乐》原声磁带，以及 VCD 光盘及各种出版物；并收入《中国大百科全书·佛教艺术》卷。国乐瑰宝智化寺京音乐，在今天重新焕发了异彩。

十四、国子监

我国很早就有国家办学的传统，《周礼·师氏》就有“以三德教国子”的记载，国家最高学府汉代叫太学，晋代名国子学，唐代改称国子监至今。国子监校长官称祭酒，以官职兼师，副校长称司业，教师根据不同等级称博士、助教等。

北京国子监从元大德十年（公元 1306 年）落户安定门内国子监街（成贤街），已经 700 年了，依照“左庙右学”的传统规制与孔庙东西毗邻。元明清三代，国子监一直是国家掌管国学政令、管理教育工作的最高行政机构和国家最高学府，致力于为官府培养后备人才。进门处不远的琉璃牌坊是北京惟一不属于寺院的牌坊，三间四柱七楼庑殿顶式，正面额书“圜桥教泽”，阴面“学海节观”，盘龙飞腾，高大华美。中心建筑辟雍建于清乾隆四十九年（1784 年），是北京“六大宫殿”之一。辟雍是古制“天子之学”，它是我国现存惟一的古代“学堂”，风格相当独特，全照周代典籍制度建造，坐北朝南，平面正方形，深广各达五丈三尺，四角攒尖重檐顶，黄琉璃瓦，上有鎏金宝珠；四面各辟一门，外围以回廊水池环绕，池岸四面分设四个喷水龙头，池周汉白玉雕栏围护，池上架有石桥通达四门，构成周代“辟雍泮水”旧制，形制外圆内方，寓意天圆地方，传流教化。殿内穹隆彩绘天花，高设龙椅、龙屏、皇家器物，专供皇帝“临雍”讲学——从康熙开始，历代清帝一经即位，必须临雍讲学一次，时间大致在隔壁的孔庙祭孔完毕后。

辟雍北部，正房 7 间名彝伦堂，是藏书之地和教师办公区；两侧各有厢房 33 间，东为率性堂、诚心堂、崇志堂，西为修道堂、正义堂、广业堂，统称东西六堂，是日常授课讲学所在；敬一亭在彝伦堂后，是国子监的第三重院落，院内七座御制圣谕碑，是国子监最高教官祭酒（校长）的办公区。

清代，国子监不仅培养本国汉、满、蒙、回各族监生，还有俄罗斯、交趾（今越南）、高丽（今朝鲜）、暹罗（今泰国）等各国留学生在此就读，国子监不仅是全国俊才汇集之地，也是中外文化相互交流的重要场所。中国学生有贡生、监生与官生之分。贡生是各省推荐的品学兼优者，监生与官生许多是用钱捐来的，品德学识良莠不齐。清代规定学生按出身不同，学习内容及年限也不同，一般教学礼、乐、律、射、御、书、数等课程，时间半年至 3 年不等；但八旗子弟的官生，因教学目的特殊，学制长达 10 年。学员宿舍称“号”，留学生宿舍叫“交趾号”。明清时读书致仕的人，能就读国子监，毕业后又能在殿试中进士及第、金榜题名，就可在孔庙立碑留名，在家乡建牌坊，这被认为是人生最大的荣耀，足以光宗耀祖。

国子监与孔庙之间的夹道，收藏十三经刻石 189 方，63 万余字，是清朝雍正年间江苏金坛贡生蒋衡历时 12 年所书，内容包括《周易》《尚书》《诗经》《周礼》《仪礼》《礼记》《春秋左传》《春秋公羊传》《春秋谷梁传》《论语》《孝经》《孟子》《尔雅》十三部，是我国仅存的一部最完整的十三经刻石，乾隆五十九年（1794 年）立碑并置于国子监，故又称“乾隆石经”，是宝贵的儒家文化遗产。

十五、雍和宫

从元代迁都大都，北京就与藏传佛教结下了不解之缘。京城东北角，北新桥北街路东，是北京规模最大、保存最完好的喇嘛教黄教寺院——雍和宫。雍和宫南北长400米左右，占地6.64公顷，中轴对称，楼阁殿宇千余间，建筑豪华，气势恢宏，既有宫殿的辉煌富丽，又处处流露着庄严肃穆的古刹氛围，为世人所重。

明朝雍和宫一带叫太保街，是太监们的官房（宿舍），灰瓦屋顶，规模一般，与周围民居区别不大。清朝入关后，圣祖皇帝于康熙三十三年（1694年）选中这里为四皇子胤祯修建贝勒府；康熙四十八年（1708年），胤祯加封和硕雍亲王，预支三年王俸大兴土木，府邸规格也晋升为王府。公元1723年，胤祯登基，年号雍正，迁入紫禁城居住，旧府遵例升为“潜龙邸”，不再作为它用。雍正三年（1725年），雍亲王府一半改为行宫，另一半赐与活佛章嘉呼图克图为黄教上院。后来行宫失火，遂不再建，仅留庙宇部分。雍正十三年（1735年）八月二十三日，世宗驾崩圆明园，乾隆皇帝弘历即位，下令15天内雍和宫主要殿阁全部更换黄瓦以供停灵。雍正棺椁在永佑殿停放一年后，葬入清西陵的泰陵，但“御影”（画像）仍留殿中供奉，所以雍和宫又称作雍正祠堂。乾隆九年（1744年），乾隆皇帝依照母亲孝圣皇太后钮祜禄氏之意，将雍和宫正式改为喇嘛庙，重新规划，改建庙宇，扩建了天王殿以南部分，并从蒙古招来500名喇嘛长驻。此举既达成母愿和父皇在世时信佛的心愿，又符合清王朝对潜龙邸处理的规定，更重要的是对蒙古表示“怀柔”政策，稳定了国家边防，可谓一举多得。此后雍和宫屡经修建，逐渐形成现在的规模，成为全国规格最高的藏传佛教寺院之一。

雍和宫由牌坊和天王殿、雍和宫大殿（大雄宝殿）、永佑殿、法轮殿、万福阁等五进宏伟大殿组成，东西有配殿、“四学殿”（讲经殿、密宗殿、数学殿、药师殿）。整个建筑布局院落从南向北渐次缩小，而殿宇则依次升高。形成“正殿高大而重院深藏”的格局，融合了汉、满、蒙、藏多个民族的建筑艺术特色。

雍和宫南院有影壁、三座高大碑楼和一对石狮，牌楼后方砖砌成的绿荫甬道俗名“辇道”，向北便是正门昭泰门。门内两侧钟鼓楼，外部回廊，富丽庄严。北侧八角碑亭旁便是悬挂着乾隆帝题匾“雍和门”的天王殿，殿内正中金漆雕龙宝座上坐着坦胸露腹、笑容可掬的弥勒佛。

出天王殿便是雍和宫主殿，原名银安殿，当年是雍亲王接见文武官员的场所，改建喇嘛庙后地位相当于一般寺院的大雄宝殿。殿内正北供奉三尊高近2米的铜三世佛像，正中为现在佛释迦牟尼佛，左为过去佛燃灯佛，右为未来佛弥勒佛，表示过去、现在和未来的时间流程无时不有佛；前院两庑即是“四学殿”。

永佑殿在银安殿后，建筑结构同天王殿单檐歇山式，“明五暗十”构造（外面看是5间，实际是两个5间合并在一起）。永佑殿在王府时代是雍亲王的书房和寝殿，后作为清朝供奉先帝御像的影堂；殿内正中莲花宝座上供奉三尊高2.35米的檀木佛像，中为无量寿佛（阿弥陀佛），左为药师佛，右为狮吼佛。出永佑殿便是法轮殿，两侧为班禅楼和戒台楼；法轮殿是汉藏文化交融的结晶，平面十字形，殿顶的5座天窗式暗楼和5座铜制鎏金宝塔是藏族传统建筑形式；殿内正中巨大的莲花台上高6.1米的铜制上师像是藏传佛教黄教创始人宗喀巴大师，塑于1924年，历时2年，耗资20万银元而成；宗喀巴像背后，是被誉为“雍和宫木雕三绝”之一的五百罗汉山，高近5米，长3.5米，厚30厘米，全部由紫檀木精细雕镂而成；山前的金丝楠木盆来历也不小，据说是乾隆帝的“洗三盆”（婴儿降生三天要举行洗浴仪式，称为“洗三”）。

出法轮殿便是高25米、飞檐三重的万福阁，两旁分别是永康阁和延绥阁，颇有辽金风格，飞廊相连，宛如仙宫楼阙。万福阁内是木雕三绝之一的另一绝：18米高的迈达拉佛（弥勒佛），用整棵名贵的白檀香木雕成，佛身高18米、宽8米，埋入地下8米，原木由六世达赖喇嘛进贡给乾隆皇帝。雕刻大佛耗银达8万余两。第三绝在万佛阁前东配殿照佛楼内，名金丝楠木佛龛，采用透雕手法雕镂99条云龙，盘旋隐现，栩栩如生。

旧时每年农历正月二十九、三十和二月初一，雍和宫要连续举行三天“跳布扎”仪式，民间俗称“打鬼”：第一日“演鬼”，第二日“打鬼”，第三日“转寺”，万众争看。届时由喇嘛扮黑白二鬼，其他喇嘛戴着各种兽型面具，大喇嘛则诵经念咒，各种番乐伴奏，一路跳布扎舞环绕宫中一周，然后用刀将预先准备好的面人头割下，表示除祟降魔大功告成。

十六、颐和园

北京西郊西山脚下，山光水色，美景如画，从公元11世纪的金王朝开始，这里就陆续营建皇家园林。到800年后清朝时，这里园林总面积达到了1000多公顷，以颐和园为首。颐和园是世界现存占地最广、最精美的的皇家园林之一，总面积约290公顷，由万寿山和昆明湖两大部分构成，借西山群峰之景，湖山间穿插安置的精美建筑与园内景色融为一体。全园分为三个大区：以仁寿殿为中心的政治活动区，以玉澜堂、乐寿堂为主体的帝后生活区，以及万寿山、昆明湖山水风景区。园中景区，从东部开始可以划分为东宫门区、万寿山前山景区、后山后湖景区。

东宫门一带本为皇帝处理政务和生活起居之所，包括朝会大臣的仁寿殿和南北朝房、寝宫、大戏台、庭院等。玉澜堂原是光绪皇帝的寝宫，后来成为慈禧太后囚禁他的地方，现在还能看到当时修筑的封闭通道的高墙。

万寿山前山的建筑群是全园精华，以颐和园的象征——佛香阁最为醒目。佛香阁是全园主体建筑，方形台基高 21 米，阁高 40 米，三层八面四重檐，阁内 8 根巨大铁梨木擎天柱，结构复杂精巧，是中国古典建筑精品。以排云殿为中心的宫殿式建筑群是当年慈禧太后举办寿诞接受朝贺的地方。山顶的无梁殿，全用砖石砌成拱顶，不用一根支撑物，建筑水平极高。山脚湖畔，以全长 728 米的长廊将勤政区、生活区、游览区联成一体。长廊主要由园林建筑常见的回廊和角亭构成，共 273 间，以精美的彩画著称于世，现存有 546 幅西湖胜景和 8 千多幅人物故事、山水花鸟，1992 年以“世界上最长的长廊”入选吉尼斯世界纪录。

万寿山前山景区，建筑最多、也最为华丽。这一带景区由两条垂直对称的轴线统领，东西轴线就是著名的长廊，南北轴线从长廊中部起，依次为排云门、排云殿、德辉殿、佛香阁等。佛香阁是全园的中心，周围建筑对称分布其间，众星捧月，气魄宏伟。

最北部的后山后湖景区，林木葱茏，山径曲折，较少点缀人工建筑，突出优雅恬静的自然风景，与前山的华丽形成鲜明对比。藏式佛教建筑和具有江南水乡特色的苏州街，布局紧凑，各有妙趣。

颐和园的水体面积达全园的 3/4，南部湖区烟波浩淼，西望群山起伏，北望亭阁林立；湖中西堤桃柳成行，6 座各不相同的拱桥掩映湖边；湖中 3 岛上各有形式独特的建筑；十七孔桥横卧南湖，造型优雅，令人过目难忘；湖东岸的八角重檐廓如亭，面积达 130 多平方米，是中国最大的亭子，巨大的镇水铜牛，形态逼真，背上还铸有铭文；湖北岸石舫，雕梁画栋，精美绝伦。

颐和园的建筑风格吸收了中国各地建筑的精华。东部的宫殿区和内廷区，一座座封闭院落由游廊联通，是典型的北方四合院风格；南部的湖泊区是典型杭州西湖风格，一道西堤把湖泊一分为二，北部的苏州街，店铺林立，水道曲折，有十足的江南水乡风格。万寿山的北面，有典型藏传佛教风格的白塔和碉堡式建筑。1998 年 11 月，北京颐和园被列入《世界文化遗产名录》。

十七、周口店遗址

当我们称自己是北京人的时候，可曾想过最古老的“北京人”是谁？他们住在哪里？是什么样子？距离我们有多少年了？

周口店遗址在北京市西南、距市中心约50千米。1929年12月2日，中国杰出的古人类学家裴文中教授在这里发现了距今约50万年的一个完整的猿人头盖骨，定名为北京猿人（现称为北京人）。并找到了北京猿人生活、狩猎使用的石器和用火遗址，以及更多的原始人类牙齿和骨骼，证实50万年以前北京地区已有人类活动。这一发现和研究，奠定了这一遗址在全世界古人类学研究中不可替代的地位。周口店遗址是世界上迄今为止人类化石材料最丰富、最生动，植物化石门类最齐全，研究最深入的古人类遗址。

经过近一个世纪的发掘，共出土北京人头盖骨化石6具、头骨碎片12件、下颌骨15件、牙齿157枚及断裂的股骨、胫骨等，分属40多个男女老幼个体；发现了10万件石器材料及用火的灰烬遗址和烧石、烧骨等。经科学测算，北京人的平均脑量达1088毫升（现代人脑量为1400毫升），身高男156厘米、女150厘米；北京人属于旧石器时代，加工石器的方法主要为锤击法，其次为砸击法，偶见砧击法；北京人是最早使用火的古人类，他们居住过的洞穴里留下了很厚的灰烬堆；他们能够捕猎大型动物；北京人的寿命较短，据统计已知个体68.2%死于14岁前，超过50岁的不足4.5%。

通过对考古资料的研究，证明早在距今约69万年古人类便到达了这里，他们所创造的颇具特色的旧石器文化，对中国华北地区旧石器文化的发展产生深远的影响。北京人用火的发现，将人类用火的历史提早了几十万年。

1930年，在龙骨山顶部又发掘出距今2万年的古人类化石，命名为“山顶洞人”；1973年又发现了介于北京人和山顶洞人年代之间的“新洞人”，是北京人的延续和发展。

1987年12月，联合国教科文组织世界遗产委员会批准周口店北京人遗址为世界文化遗产。

十八、十三陵

明十三陵位于昌平区天寿山麓，是明代十三位皇帝陵寝的总称，是世界上保存最完整、埋葬皇帝最多的帝王墓葬群。十三陵位于天寿山脚下洪水冲击形成的小盆地中，距京城50千米，陵区占地达120平方千米，军都山余脉环抱东、西、北三面，形成天然屏障；北部天寿山主峰三峰并峙，中峰是陵区最高峰，海拔760余米；陵区所在的小盆地，流水交汇蜿蜒东去；陵区之南，龙（蟒山）虎（虎峪）二山左右拱卫，虎踞龙盘，把守门户。北望群峰奔腾，南眺河流潆徊，川原开阔，磅礴壮观，正合中国古代风水学极力推崇的“四势完美”“山川大聚”之说，是最合适不过的帝陵吉壤。

明代十六帝中，除开国皇帝朱元璋葬于南京钟山之阳的孝陵，建文帝朱允炆不知所终，景泰帝朱祁钰被兄长英宗“夺门之变”复辟成功，以王礼葬西郊玉泉山外，其余帝王和皇后全部葬在这里。十三座陵寝前后营建了200多年（公元1409～1644年），分别是长陵（成祖）、献陵（仁宗）、景陵（宣宗）、裕陵（英宗）、茂陵（宪宗）、泰陵（孝宗）、昭陵（穆宗）、定陵（神宗）、庆陵（光宗）、德陵（熹宗）、思陵（思宗），面积合计40平方千米，工程极为浩大，既为统一整体，各陵又自成独立单元。陵墓规格大同小异，各自依山而建，相互间隔少则0.5千米、多至8千米，除思陵偏在西南一隅外，其余均成扇面形分列于长陵左右。现在一般以长陵（十三陵主陵，建筑最宏伟、保存最好）和定陵（惟一发掘开放的地宫）为代表。

陵区的第一座建筑物是建于嘉靖十九年（1540年）的石牌坊，五楹六柱十一楼，全部用汉白玉建造，雕饰云龙、麒麟、狮子等图案，结构恢宏，工艺精美。神道也称陵道，起自石牌坊，穿大红门直通向长陵。神道原为长陵而筑，后来成了全陵区的主道，纵贯陵园南北，全长7千米，沿途一系列建筑物错落有致，蔚为壮观。

十三陵正门大红门，又名大宫门，坐落于陵区正南，门分三洞，连接着长达80华里的红色围墙。门两旁原有石碑，上刻“官员人等至此下马”，无论何人都必须从此步行进入陵园，以显示皇陵的无上尊严。大门两侧原设有两个角门，围墙上还另有一座小红门和十个出入口，当年均派重兵驻守，是百姓不可接近的禁地。围墙早已坍塌，只存依稀可辨的残迹。

碑亭是一座歇山重檐、四角出翘的高大方形亭楼，位于神道中央，本为长陵所建。亭内龙首龟趺石碑高6米多，题“大明长陵神功圣德碑”，碑文长达3500多字，是仁宗朱高炽洪熙元年（1425年）所撰，明初著名书法家程南云所书，宣德十年（1435年）刻成；碑阴面刻有清代乾隆皇帝写的《哀明陵十三韵》；碑东侧是清廷重修明陵的费用记录，西侧是嘉庆帝论明亡的原因。碑亭四隅各立白石华表，顶部的异兽名望天犼；碑亭东侧曾有行宫，是帝后祭陵时的更衣休息之处，现已无存。

十三陵最著名的石像生共有24只石兽和12个石人，从碑亭北的两根六角形石柱起，排列至龙凤门止的千米神道两旁，数量之多，体量之巨，雕琢之精，保存之好，为我国古代陵园所罕见。石兽共6种，每种4只两立两跪，各有特定含义：雄狮威武善战；獬豸为传说中的神兽，善辨忠奸，惯用头上的独角去顶触邪恶之人；麒麟为传说中的“仁兽”，有吉祥之意；骆驼和大象忠实善良，擅长负重远行；骏马善于奔跑，可供骑乘。石人分勋臣、文臣和武臣，也各有4尊，都是皇帝生前的近身侍臣，均为拱手执笏的立像，威武而虔诚。两千多年前的秦汉时期就有在皇陵陈设石像生的规定，以象征皇帝生前的仪威。

棂星门又叫龙凤门。四柱三间，门柱类似华表，柱上装饰云板异兽，因三个门额枋中央都饰有石雕火珠，又称“火焰牌坊”。龙凤门西北侧原建有行宫，是帝后祭陵时的歇息处。

长陵是明王朝第三帝明成祖朱棣（永乐帝）的陵墓，距今已有570多年历史。建于1409～1413年（永乐七年至十一年），徐皇后（明大将徐达之女）首先入葬，朱棣于永乐二十二年（1424年）北征回师途中死后同葬。朱棣是明代一位具有远见卓识的皇帝，他为了控制北方，巩固整个国家的统一，于永乐四年（1406年）兴建紫禁城，准备迁都北京，同时着手营造皇陵。长陵主要由祾恩门、祾恩殿和明楼宝城组成，以后各陵的形制与此雷同，但建筑规模远远不及，从而突出长陵的尊贵地位。

定陵是明代第十三帝朱翊钧（万历帝）和两位皇后的陵墓。十三陵中惟一被发掘的地宫。坐落在大峪山下、长陵西南，建于万历十二年至万历十八年（1584～1590年），占地18.2万平方米，耗银800余万两，为当时全国两年田赋收入的总和。该陵规模宏大，工程艰巨，每天役使军工、民匠3万余人，连续施工约6年才建成。

思陵是十三陵中的末陵，坐落在原小红门内，规模最小也最为简陋。它是明朝末代皇帝朱由检（崇祯帝）的陵墓。1644年春，李自成领导的农民起义军打进北京，崇祯皇帝走投无路，在煤山（今景山）自缢，明朝遗老将他葬在十三陵他的田贵妃墓中，贵妃墓由此升格为思陵。陵旁的小坟葬着陪他一起上吊的太监王承恩，坟前有块清代乾隆皇帝为表彰其“忠君”而立的小石碑。

十三陵自然环境幽雅，建筑规模宏大，体系完备，整体性突出，陵寝制度独具风貌，是明朝200余年历史中中国建筑艺术的杰作和陵寝规划与建造的最高代表，从一个侧面记录了明王朝的盛衰兴亡和明朝文化、艺术、科学技术的成就。

第三节　第二批重点文物保护单位（1982年2月公布）

一、北京宋庆龄故居

后海北河沿46号宋庆龄同志故居，坐落在风景秀丽的什刹海后海北沿，占地2万多平方米，建筑面积5000余平方米。故居是一处雍容典雅、幽静别致的园林式庭院建筑，院内有长廊、恩波亭、南楼、听雨楼和“濠梁乐趣”、“畅襟斋”两大厅等王府原建筑，还有小湖、假山等景致，曲径回廊，楼堂亭榭，湖水环绕，假山嶙峋，夏天绿树浓荫，花香浮动。这里最早是康熙时大学士明珠的宅第，后为溥仪生父醇亲王载沣的王府西花园。

中华人民共和国成立后，党和政府就计划为宋庆龄在北京修建一处住所，但她一再逊谢。1962 年，周恩来总理受党和政府的委托，亲自筹划，决定藉此王府花园，精心设计改造，葺旧更新，在原来主体建筑迤西，接建一座“中西合璧”的二层主楼，作为宋庆龄的住所。1963 年 4 月，宋庆龄同志迁入新居，并一直在此居住到 1981 年 5 月 29 日逝世。

故居主体建筑是一座中西结合的两层小楼，由原厅堂接出，楼下是小客厅、小餐厅、治疗室、秘书办公室等，楼上是宋庆龄的卧室和书房，以及秘书和工作人员住所。故居保留了宋庆龄生前工作、学习、生活起居的原状，陈设如故：简朴的家具，近 3000 册图书和刊物，还有宋庆龄为抗日战争募捐用的金戒指、印章和她设法通过美军飞机运往延安的 X 光透视机、医疗器材、药品，以及所珍藏的国内外领导人和亲朋故旧送给她的纪念品及文物藏品等 1 万余件。由前厅“濠梁乐趣”和后厅“畅襟斋”改建的大客厅和大餐厅现在是故居陈列室，展出了宋庆龄生前照片、信札、实物等历史资料，展示了宋庆龄同志伟大的一生。

宋庆龄，海南文昌县人，1893 年 1 月 27 日生于上海，青年时代追随伟大革命先行者孙中山先生，致力于民主革命事业，1915 年与孙中山结婚。宋庆龄是中华人民共和国的缔造者之一，中华人民共产主义的伟大战士，保卫世界和平事业的久经考验的先驱，中国共产党的优秀党员。她七十年如一日，把毕生精力献给中国人民民主和社会主义事业，献给世界和平和人类进步事业。1981 年 5 月 29 日，宋庆龄在北京逝世，终年 90 岁。

1981 年 5 月 16 日，全国人大常委会决定授予宋庆龄同志“中华人民共和国名誉主席”荣誉称号。1981 年 10 月中央决定把这处住所命名为“中华人民共和国名誉主席宋庆龄同志故居”，并由国务院确定为全国重点文物保护单位。之后，在邓颖超、廖承志等中央领导同志的亲切关怀和直接领导下，对故居进行了全面修整，保留和恢复了宋庆龄生前工作、生活原貌，开放原状陈列，在全国范围内收集文物、资料，筹办了“宋庆龄同志生平展”。1982 年 5 月 29 日，值宋庆龄逝世纪念日之际，由邓颖超同志亲自揭幕，故居正式对公众开放。宋庆龄故居现已成为青少年教育基地。

二、皇史宬

皇史宬又名表章库，位于南池子大街 136 号，是明清两代的皇家档案馆，也是我国现存最大的古代档案馆。“宬”意为用于藏书的屋子，皇史宬占地8460平方米，建筑面积3400平方米，始建于明嘉靖十三年（1534年）七月，竣工于嘉靖十五年七月，工期历时2年。初建时称“神御阁”，建成后赐名“皇史宬”，在隆庆年间和清朝嘉庆年间曾屡加修缮。

皇史宬坐北朝南，门额由满汉两种文字书写。主要建筑有皇史宬门、正殿、东西配殿、御碑亭等，四周环以红墙。正殿坐落在高大的石台基上，四周绕以汉白玉石护栏，面阔九间，黄琉璃筒瓦庑殿顶，拱券式无梁建筑，砖石结构，无梁无柱，是一座名副其实的“石屋”：台基、墙壁均由砖石砌成，门窗、梁坊和斗拱等传统上应该用木料的地方也用的是仿木石料，额枋、斗拱、门、窗均用汉白玉雕成，额枋上施描金旋子彩画，殿门5洞，均为两重门，山墙上有对开的窗用于空气对流；殿墙南北厚6米、东西厚3米，殿内建有1.42米高的汉白玉须弥座，座上排列152个雕云龙包铜的樟木大柜，即史书所谓的“金匮”，专用于收藏皇家史册和典籍资料。殿内另有两块石碑，分别为《恭送列祖皇考实录御容及玉牒至盛京尊藏》和《恭瞻皇史宬》七言诗一首，均为乾隆御笔。东西配殿内也有储藏皇家档案的大木柜。整个建筑与器具设计完美，做工精良，功能齐全，华贵耐用，兼具防火、防潮、防虫蛀鼠咬、防霉功能，内部冬暖夏凉，温湿度相对稳定，极宜保存档案文献。400多年来，皇史宬收藏过列朝的实录、圣训、玉牒以及《大清会典》《永乐大典》副本、《朔汉方略》内阁副本以至将军印信等重要文件。

我国早在秦汉时期，就有“金匮石室”的制度。《汉书·高帝纪下》有“与功臣刻符作誓，丹书铁券，金匮石室，藏之宗庙”的记载。所谓“金匮”就是铜制的柜子，而“石室”则是用砖石砌筑的房屋，其目的都是为了防火防潮，使珍贵的书籍档案得以长久保存。尔后历代保存皇帝“实录”“圣训”“玉牒”之类皇家文件的档案库，大都因袭秦汉旧制，而又各有所发展，但像皇史宬这样保存完整的，已几乎没有了，这就越发显示出这组建筑的特殊价值。

皇史宬是一座集艺术性、科学性、实用性于一体的精巧建筑。充分体现了我国古代劳动人民的无穷的智慧和创造力，也是今天研究“金匮石室”的典型范例。

三、古观象台

矗立在北京市建国门立交桥西南角的古观象台，始建于明代正统七年（公元1442年），当时称为“观星台”，清代改称“观象台”，辛亥革命后又改名“中央观象台”。古观象台是明清两代皇家专用的天文观测场所，其功能相当于现代的国家天文台。观象台台高约 14 米，台顶南北长 20.4 米，东西长 23.9 米，台上设置 8 架清制天文仪器。古观象台自落成至 1929 年，连续从事了近 500 年的天文观测，在世界现存古代观象台中，保持着连续观测时间最长的纪录，它同时以历史悠久、建筑完备、仪器精美、配套齐全而著称于世，在国内外享有极高的声誉，许多国家的政府首脑、高级官员和科学界人士慕名前来参观考察。

上溯至元世祖忽必烈至元十六年（公元 1279 年），天文学家王恂、郭守敬等人就在今天建国门古观象台所在地北侧择地选址，建立司天台，遂成为北京古观象台最早的溯源。明朝建国后，于英宗正统七年（公元 1442 年）在元大都城墙东南角楼旧址上修建观星台，台上安置浑仪、简仪、浑象等大型天文仪器，台下陈设圭表和漏壶，又在城墙下陆续修建紫微殿、晷影堂等建筑，构成了观星台及其附属建筑群的初步规模。

清王朝建立后改观星台为观象台，并接受传教士汤若望的建议，改用欧洲天文学的方法计算历书。康熙元年至十三年（1669 ~1674 年），传教士南怀仁奉旨设计监造 6 架新的天文仪器：赤道经纬仪、黄道经纬仪、地平经仪、象限仪、纪限仪和天体仪；康熙五十四年（公元 1715 年）传教士纪理安设计制造地平经纬仪；乾隆九年（公元 1744 年），乾隆帝又下令依照中国传统的浑仪再造一架新的仪器，命名为玑衡抚辰仪。至此，今天所见的 8 架清制古仪装备完毕。此 8 件铜仪体形巨大、造型美观、雕饰精湛，虽为清政府制造，但均采用欧洲天文学度量制和仪器结构，在刻度、游标、机械结构等方面均反映了西欧文艺复兴之后大型天文仪器的进展和成就，而其造型、纹饰、工艺等方面无不体现着鲜明的中国传统特色。它们不仅是实用的天文观测工具，也是举世无双的历史文物珍品，与古观象台一起成为东西方科技文化交流的历史见证。

1900 年八国联军侵入北京，德、法两国侵略者曾把这 8 件仪器连同台下的浑仪和简仪抢掠平分。法国将仪器运至法国驻华大使馆，后在 1902 年归还；德国则将仪器运至波茨坦离宫展出，第一次世界大战结束后，依据凡尔赛和约规定，这批仪器于 1921 年装运归还，重新安置在观象台上。

1911 年辛亥革命后，观象台改名中央观象台。1927 年紫金山天文台筹建，古观象台不再用于天文观测研究，并于 1929 年改为国立天文陈列馆。1931 年“九·一八”事变爆发，日本侵略者进逼北京，为保护文物，民国政府将原安置台下的浑仪、简仪、漏壶等 7 件古仪运往南京，现分别陈列于紫金山天文台和南京博物院。

解放后，古观象台划归北京天文台，现已改建为北京古代天文仪器陈列馆。

四、北京城东南角楼

北京建国门南侧的北二环路边，耸立着一座高大雄伟的建筑，它是全国现存最大、最早的城垣角楼，邻近繁华热闹的北京站，每日俯视着进出京城的旅客，迎来送往，已成为古老北京城的象征。

北京作为历代帝王的都城，原有内外城之分。内城为明代初期在元大都的基础上改建的，为加强防卫，城四角各建一座箭楼，也称角楼。

关于角楼之制，《周礼·考工记》中便有“宫隅之制七雉，城隅之制九雉”的记载。此后众多史籍当中也不乏角楼的身影。明代《英宗实录》载：“（正统）四年四月丙午，修造京师门楼、城壕、桥闸完……京城四隅立角楼。”可见城隅角楼是京城防卫系统建筑的重要部分。

北京城东南角楼是北京保存下来的惟一角楼，建于明正统四年（1439年），建筑面积700多平方米，通高29米，平面呈矩尺状。上为重檐歇山顶，绿色琉璃瓦脊，饰兽头，两条大脊于转角处十字相交。楼内以“金柱”20根支撑梁架，设三层楼板以木梯相连接，西北侧各开一门通向城顶，楼体墙面开设箭窗共144个。与角楼相连的是残存的城墙，上面还保留着清代正蓝旗军队插旗用的夹杆石，它让人们隐约感受到，当年那夜以继日的瞭望与坚守。

流逝的岁月给角楼留下了明代“嘉靖”、“隆庆”年号的砖，清代“乾隆”年号的琉璃瓦构件和民国时期的瓦件，这似在显示它曾经是怎样被重用，被呵护，被留恋。而角楼东墙内留下的两颗炮弹残体，以及二层挑檐檩上发现的大量铁砂枪弹，则记录了“庚子之变”外国列强瓜分中国的耻辱和创伤。

民国以后，城东南角楼的防御功能已成为历史，北洋政府拆断了角楼附近的城墙，修起了京师环城铁路。新中国成立后，为了保护这座古老独特的角楼，北京市政府在1979年把它列为市重点文物保护单位。

五、恭王府及花园

恭王府始建于1776年，位于北京什刹海西岸的柳荫街里。它的第一位主人是中国历史上最著名的贪官和珅。当时深为乾隆皇帝宠信的他，为自己精心建造了这座豪宅。儿子又娶了皇帝最为宠爱的小女儿固伦和孝公主，于是又借着给公主建府之名，大兴土木，为他的豪宅锦上添花。和珅权倾朝野、富可敌国，在肆无忌惮地玩弄权术，暴敛钱财的同时，也为自己埋下了祸根。乾隆死后，和珅立即被嘉庆皇帝以“二十大罪”抄家籍产，令其自缢，罪名之一便是“僭侈逾制”。因为他照着乾隆皇帝的宁寿宫建了楠木屋，“其国寓点缀”也与“圆明园蓬岛瑶台无异”，还有毗卢帽门口 4 座、灭火储水用的太平缸 54 件、铜路灯 36 对，按规制这些都是只有皇宫里才能用的，得意之中忘了形的一代权臣，顷刻之间灰飞烟灭。

此后这座宅第有了第二位主人，即嘉庆皇的胞弟永璘。他无心皇位、江山，只心仪这座豪宅，皇帝兄长不但满足了他的愿望，还加封他为郡王。自此，和宅便成了庆王府，只是得与固伦公主合住一园。等到公主去世，公主府归到庆王名下时，庆王永璘也已去世 3 年多了。这对庆王爷来说，实在是个深深的遗憾。

到了咸丰元年（1851 年），咸丰皇帝遵先皇遗命，封六弟奕訢为恭亲王，并将庆王府赐给奕訢，于是府中又迎来了第三位主人，并从此有了恭王府的名称。

恭亲王奕訢因为自身的才干、权势、影响力和傲气，加之宫廷斗争及战争的影响，使他五起四落，一生沉浮难定。他有集军政、外交、皇室事务大权于一身，在整个清代历史中都绝无仅有的辉煌时期，也有被黜免一切职事，赋闲在家长达 10 年之久的日子。但他自幼饱读诗书，修养甚高，在王府的修造上下了不少功夫。他未完全依亲王府的规制彻底对王府进行改建，而是保留了和宅建筑的精华部分。

恭王府由府邸和花园两部分组成，面积约 6 万平方米，建筑分东、中、西三路，各路都严格按照中轴线，由南向北贯穿多进四合院落。

王府府邸的中路为礼仪性建筑，“银安殿”作为正殿是举行礼仪性活动的场所。其后的“嘉乐堂”，是王府为萨满教祭祖祭神之处。

东路原为和孝公主府，后来是恭亲王居住于此。正厅“多福轩”为奕訢会客之处，厅前一架 200 多年藤萝，至今生机盎然。厅后为“乐道堂”是恭亲王日常起居的地方。

西路主体建筑一为咸丰皇帝御笔亲题匾额的“葆光室”，后面是“天香庭院”垂花门，门内正房是“锡晋斋”，这是恭王府中的建筑精品。其厅内有仙楼和精美的楠木装修，也是和珅获僭越之罪的楠木屋。此处原为“庆颐堂”，因恭亲王将其珍爱异常的晋代大文人陆机手书《平复帖》藏于此处，遂将此处命名“锡晋斋”。

王府花园又名“华锦园”，其东、中、西三路分别以大戏楼、安善堂、方塘水榭为核心，构成三条景观线。园内四面环山，主峰为太湖石大主山，与山之末梢藏尾露首，顾盼相息。花园正门人称“西泽门”，门内立有石景“独乐峰”。

这座花园的突出特点是，南北一线处处有“福”。比如，独乐峰以北有“蝠池”；“秘云洞”中有“福”字，这是康熙皇帝御笔亲书，寓意福照全国；“蝠厅”则位于假山之后。

在中国，蝙蝠的艺术形象融于建筑及装饰之中较为常见。花园中游廊上的雕刻、方塘梁栋上的彩绘及各处的蝙蝠装饰加起来，据说可达九千九百九十九只，再加秘云洞的那一“福”，就是万福圆满了。因此，花园又被称作“万福园”。可以说园中错落有致的建筑布局是江南园林和皇家建筑风格完美结合的典范。

恭王府的独特建筑艺术风格，植根于丰厚的历史文化积淀和地域环境之中。2006 年 1 月，再次修缮的恭王府花园已重新开放。府邸部分，在联合国教科文组织的资助下进行修复工程，完工之后的恭王府，是一座以王府文化为特色的国家级博物馆，也是中国研究王府文化的中心。

第四节　第三批重点文物保护单位（1988 年 1 月公布）

一、郭沫若故居

郭沫若的故居位于北京西城区前海西沿 18 号，大门上悬挂的是邓颖超同志题写的“郭沫若故居”匾额。

此处原是清代权相和珅的花园，和府被抄没后，花园荒芜凋敝，同治当政时成为恭亲王奕訢的马厩和草料场。到了民国，恭亲王的后人将这里卖给了达仁堂乐家药铺。新中国成立后，这里曾是蒙古人民共和国驻华使馆所在地，宋庆龄副主席 1963 年以前也在此居住过。郭沫若 1963 年 10 月迁居至此，直至 1978 年 6 月 12 日逝世。

走进故居大门，首先进入的是一座浑然天成的花园，两座隆起的土丘绿树葱茏，院中古柏森森，宽大的草坪上散布着二月兰和数株粗壮的银杏树，这些都是郭沫若生前最喜爱的植物。一座雕饰精美的垂花门内是郭沫若一家工作生活的地方。门内有两进院落，宽敞的前院有北房 5 间，两边各带 1 间耳房，东西厢房各 3 间。厢房是儿女们的住处，北房是郭沫若生前工作、休息、会客的地方。东耳房是郭沫若工作之余用于休息的卧室。后院有一排后罩房，中间一间是郭沫若的夫人于立群的房间，也就是郭沫若孩子们常说的“妈妈房”。

作为一代文化巨擘的住所，郭沫若故居中保存着他大量的手稿、图书和文献资料，他的众多学术论著和著名的文学作品，就是在这里完成的。故居中分三个部分的展览陈列，介绍了郭老的理想追求、治学之路和他在各学术领域或不同历史时期所取得的成就，使人们了解到，他对中国的科学文化教育事业所作出的不可磨灭的巨大贡献。

二、正阳门

矗立在北京天安门广场南侧正中的，是曾经作为国门的正阳门。它是明清两代的内城城门，由城楼和箭楼两部分组成，人们常说的“前门”即此。

明清两代的北京城改建于元大都城的基础，明太祖朱元璋于洪武元年（1368 年）改大都为北平，废弃 11 座城门中的四座，又建德胜、安定二门。永乐元年（1403 年）改为北京，正统元年（1436 年）诏修北京城楼、瓮城、角楼等。完工后，改丽正门为正阳门，并与崇文门、宣武门、朝阳门、阜城门、西直门、东直门、德胜门、安定门共为内城之九门。

正阳门城楼建于明永乐十九年（1421 年），通高 43. 65 米，面阔七间，灰筒瓦绿琉璃剪边，重檐歇山顶，上下两层出廊立柱，城楼下正中开券门一孔，檐下梁栋彩绘精美艳丽，五彩缤纷。

箭楼建于明正统四年（1439 年），通高 35. 37 米，瓦顶与开间数与北面的城楼同。北出抱厦五间，东、西、南三面墙体及两檐之间开设箭窗共 86 孔，城台正中开一券门，门洞一端设铁叶对开大门。这是皇帝的专用通道，也是内城九门中惟一开有门洞的箭楼。箭楼前有正阳桥和一座五牌楼，箭楼门左右设观音庙和关帝庙。其他除德胜门和安定门设真武庙外，各门皆只设关帝庙一座。那时的正阳门人群熙熙攘攘，庙宇香火旺盛，一派繁华热闹的景象。遗憾的是，清乾隆四十五年（1780 年）和道光二十九年（1849 年）箭楼两次被焚毁，后又重修。光绪二十六年（1900 年），城楼被八国联军焚毁，箭楼和五牌楼也未能幸免。当时逃难出京的慈禧太后一行，在结束了“西巡”，于 1902 年回銮进京时，因为没有了号称国门的正阳门，只得在光秃秃的城台之上搭建了一座饰以五色绸绫的“五牌楼”，以便慈禧老佛爷从永定门还宫时，经天桥入“国门”而不失体面。

1915 年，当时的北洋政府请德国的工程师罗斯格尔为正阳门设计改建方案。施工中拆除了瓮城等建筑，左右城墙各开出两门洞，东侧通户部街，西侧通刑部街，箭楼的一二层箭窗加了弧形遮檐，平台断面添加西洋图案花饰。自此，正阳门开始被不断地涂上“时尚”的色彩。1928 年以后箭楼南墙上出现了“市国货陈列馆”、“设售品部”等字样。这是北洋政府工商部举办的全国名特产品展销。之后墙上又出现了一个硕大的“影”字，这是30年代增设的电影院。1937年，在日寇侵华的枪炮声中“陈列馆”停办。

1949年2月3日，几度内忧外患在战火中沉浮的正阳门，迎来了北平和平解放的锣鼓，中国人民解放军在人民群众的欢呼声中走进了正阳门。

三、太 庙

太庙是一座近14万平方米的巨大祖庙，位于故宫前方天安门的左侧，在金碧辉煌之中处处显示着非同寻常的皇家气势。朝西的“太庙街门”面对皇帝的御道，随时静候着皇帝祭祖仪仗的到来。

按照帝王都城“左祖右社”的设计原则，太庙与故宫、社稷坛同时建造于明永乐十八年（1420年），为明清两代皇帝的祖庙，是紫禁城重要的组成部分。其建筑为三重围墙，三进大殿，中轴对称式的格局。中轴线上从南向北，琉璃门、汉白玉石拱桥、戟门、享殿、寝殿、祧庙等，坐北朝南依次排列。两侧是井亭、神库、神厨、配殿、燎炉等东西相对，所有建筑皆为黄琉璃瓦顶。

太庙的头道围墙内，层层松柏浓荫蔽日，将整个建筑群团团围绕其中。第二道墙的南墙正中是三间七楼牌坊式琉璃门，门内有七座带护栏单孔汉白玉石拱桥一字排开。正中为皇帝的御路桥，两旁依次为王公桥、品官桥和供常人行走的桥，可谓等级森严。桥下流水引自天安门金水桥下。

桥北即是高大庄严的戟门，戟门内外原设有朱漆戟架八座，其上插银墩红杵金龙戟120支，这是按当时最高等级的仪门礼制设置的。这座戟门是太庙建成后惟一没有经过改动的建筑，也是明初宫式建筑的重要代表。

穿过戟门就是巍峨的前殿，也叫享殿。这是皇帝举行祭祀大典的地方，建在三层汉白玉须弥座台基之上，台基层层绕以龙凤望柱汉白玉护栏，正中三层整石丹陛，自上而下分别雕以大型的二龙戏珠、狮滚绣球和海水江涯图案。享殿重檐之间悬挂九龙贴金满汉文竖写之“太庙”木匾额。殿前月台宽阔，殿内“金砖”墁地，梁栋饰金，68根大柱及主要梁柱皆为名贵的金丝楠木制成，是中国现存最大的金丝楠木宫殿，比故宫的太和殿还高出2米，被视为至尊至贵、至高无上的象征。

清代顺治元年（1644年），世祖福临入主紫禁城，将太祖太宗神位供奉于太庙，并将太庙内原明朝的历代神主牌位移至历代帝王庙中，5年后重修的太庙落成。

自此，皇帝每年都要在这里举行四季首月的“时享”、岁末的“祫[xiá]祭”，以及皇帝登基、亲政、大婚、册立、征战、奉安梓宫等国家重大事务的“告祭”大典。

享殿内供奉历代皇后神位，设置分别雕有龙凤的帝后神座及香案供品等。东配殿供奉皇室有功满蒙亲王牌位十三人，如多尔衮、多铎、奕訢等。西配殿供奉有功文武大臣牌位十三人，如鄂尔泰、张廷玉、僧格林沁等。两配殿内皆为每人一龛，内置木制红漆金字满汉文牌位。

寝殿在享殿之后，两殿有台基相连，殿内供奉皇帝先祖牌位，为同堂异室放置，各室陈设神椅、香案、床榻、褥枕等，牌位置于褥上，象征祖宗起居安寝，可谓无微不至。清末时供奉在此的有努尔哈赤、皇太极、福临、玄烨等11位帝后的牌位。每逢祭典前一日，将牌位移至享殿，祭祀礼毕，奉归原处。

寝殿的东西配殿是储存祭器和暂放享殿西配殿修缮时移出的牌，是礼制格局的配置。

后殿“祧庙”与寝殿形制相同，为皇帝供奉先祖之处，与前两殿有红墙相隔，墙有琉璃门相通。殿内是追封的清代立国前的四代帝后神位，每逢“时享”，皇帝便委托官员在此祭祀，岁末的“祫祭”则是将牌位移至享殿，祭祀礼毕奉归。

民国十三年（1924年），北洋政府将太庙辟为“和平公园”，并在南墙上开设园门。新中国成立后，辟为“劳动人民文化宫”，其匾额由毛泽东主席命名并亲自题写。

四、社稷坛

五谷及孕育它的土地是生命的载体，当年，古人把称为“社”的土地和称为“稷”的五谷奉为神灵，恭恭敬敬地供奉在“太社坛”和“太稷坛”里。后来，人们意识到两者无法分割的关系，便将它们同祭一坛了，这就是“社稷坛”。

“江山社稷”在历代皇帝的心中是至关重要的大事。他们认为“江山”是皇帝的天下，“社稷”则是国家的基础，江山社稷关乎皇帝的权利与国家的命运，绝对要谨慎处置的。自周代以来皇宫的设计原则就是“左祖右社”的建制，于是，北京的皇宫居中，在天安门两侧左设祭祖的太庙，右设祭土地五谷的社稷坛。

社稷坛建于明代永乐十九年（1421年）。早在唐代，这里是幽州城东北郊的一座古刹，至辽代建为兴国寺，元代时被圈入大都城内，称为万寿兴国寺。明成祖朱棣迁都北京后，又在此基础上修建了社稷坛。

社稷坛四周有三重围墙，正门开于外墙的东侧，隔皇帝的御道与太庙正门相对称。中间有一道“坛墙”，墙外四周浓密的松柏间，西有神库、神厨、宰牲亭，北有拜殿供皇帝祭祀休息和遇雨行祭。还有戟门一座，门内曾陈戟 72 支，1900 年被八国联军掠走。内墙四面各有汉白玉棂星门一座，并以东青、南红、西白、北黑四方四色装饰琉璃墙面。内墙中间的社稷坛是以三层汉白玉石所围砌而成的方形平台，上铺取自全国各地的五色土壤，按中黄、东青、南红、西白、北黑五个方位设置。

明清两代的皇帝在每年春秋仲月上戊日的清晨，要在社稷坛举行祭祀大典，三跪九叩，顶礼膜拜，仪式异常庄严隆重。皇帝虽贵为天子，受命于天，也仍然要匍伏于地，向土地与五谷之神企求五谷丰登，国泰民安。

看起来显得过于朴实无华的社稷坛，历史却赋予了它丰富多彩的内涵。来自各方的五色土壤，象征着金、木、水、火、土五行学说。古人认为这五种物质是万物之本源，既相生相克，又是生活中不可或缺的东西；皇帝将五色土集于一坛，是寓其“普天之下，莫非王土”之意；黄土居中，中心还竖立过一根叫作“江山石”的方形石柱，以示“江山永固”。而黄色的土地与金色的五谷代表着皇权的物质基础，于是一种独特的明黄，便成了皇帝的专用色。中国崇尚黄色的传统由来已久，中国人认为自己是黄帝的子孙，汹涌的黄河被看作是中华民族及文化的摇篮。

民国三年（1914 年），社稷坛改为“中央公园”，天安门两侧城墙先后开设一座拱门为公园的正门，对外开放。1928 年为纪念孙中山先生改称“中山公园”，拜殿因为曾停放过孙中山先生灵柩，改名为“中山堂”。此后园内又陆续增建了众多景观，如“来今雨轩”、“唐花坞”、“音乐堂”等。南门还有一座郭沫若先生题写的“保卫和平”石牌坊。

曾经的王朝已随着历史的大潮退去，只有多彩的梦想留在繁花似锦、绿荫如盖的社稷坛。

五、北京孔庙

穿过安定门内“成贤街”彩绘牌楼，走进国子监街，再经过国子监的两座牌楼之后，便会看到一座深沉庄重的古建筑，门前是一座红墙嵌琉璃砖雕影壁，大门东西两侧各有一座 4 米高的“下马碑”，上刻“官员人等到此下马”的满、汉、蒙、回、托忒、藏六种文字。这就是元、明、清三代祭祀孔子的地方，即全国范围内仅次于山东曲阜的大型孔庙——北京孔庙。

孔子，名丘，字仲尼，春秋时人（公元前 551 ~ 前 479 年），是我国古代著名的思想家、教育家，也是儒家学派的创始人。孔子的思想理论，2000 多年以来，一直是各朝统治者治国的原则和精神支柱。孔子已成为人们心目中神圣、智慧、博学的象征。自汉武帝“独尊儒术”以来，汉、晋、隋代称其为先师、先圣、宣尼、宣父，唐代加谥号“文宣王”，宋代加“至圣”，元代加“大成”。可见对孔子的敬畏程度已非寻常之比。

北京的孔庙建于元代大德六年（1302 年），历时四年建成。面积约 2. 2 万平方米，为三进院，座北朝南的对称建筑布局。主要建筑在中轴线上由南向北为先师门、大成门、大成殿、崇圣祠等。建成同年，依“左庙右学”之礼制，又在其西侧建太学一座，即国子监，孔庙中的持敬门与其相通。

孔子因其圣人之誉，在许多方面有着与皇帝同等的待遇，如诏命封王。孔庙准许享宫城规制四隅建角楼，为其五代先祖建崇圣祠，甚至特诏许孔子圣像着帝王衣冠，准许孔庙用黄琉璃瓦顶等，光绪三十二年（1906 年），祭孔的礼节中为大祀，孔庙也大规模修缮，直至民国五年（1916 年）方才完工，由此孔庙便形成了现在的规模，除此之外，孔庙最突出的应是其深厚的文化内涵。

孔庙内各式石碑共有 3000 多块，著名的元、明、清三代题名碑有 198 块，其中有 3 块珍贵的元代碑，这些碑刻是研究中国科举制度非常重要的文献资料。庙内还有记功碑亭 11 座，详细记录了许多重大的政治军事史实。另有石鼓 10 枚，是清乾隆年间仿先秦石鼓镌刻的。

大成殿是孔庙祭祀的主体建筑，殿中设孔子牌位、颜回等四配牌位及十二哲人、七十二弟子的牌位等。

自清康熙以后，每位皇帝即位都要到国子监辟雍讲学一次，被称为“临雍”。讲学之后便在孔庙大成殿中悬匾一块。因此殿内共积聚了至宣统为止九位皇帝的匾额。民国五年，教育总长范源濂将匾全部移交当时的北平历史博物馆保存，殿内改悬大总统黎元洪所书“道洽大同”匾额。

庙内的一眼古井为乾隆赐名“砚水湖”，相传文人如能饮得此井一杯“圣水”便能笔下生花、文思泉涌。院内还有一株 500 多年的古柏，据说曾经掀掉过奸臣严嵩的乌纱帽，人们以为是古柏有灵，惩罚奸佞，于是此树便有了“辨奸柏”的大名。

1979 年孔庙成为首都博物馆的所在地。现在首都博物馆已迁新址，孔庙于 2006 年进行了全面的修缮，以崭新的面貌迎接着中外宾客的到来。

六、崇礼住宅

北京东城区东四六条 63、65 号是清光绪朝大学士崇礼的宅园，格局包括路北的两座大宅院和一座花园，路南还有附属的花洞和马号。这座宅园东西邻接南板桥胡同和月光胡同，北靠东四七条，占地近万平方米，建筑华丽，装饰精美。全宅以东半部及花园（63 号）为主体，为崇礼居所；西院（65 号）自成体系，为崇礼兄弟所居，后归其侄江宁织造存恒。崇礼字受之，汉军正白旗人，咸丰七年（公元 1857 年）入仕，历任清漪园苑丞，内务府大臣，粤海关监督，内阁学士，刑部尚书兼步军统领，光绪二十九年（公元 1903 年）由东阁大学士转授文渊阁大学士，卒于光绪三十三年（公元 1907 年）。

此宅坐北朝南，由三座并列四合院组成，东西两路均是四进院落的住宅，中路为花园，各路自成一体又相互通连。全宅原临街辟有东门、西门及花园门，现中路的花园门已封堵，花园与东宅合为一体；原东西两门即今东四六条 63 号、65 号门。此宅园落成以来曾几经修缮，原形制亦有所变动。

东院现存广亮大门一间，北房过厅九间，西侧倒座六间，前后游廊，明间经由过道门连接二进院落。二进原有东西厢房各三间，东西廊连接南北两院，并经一殿一卷式垂花门通入三进。三进院内正房三间带前后廊，两侧耳房各两间，东西厢房各三间，各附南耳房一间。抄手游廊通连全院。

中路花园南墙原有大门三间（已封堵），设倒座房东二间、西三间。第一进院建有假山、游廊，正中假山上并建有面阔三间、带围廊的轩室，用歇山顶筒瓦屋面，明间原有翁同龢书“定静堂”匾额。山前原有水池，现已填平建房。二进院有面阔五间戏台一座，形制为前出六檩卷棚抱厦三间，木构架上绘箍头彩画，两侧耳房各二间。此院西侧另有半面歇山式西房一座，背依西院，两卷勾连搭东墙。三进院北房五间带前后廊，东侧假山叠石一组，山上建圆顶亭子。四进院是祠堂，面阔五间前带廊，合瓦屋面，明间有门枕石一对，东接东路院后罩房十四间。

西院中轴线为四进大四合院，辟金柱大门一间，大门外建一字影壁，门内照壁雕饰精美的花卉图案。一进院有倒座房九间，北房为五间过厅。二进院正房三间带前后廊，两侧耳房各二间，东西厢房各三间，前出廊，正厢之间有转角廊相连，房门裙板雕“五福捧寿”。此院附带东西跨院各一，东跨院有南房三间，前出廊，北房三间，两卷勾连搭。西跨院南北房各三间，带前后廊，房内硬木隔扇装潢有清代著名书法家邓石如题写的苏东坡诗句，现仍保存完好。二、三进院间另有一小院，并以围廊连接前后院。第三进院垂花门内即为内宅，有正房五间，两侧耳房各二间，东西厢房各三间均带南耳一间，抄手游廊连接各处，东北角有廊道可通东侧花园。第四进院有后罩房十一间，西侧辟小门通西小院，院内南北房各三间，原为佛堂。

崇礼身后，此宅几经转手，1935 年为宋哲元部下刘汝明购得，刘在修缮时竟意外掘出园内旧藏大批金银珠宝，价值远超购房支出，刘突获飞来横财，重葺之奢华自非寻常，时号称“东城之冠”。据说日寇发动侵华战争占领北平以后，冈村宁次亦将这里占为己宅。

新中国成立后，崇礼住宅成为私宅。

七、法海寺

北京石景山区翠微山南麓的苍松翠柏之间有一座闻名中外的古寺——法海寺。其红墙黄瓦，敕建寺碑已经显露出其皇家寺院的不同寻常。

这座寺院是由明代英宗皇帝的近侍太监李童集资募捐，宫廷工部营缮所主持修建的。自明正统四年（1439 年）至正统八年（1443 年），历时近五年建成。英宗朱祁镇为其题名“法海禅寺”，并颁《大藏经》一部。寺内立有《敕建法海寺碑记》和《法海寺记》两座高达 5 米的石碑，记录着这座寺院诞生的故事。

寺院之中古木参天，许多树龄在 550 年以上，正是它们见证了寺院曾经有过的辉煌。那时的法海寺规模宏大，山门、四大天王殿、护法金殿、大雄宝殿、藏经楼、伽蓝殿、药师殿、钟鼓楼、祖师堂、云堂、寮房、厨库等一应俱全。香客、游人络绎不绝。

时过境迁，如今原建筑仅存大雄宝殿，还有新修的山门、天王殿、东西配殿等。钟鼓楼的旧址建了两座方亭，还有一些地方则只能称为“遗址”了。

当人们进入大雄宝殿环顾四周时，立即便被那精美绝伦的巨大壁画所吸引和震撼。人们惊叹无价的宝藏原来在这里。当年法海寺多数店堂都有壁画，现今仅存九幅，在约 240 平方米的画面中有 77 个人物。壁画采用工笔重彩，沥粉贴金或描金等手法，使用了朱砂、石青、石黄等矿物颜料，施以“叠晕烘染”之传统技法重色，增加了画面烟云飘渺宁静神秘的意境。

人们看到如来佛祖、十方佛众、飞天仙女神采飞扬，栩栩如生。四周祥云缭绕，百花盛开，佛光普照；菩萨中普贤、文殊生动传神；而水月观音轻纱透体，璎珞垂胸，肌肤柔美，体态端庄，神情温婉安详，是三幅画中最为精彩的一幅。壁画中的多闻天王双目高低有异，传达给人的是移转流盼的动感，实为传神之笔。再看人物众多的《帝释梵天礼护法佛图》之中有天帝、天后、天龙八部、侍女鬼神等数十人物，许多如真人一般大小，甚至超出真人的高大。人物三五成群，左顾右盼，相互呼应，人物身上许多长达两米的衣纹一笔呵成，潇洒飘逸。这些人物个性鲜明，或雍容华贵、气质非凡，或威风凛凛、勇武刚健，或诡异狰狞、似邪亦正，个个出神入化，极具艺术感染力。

法海寺的壁画是明代壁画的代表作品，也是北京地区现存历史最久的壁画，在我国壁画史上亦享有极高的地位。

走出大雄宝殿，可见一座2米高的大铜钟，上面留一千多助缘建庙人的姓名，他们无疑是这座寺院诞生的功臣。更令人欣喜万分的是法海寺西面山坡上有一座明正统九年（1444年），由金台大夫李福善所立的八面楞严经幢，上面不仅有出资建寺的助缘人姓名，还有参与工程的木匠、瓦匠、石匠、雕花匠人、妆銮匠、戗金匠以及捏塑官、画士官、画士等15人的题名。他们就是这些艺术珍品的创作者，这使人们终于找到了可以抒发敬仰与怀念之情的真正依托。

八、牛街礼拜寺

牛街礼拜寺坐落在北京宣武区牛街的回民聚居地，是北京规模最大、历史最悠久的清真寺，具有宗教活动的所有使用功能。该寺始建于辽代圣宗十四年（996年），是由一位阿拉伯的伊斯兰教“筛海”那速鲁定创建的。最初占地面积很小，后经明清两代增建扩修，便有了现在的规模。明成化十年（1474年）奉敕赐名“礼拜寺”。清康熙三十五年（1696年）修葺后，寺门便悬挂了“敕赐礼拜寺”的横额，后来横额被毁，又换成了“牛街礼拜寺”的匾额。

清真寺是我国对伊斯兰教寺院的称呼，牛街的“礼拜寺”名称只为与其它清真寺有所区别。这座寺庙采用传统的木结构形式，其细部带有浓厚的伊斯兰建筑的装饰风格，如阿拉伯式彩绘图案和尖弧形斗拱等，其主要建筑有望月楼、邦歌楼、礼拜殿、碑亭、沐浴室等。

望月楼，顾名思义是为登高望月之用。因为在中国，穆斯林入斋出斋都要以望见新月为准，这座六角亭式的楼阁正是伊斯兰教寺院特有的建筑。它与大门西边的影壁和正门的“达天后路”牌楼，组成了一个庄重亮丽的入口。

礼拜殿坐西朝东，宽阔、明亮，可同时容纳1000人礼拜。殿内无任何塑像，表明伊斯兰的神灵安拉无所不在。门、柱写有古兰经及赞圣语，天花板亦有赞词和真主的尊名，柱子上有蕃莲图案，皆为红地、沥粉贴金，地面铺着供礼拜用的一排排纯白的毡毯，殿内显得金光灿烂，又不失庄严肃穆的气氛。大殿西北有木质宣讲台，是聚礼日和节日时教长讲经说道的地方。

邦歌楼又名宣礼楼、唤醒楼，最初是宋元年间建的尊经阁；后来是阿訇于日落或日出及中午时分在此呼唤教徒出来礼拜之用。元世祖时，有两位阿拉伯“筛海”，艾哈麦德·布尔塔尼和马顿迪尼·布哈拉来寺传教并在此储存过经卷，他们先后于1280年和1283年逝世，并葬于东南跨院。两位“筛海”的阿拉伯文墓碑，是寺内重要石刻的一部分，也是研究伊斯兰历史的重要实物资料。

大殿前有南北两座碑亭，上有汉文、波斯文记录的历史沿革。南北讲堂是讲经学习之处，北讲堂内保存着部分带有阿拉伯文的古瓷和手抄本及印版的各种经典。

大殿以南设有宽敞清洁的男女沐浴室。男沐浴室上额书有“涤虑处”字牌，是为告诫人们涤除杂念，洁净心灵，比洗净身体更为重要。

1955年政府对牛街礼拜寺修缮以后，十年动乱期间遭到严重损坏，曾关闭长达10年之久。1979年政府再拨巨款，用了一年多的时间，精心施工，使这座古寺焕然一新，得到了国内外穆斯林的热烈反响和一致好评。现在，每天都有人前来礼拜，逢伊斯兰教传统节日时，会有许多中外教徒来这里欢聚一堂，共度佳节。

九、天宁寺塔

北京天宁寺塔巍峨耸立于京城西南护城河畔的蓝天白云之间，十分壮美，引人瞩目。该塔建于辽代末年即公元11世纪，距今已有900多年历史。明代曾重修，是辽代密檐塔的代表作品。天宁寺在北魏孝文帝时叫光林寺，隋代改称宏业寺，唐开元时名天王寺，金代又名大万安禅寺。辽代在寺后建塔，元末寺院毁于兵火，荡然无存，只余高塔茕孑无依。明初重建寺院殿宇，后改今名。现存殿宇为清代修建。

天宁寺是北京创建年代最早的庙宇之一，坐北朝南，山门为灰筒瓦硬山顶，石券门窗，门额正书“敕建天宁寺”，山门后面为弥陀殿，殿前有月台，两侧分列螭首方座石碑各一座，为乾隆年间重修天宁寺碑记。此塔耸立于殿后中轴线上。天宁寺塔为八角十三层密檐式实心砖塔，高57.8米，不可登临。其造型稳重挺拔，雄伟壮丽。它建于方形砖砌大平台之上，平台以上为两层八角形基座：下层基座各面以短柱隔成6座壶门形龛，基座之上为平座部分，平座之上用3层仰莲座承托塔身。塔身转角为柱，四面有券门和浮雕装饰。门两侧夹立天王像，形象生动传神。塔身之上施密檐13层，檐下均施仿木结构的砖制双抄斗拱，各层塔檐自下而上逐层递减，塔檐的角梁均用木制，檐瓦和脊兽、套兽为琉璃制作。塔檐紧密相叠，不设门窗，几乎看不出塔层的高度。这是典型的辽、金密檐式塔的形式。塔顶用两层八角莲座，上承宝珠作为塔刹。1976年唐山地震时，塔顶宝珠被震碎，局部瓦件下落，但整个塔身尚属完好。天宁寺塔塔形雄浑、秀丽。须弥座、第一层塔身、13层密檐、巨大的塔宝珠，相互组成了轻重、长短、疏密相间相联的艺术形象，在建筑艺术上有很好的效果，具有极高的建筑艺术水平。清代诗人王士祯在《天宁寺观浮图》一诗中云："千载隋皇塔，嵯峨俯旧京。相轮云外见，蛛网日边明。"描绘了塔的雄伟。著名建筑家梁思成先生曾盛赞此塔富有音乐韵律，为古代建筑设计的杰作。

十、银山塔林

坐落在京北昌平区的崇山峻岭之中的铁壁银山，周围群山环抱，峰峦叠翠，松柏成荫，巍峨壮丽。山脉由黑褐色的花岗石构成，石壁千仞，犹如巨大的铁影壁。

银山不仅以构造奇特闻名遐迩，还以寺多塔众而驰名。唐朝初期这里就建有佛严寺，有佛殿僧舍70余间，成为古幽州最大的寺院之一，也是高僧阐扬佛教的宝地。距今1300百多年的唐中叶时，著名的高僧邓隐峰曾来这里讲经说法，死后葬于银山。众僧为了纪念他，就在他讲经的岩石上建造了一座石塔，塔高丈许，俗称"转腰塔"，今尚在。此后建寺之风大盛，特别是辽金时期，寺院多达百余座。金天会三年（公元1125年）空岩寺被改建为大延圣寺。明正统十三年（公元1448年）重建，钦赐寺名"法华禅寺"。下领七十二庵，为京郊古刹。寺庙依山而建，殿宇巍峨，雄伟壮丽。各地法师高僧纷纷云集于此，讲经说法。据金大定年间的碑文记载，这里长住僧人多达500余人，一时间，银山名声大噪，与南方镇江著名的金山寺齐名，故有南金北银之说。

风景怡人的银山，以众多塔群为重要标志。那分布在山坡沟谷和丛林之中的造型各异的宝塔，高者数丈，小者径尺，民间有"银山宝塔数不清"的说法，足以见昔时浮屠之盛。在法华寺遗址内，现存的金、元两代七座大砖塔，其中有五座是金代（公元1115~1234年）墓塔，两座是元代（公元1271~1368年）墓塔。宝塔均为砖石结构密檐式。建造坚固，造型美观，玲珑剔透。塔下有高大须弥座，基座周围和第一层塔身，嵌着青砖雕刻的花纹，均有精美雕饰。塔的高度为20~30米，比少林寺、灵岩寺塔林中的墓塔要高大得多，两座元代墓塔的体积比前者要小很多。其中一座密檐式，檐下刻斗拱，塔的立面富有曲线美。另一座是密檐楼阁式和覆钵式相结合，很有个性。银山塔群是今天研究佛教艺术和砖石建筑技术的珍贵实物。

十一、琉璃河遗址

琉璃河遗址位于房山区琉璃河乡，距市区43千米。遗址范围包括琉璃河北部的洄城、刘李店、董家林、黄土坡、立教、庄头等村，东西横距 3.5 千米、南北纵距 1.5 千米，包含古城址、墓葬区、居住址 3 部分遗存，自 20 世纪 70 年代初开始发掘，对出土器物的分析和研究认定属商周二代的古文化遗存，从而确认此地为商周时期的重要遗址。

古城址位于遗址中部的董家林村，地面尚存北城墙和东西城墙的北半部，20 世纪 60 年代初期北城墙部分地段在地面尚有 1 米多高，后虽夷平，整个城址仍比周围地面高出 1 米有余。发掘探明北城墙和东西二面城墙的北半部，地下保存了大部分墙基。城的东北角保存最好。北城墙全长 829 米，东、西二面城墙尚存的北段长约 300 米，南城墙及东、西城墙南段由于破坏严重，长度不明。东、西、北三面城墙外发现深 2 米多的护城壕沟。据已知城墙长度推知城的平面应是方形或长方形。由于城墙内侧护坡被商末周初的墓葬以及西周时期的灰坑、房址打破，说明古城的修建年代最迟不晚于西周初期。这与文献记载西周初期北京地区的历史情况基本一致。墓葬区位于城东南部，以遗址中部的黄土坡村最为集中。1973 年秋开始墓葬的钻探和发掘工作，至 1986 年冬，两区共发掘墓葬 200 余座，车马坑近 30 余座。

遗址共出土陶器、青铜器、玉石器、玛瑙器、骨角器以及原始青瓷器、漆器、蚌器、货贝等随葬品数千件。陶器基本组合为鬲、簋、罐。青铜礼器达百件之多，大多铸铭。出土青铜器上的铭文，尤其铸有“匽侯”铭文的青铜礼器，为确定古城址的性质和作用提供了直接证据。此外器物的造型、纹饰对研究古代铸造工艺、美术等方面具有很高价值。253 号墓出土的堇鼎，通高 62 厘米，口径 48 厘米，重 41.5 公斤。是目前北京地区出土的最大最重商周青铜礼器，器内壁铸铭文 26 字，记述堇奉匽侯之命，前往宗周向太保贡献食物，而受到太保的赏赐。铭文内容恰与文献所载召公本人并未前往燕国就封燕侯，而“以元子就封，而次子留周室代为召公”相印证。

出土器物还包括玉器、漆器等。玉器制作体现了商代的琢玉工艺水平。漆器包括豆、杯、俎、簋、彝、觚、壶、罍等，部分器表采用蚌片镶嵌，并以彩漆绘制各种图案，其中形体最大的一件漆罍通高 50 厘米，堪称漆器工艺精品。这批漆器的发现将中国螺钿漆器工艺的历史，从南北朝直接提前了 1500 年。

结合墓葬和出土器物、古城址的存在、遗址本身的范围、以及相关文献综合分析，这里被认定为西周初燕国的封地，古城即燕国都城，如今遗址区已建立西周燕都遗址博物馆。

十二、圆明园遗址

圆明园坐落在海淀区，与颐和园紧相毗邻。它始建于康熙48年（公元1709年），当时规模较小。自雍正皇帝即位后（公元1723年）把圆明园辟为御园始，经历代扩建，特别是乾隆时期，更是动用巨资不遗余力，集当时古今中外造园艺术之大成，后经嘉庆、道光朝继续扩建，终于建成了一座当时世界上最华丽的大型皇家宫苑。圆明园由圆明、长春、绮春（后改名万春园）三园组成。占地350公顷（5200余亩），其中水面面积约140公顷（2100亩），建筑面积逾16万平方米。超过了北京故宫的建筑面积。其布局设计多取自江南名胜，有楼台亭榭轩馆多达140余处，园林风景百余处。有上朝听政的正大光明殿，有宴会用的九洲清宴殿，有祭祀用的安佑宫，有藏书用的文源阁，还有“断桥残雪”“柳浪闻莺”“平湖秋色”“雷峰夕照”“三潭印月”，以及仿桃花源的“武陵春色”等，市肆村舍也搬进园内，并建造了一组欧式宫苑。它继承了中国3000多年的优秀造园传统，既有宫廷建筑的雍容华贵，又有江南水乡园林的婀娜多姿，同时，又吸取了欧洲的园林建筑形式，把不同风格的园林建筑融为一体，在整体布局上使人感到和谐完美。因此，被誉为“万园之园”，与法国的凡尔赛宫齐名天下。

圆明园不仅以园林著称，而且也是一座收藏相当丰富的皇家博物馆。法国大作家雨果曾说：即使把我国所有圣母院的全部宝物加在一起，也不能同这个规模宏大而富丽堂皇的东方博物馆媲美。园内各殿堂内装饰有难以计数的紫檀木家具，陈列有许多国内外稀世文物。园中文源阁是全国四大皇家藏书楼之一，藏有《四库全书》、《古今图书集成》等珍贵图书文物。圆明园，曾以其宏大的地域规模、杰出的营造技艺、精美的建筑景群、丰富的文化收藏和博大精深的民族文化内涵享誉于世，被誉为“一切造园艺术的典范”。

这一世界名园于1860年10月惨遭英法联军野蛮的劫掠焚毁，以后又经历了无数次毁灭和劫掠，一代名园最终沦为一片废墟。至今留存的尚有“西洋楼”遗迹。因建筑主要是砖石结构，所以残存的遗迹较多。它成了圆明园的象征，也是中外游人参观圆明园的必到之处。经过血与火的洗礼，圆明园犹如中国近代史的一部史册，具有撼人心魄的价值。

1988年，圆明园遗址公园试开放。目前已初步形成福海、长春园和绮春园三大景区，既有浩瀚的福海，又有亲切可人的湖泊，更有山水环绕的河溪，保持了水体的天然风韵；按原有的植物配置，形成了以松、竹、荷、柳为主题的植物景观。春季的“踏青节”、夏季的“荷花节”、秋季的“菊花节”、冬季的游园会四季系列旅游文化活动形成特色。圆明园再度成为社会各界关注的焦点。

第五节　第四批重点文物保护单位（1996年11月公布）

一、戒台寺

戒台寺位于门头沟区的马鞍山麓，距京城35千米，西靠极乐峰，南倚六国岭，北对石龙山，东眺北京城。寺院坐西朝东，海拔300多米，占地面积4.4公顷，建筑面积8392平方米。殿堂随山势高低而建，错落有致。整座寺院既有北方寺庙巍峨宏大的气势，又有江南园林清幽秀雅的情趣；既有浓重的宗教文化色彩，又有神奇秀美的自然景观，不仅是中国佛教一座著名的寺院，同时也是一处久负盛名的旅游胜地。

戒台寺始建于唐高祖武德五年（622年），距今已有1300多年，原名慧聚寺。辽代是戒台寺历史上的鼎盛时期，咸雍年间，著名的佛教律宗大师法均和尚对慧聚寺进行了大规模的整修和扩建，并在寺内建造了一座供说法传戒之用的大型建筑——大戒坛，经过法均对慧聚寺的整修和扩建，基本上奠定了戒台寺今天的建筑格局。明正统年间（1436～1449年）重修，更名万寿禅寺。到了清代多次进行重修扩建，现存建筑多为清代遗物。

戒台寺坐西朝东，天王殿、千佛阁、三仙殿、九仙殿等主要建筑都在中轴线上。两侧均有庑廊，西部有戒坛、牡丹院、方丈室；东部有慧聚堂，为恭亲王奕訢所建。整个建筑依山势而建，逐层升高、重檐复宇、雄伟壮观。

戒台寺以拥有全国最大的佛教戒坛而名闻天下，北京戒台寺的戒坛、福建泉州开元寺戒坛、浙江杭州昭庆寺戒坛，并称为“全国三大戒坛”。而北京戒台寺的戒坛规模又居三座戒坛之首，故而有“天下第一坛”之称。戒坛大殿是戒台寺的标志，也是寺内最主要的建筑。戒坛大殿平面呈正方形，长宽各26米，建筑面积676平方米。殿高20余米，为重檐盝顶与四角攒尖式相结合的木结构建筑。大殿顶部四面呈坡形，正中部分是一个正方形的小平台，台上安有明僧人德秀捐赠的铜质镀金宝顶。宝顶呈五塔形分布，中间一个高约5米，周围四个较小，造型浑厚庄严，具有藏传佛教的风格。殿顶上的上下檐之间有风廊环绕，这种风廊也是藏传佛教建筑的特点。两层檐的檐角皆挂有风铃，上层为圆形，下层为方形，象征着“天圆地方”。

大殿的正门上方高悬着一块上写“选佛场”三个漆金草书大字的横匾，原匾为民国初年的大总统袁世凯手书。门内的横枋上挂有清代乾隆皇帝手书“树精进幢”的金字横匾，内侧挂有康熙皇帝手书“清戒”二字的匾额。大殿内的戒台是一座用青石砌筑的高台，平面呈正方形，台分三层，每层台雕有流云藩草，束腰处雕有佛龛，每个佛龛内均有泥塑的戒神一尊。

寺外塔院内辽塔、辽碑、元幢以及白皮松等林木与红墙金顶交相辉映，更使古刹增色光辉。古有“潭柘以泉胜，戒台以松名；一树具一态，巧与造物争”的诗句。戒台寺松树之多、造型之奇，堪称一绝、名不虚传。其中最负盛名的五株，以树姿奇特而著称于世。即：树冠成伞形，枝杈交错，相互缠连，牵动一枝则全树枝叶皆动的活动松；枝条舒展、潇洒飘逸，宛若婀娜少女的自在松；姿态龙钟、硕大粗壮、凌空横卧似苍龙枕碑石而息的卧龙松；气势磅礴、树高齐云、蔽荫过亩，犹如九龙腾空的九龙松；以及似将浮图揽抱于怀，展身舒于云雾飘荡之中的抱塔松。五松分植于寺内几组重要建筑旁，树型各异、枝干槎丫，不论严寒酷暑，傲然挺立，使得戒台寺古刹更加恬静肃穆。

二、东岳庙

东岳庙坐落在北京朝阳门外大街，占地近百亩。它是道教张道陵正一派在华北的第一座大型道观。元延佑年间，玄教大宗师张留孙置地大都齐化门外（即现址），后由其弟子吴全节于元英宗至治二年（1322 年）兴建落成主要殿宇，并续建东西庑殿。全称“东岳仁圣宫”，奉祀“东岳泰山神天齐仁圣大帝”，世称“东岳大帝”。元末毁于兵火，明正统十二年（1447 年）重建，前殿名“岱岳”，奉祀“东岳泰山之神”；后殿名“育德”，为神寝。万历四年（1576 年）扩建，到了清康熙三十七年（1698 年）庙毁于火，次年再重建。乾隆二十六年（1761 年）复加修葺。至今共有殿宇 600 余间，现存建筑为清代重建。但中轴建筑的一些格局，还保留着元代的建筑规制和特点。

东岳庙门前有琉璃牌楼一座，巍峨壮丽，浑厚庄严，额书“秩礼岱岳”四字。全庙分成三个部分，即正院、东院和西院。东院有娘娘殿、伏魔大帝殿等；西院有东岳宝殿、玉皇殿、药王殿等；正院由南至北有山门、岱宗宝殿、育德殿等。岱宗宝殿内原有东岳大帝及侍臣像，其前两庑设有七十二司，司各有神主，现均已重塑。正院院内原立有元、明、清各代碑碣百十余方，其中包括御碑。最著名的碑刻有三座：元代大书法家赵孟頫行书“张天师神道碑”俗称道教碑；赵世延楷书“昭德殿碑”和虞文靖隶书“仁圣宫碑”（后两座已无存）。书法古朴遒劲，为元代书法艺术珍品。

东岳庙主祀的是泰山神东岳大帝。自元代以来，香火一直很旺盛，备受皇室重视，累朝修葺，在民间远近闻名，影响颇大，成为京都一大古庙。明清以来，每逢农历三月二十八日东岳大帝诞辰之期，均有半个月的盛大庙会，这个习俗延续了数百年，直至北京解放。民间各个行业，举办不同的“善会”，如白纸、献花、掸尘、放生等会，十分隆重。每回开庙日，各会都按照自己规定的时间和形式来庙里做善事，像掸尘会是专门负责打扫殿宇神位灰尘的；净炉会是管定期清理香炉内灰烬的；香灯会是专供香供油的。其中放生会最为风趣，颇富有戏剧性。开会期间庙前站有彪形大汉若干人，以黄布包头，胸前佩戴着写有“助善”字样的黄绸条。见有提笼架鸟者从此路过，则长揖相应：“老施主，您多诚吧！”不容分说即将鸟笼打开，让鸟飞走逃生。凡通达识务者必自我圆场说：“得啦！今天咱也做件善事。俗话说，积金不如行善；行善最是放生！”而今，这里建成了北京民俗博物馆。

三、大高玄殿

大高玄殿始建于1542年，在今北京西城区景山前街，故宫西北角楼的北面，前邻筒子河。总占地面积约1.3万平方米，四周有高墙，主要建筑有大高玄殿、九天应元雷坛和象征“天圆地方”的二层楼阁，建筑面积约1600平方米。

大高玄殿是明清两代皇家的道教宫观，皇宫大内崇奉道教的宫婢演习科仪之处。清代因避圣祖玄烨之讳，文献中常常写成“大高元殿”。大高玄殿门外原有牌坊三座和习礼亭，牌坊形制相同，均为四柱九楼，呈“品”字形排列。南牌坊是清雍正八年（1730年）重修大高玄殿时增建的，并于乾隆、嘉庆年间及民国期间进行过多次修葺。由于坊柱入地很深，因此牌坊未加戗柱，当时北京众多牌坊中独此一座，故有歇后语“大高玄殿的牌坊——无倚无靠”。大高玄殿建于明嘉靖年间，后毁于火，明万历年间重修。1917年，因南牌坊有倾塌的危险而被拆除，另两座分别在1954~1955年，因扩建景山前街而被拆除。大高玄殿整个建筑布局严谨，气势雄伟，精巧细致。第一重门为琉璃仿木结构的券拱式三座门，第二重门也是绿琉璃仿木结构的券洞式三座门，门后为过厅式的大门，额题“大高玄门”，门前原有旗杆，现仅存旗杆石座。门后是七开间的正殿即大高玄殿，大殿重檐庑殿顶，覆盖黄琉璃筒瓦。前有月台，两侧各有配殿五间。正殿原有联：“烟蔼碧城，金鼎香浓通御气；霞明紫极，旋枢瑞启灿仙都。”后殿面宽五间，额题“九天万法雷坛”，两侧配房各九间。最后为一座象征“天圆地方”的二层楼阁。上层称“乾元阁”，圆形攒尖顶覆以蓝琉璃筒瓦，象征“天”，下层称“坤贞宇”，方形，挂以黄琉璃瓦檐，象征“地”。殿宇今均存。各殿宇之扁额及楹联均为乾隆皇帝之御笔。

四、历代帝王庙

历代帝王庙建于明嘉靖十年（1531 年）。坐落于北京西城区阜成门内大街，是明清两朝祭祀三皇五帝、历代帝王和文臣武将的皇家庙宇。明初，明太祖朱元璋定都南京，随即设立了历代帝王庙，奉祀前代创业帝王，并有历代开国功臣陪祀。到了明成祖朱棣迁都北京后，诸祀并举，惟独没设帝王庙。嘉靖九年，皇帝接受大臣们的倡议，于保安寺故址上修建了这座帝王庙，第二年建成后即有严格的规定：凡岁仲春秋，太常寺题请遣大臣一员至庙行祭礼，四员从臣分献祭品。

清雍正七年（1729 年）对历代帝王庙又重新修缮，雍正皇帝曾亲至庙行礼并御制碑文祀历代帝王及功臣。乾隆二十九年（1764 年）大修时，将景德崇圣殿顶的绿琉璃筒瓦更换为黄琉璃筒瓦，并在碑亭内立碑。

修缮一新的历代帝王庙，占地 21500 平方米，建筑面积约 6000 平方米，整个建筑群坐北朝南。主要建筑排列于中轴线上。影壁：在最南侧，与山门隔街相望，绿琉璃筒瓦歇山顶，东西长 32. 4 米，南北厚 1. 35 米，高约 5. 6 米。木牌坊：原在影壁与山门之间，东西各一座，四柱三楼式正楼嵌额曰“景德街”，因此地亦称景德街，20 世纪 50 年代扩展马路时拆除。其中一座现陈设在首都博物馆。大门：与影壁隔街相望，黑琉璃筒瓦绿剪边歇山顶，面阔三间，两边有八字墙，下有汉白玉石台阶，中有御路，雕云山纹，旁门在大门两侧各一间。景德门：在大门正北，黑琉璃筒瓦绿剪边歇山顶，面阔五间，前后均三出陛，景德门左右各有侧门一间。景德崇圣殿：东西两侧分列着配殿、钟楼、燎炉、神库、宰牲亭等建筑。景德崇圣殿是全庙的中心，大殿坐北朝南，重檐庑殿顶，上覆黄琉璃瓦；面阔九间，进深五间，建于高高的汉白玉石月台之上，威严凝重。大殿与殿前的东西两侧均各有碑亭两座，分别放有雍正和乾隆皇帝的御制碑文。

历代帝王庙始终以三皇五帝为祭祀中心，体现了三皇五帝崇高的祖先地位，上自伏羲、轩辕，下至明代历朝帝王明臣，均增入祀典，只有无道被弑杀及亡国之君不列入。随着庙中入祀人物不断增多，到清乾隆时期，在景德重圣大殿内供奉三皇五帝、历代开国帝王、守业帝王 188 人的牌位，在东、西配殿供奉历代文臣武将 79 人的牌位。清代建有关帝庙，单独供奉关羽。民国改元，祀典逐废，但正殿仍供有七大神龛。与以往不同的是，孙中山先生的遗像被放在了正中，两边陪祀三皇五帝和历代帝王。整个殿宇，规模宏伟，气象庄严，是中国惟一现存的历代帝王庙。

五、鼓楼、钟楼

鼓楼位于北京的中轴线上，与钟楼前后纵置，是元、明、清都城的报时中心。鼓楼始建于至元九年（1272 年），原名齐政楼，是元大都的中心，至今已有 700 多年历史。元成宗大德元年（1297 年）重建。明永乐十八年（1420 年）成祖迁都北京，于现址重建鼓楼。明代南北城墙的变动，使得鼓楼不再是中心，而偏于城北。到了清嘉庆五年（1800 年）重新修建；光绪二十二年（1896 年）再次重修鼓楼。

鼓楼为单体木结构的古代建筑，灰筒瓦绿剪边，重檐歇山顶，通高 46.7 米，面宽 34 米，进深 22.4 米。檐下有单翘五彩斗拱旋子彩画。楼底层共有拱券式门八座，南北各三座，东西各一座。楼为两层面阔五间，四面均有门窗，四周有廊。廊宽约 1.3 米，带木护栏，望柱高 1.55 米，建筑面积为 1925 平方米，可供游人俯瞰北京市容。第三层是暗层原存不少文物，1900 年被八国联军洗劫。整座建筑坐落在高约四米的砖石台基上，东西长 56 米，南北占地宽 33 米，鼓楼总占地面积为 7000 平方米，南侧门前有石狮子一对。

更鼓，为报时器具，置于鼓楼二层上。原有二十五面，其中大鼓一面、小鼓二十四面（代表一年二十四个节气），后大部分报时鼓已遗失，现仅残存大鼓一面。鼓面直径 1.5 米，是用整张牛皮缝制的，但鼓面已经伤痕累累。当年鼓楼击鼓报时有一定的规律，每晚七点定更，“击鼓两通”共 108 声，以后每更次击鼓两通，直至五更（晨 5 点）最后的“亮更”鼓。击鼓也有一定节奏，至今北京仍流传着“紧十八，慢十八，不紧不慢又十八”之说。鼓楼上原有铜壶滴漏一座，但早已遗失无考。据《图书志书》载，“鼓楼之铜刻漏制极精妙，故老相传，以为先宋故物。其制为铜漏壶四：上曰‘天池’，次曰‘平水’，又次曰‘万分’，下曰‘收水’，中安铙神，设机械，时至，则每刻击铙者八，以壶满为度。涸则随是增添，冬则用火温之。”

1924 年以后鼓楼一度改为明耻楼，陈列展出八国联军入侵北京市屠杀和抢劫的情形，以示不忘国耻。以后鼓楼还曾先后辟为“京兆通俗教育馆”“第一民众教育馆”等。

钟楼位于京城中轴线北部终点。钟和鼓原本都是古代乐器，以后才用于报时。中国古代钟楼起源于汉代，据史籍记载汉代已有“天明击鼓催人起，入夜鸣钟催人息”的晨鼓暮钟制度。唐朝时都城长安是一个繁华之都城，在宫城正门承天门上设置钟鼓，作为全城报时中心，早晚根据承天门的钟鼓声开启各城门及宫门。元代在大都城（即今北京）内，也于宫城之北建了钟楼和鼓楼。

钟楼位于北京中轴线上、鼓楼正北约100米。旧址为元代万宁寺中心阁，是一座修筑在砖石台基上的黑瓦灰墙的古代建筑。明永乐十八年（1420年）建，重建于清乾隆十年（1745年），全部用砖石砌成。钟楼是一座单体的砖石结构建筑物，下部为砖石台基，其上为楼体。黑重檐歇山顶，有望兽、垂兽，殿式作法，通高47.9米，总占地约6000平方米，楼体高为33米，檐下为仿木单昂单翘五彩斗拱，底座东南西北四面各有一座拱券式大门，内部东侧筑有石台阶共75级，可达二楼。二楼四周筑有城垛，每面各有一拱券门，左右各有一石雕窗，四周有汉白玉石护栏，望柱高为1.6米，报时铜钟即高悬于楼上。北京建钟楼，始于元至元九年（1272年）。明永乐十八年（1420年）在现基址上重建钟楼，但不久即遭火焚毁。清乾隆十年（1745年）重新修建这座钟楼，将此座建筑底部改为砖石结构，以后又曾多次进行修缮。明、清时代每天晨暮都要撞击悬挂在钟楼之上的大铜钟，向全城报时。钟楼报时器具原为铁钟，铸造于明永乐十八年（1420年），高约4.2米，直径2.4米，体厚0.17米，重约25吨，曾悬挂在钟楼上，后因其声音不够洪亮，被后铸铜钟替换下来，将其放置于墙外。1983年移置于北京大钟寺古钟博物馆内保存。现所悬铜钟为明永乐年间铸于铸钟厂，钟体通高5.4米，直径3.4米，体厚0.27米，重约42吨，悬挂在钟楼二楼正中的八角形木框架上，两侧各吊一根2米长的圆木，以供撞钟之用。它是中国目前最重的一口钟。钟体全部由响铜铸成，撞击时，声音纯厚绵长、圆润洪亮，京城内外方圆十数里均可听到。每次报时撞击108下，故俗称“紧十八，缓十八，六遍凑成一百八”。百姓官员均闻钟而息，次晨复闻钟而起。钟楼南面有清乾隆御制重建钟楼碑一座，以西有金炉娘娘庙遗址，是为传说中舍身救父的铸钟工匠女儿所建。俗传铸造铜钟时，久铸不成，匠人邓姓的女儿恐其父延误工期获罪，跳入冶铜炉中以期感动神灵，阴助其父。其父抢救不及，只抓回一只绣花鞋。后人为她孝心所感，尊为“钟楼娘娘”。大钟铸成后，声音宏亮，只是风雨之夕，钟声凄厉，犹似“鞋鞋”之声，传是钟楼娘娘在索取她的绣花鞋。

六、南 堂

南堂坐落于宣武门内路北，现在是北京教区主教教堂。它是北京一座历史最悠久的天主教堂。南堂的前身是明万历年间意大利传教士利玛窦神父在首善书院内所建的第一座经堂，从此开始传教，但规模很小。明代礼部尚书徐光启、湖广监察御史冯应京等都是第一批教徒。

清顺治七年（1650 年），天主教耶稣会传教士、德国人汤若望神父，在利玛窦建造经堂的旧址上营建了北京城内的第一座大教堂——南堂。南堂原叫“圣母无染原罪堂”，堂院宽大，除大堂外，相传还有天文台、藏书楼、仪器室和传教人员住宅等，汤若望等神父便住在教堂内。顺治皇帝曾多次来到南堂与在清政府内任钦天监职的汤若望神父促膝谈心。后因在西什库又建一堂，称“北堂”。此堂位于新建北堂之南，故又称为“南堂”。皇帝赐匾“通微佳境”，称汤若望神父为“通微教师”。

雍正年间北京两次地震，南北二堂遭受损失。清顺治十四年（1657 年）曾重修。堂前左侧保存石碑一块，“御制天主堂碑记”。清乾隆四十年（1775 年）遭火灾，整个建筑全被焚毁，所有康熙书之“万有真元”匾额及对联，都被火毁。高慎思、安国宁两位神父上书引咎。乾隆帝赐银一万两，饬令将天主堂照康熙例重建。所有匾额和对联又都由乾隆帝亲笔御题，完全恢复旧观（不过，他把“万有真元”改写为“万有真原”了）。

南堂从康熙二十九年（1690 年）到咸丰十年（公元 1860 年）的整整 170 年，都是北京天主教教区的主教教堂，也是外国侵略者利用宗教侵略我国的一个据点，因而曾引起广大人民的愤恨。1900 年的义和团运动，曾烧毁了这座教堂。南堂的董神父也死在义和团的大刀下。

现存建筑为清光绪三十年（公元 1904 年）重建。堂长 40 米，高 15 米。高 4 米的十字架（铁质）系明代旧堂之遗物。堂顶为拱券形，正面有精致的砖雕，柱顶有木刻浮雕的镏金花纹，外观宏敞，加上彩色玻璃镶嵌的窗户，更显得富丽堂皇。据《帝京景物略》记载：“堂制狭长，上如覆幔，傍绮疏（即雕刻），藻绘诡异，其国藻也。”这种与中国传统建筑不同的主体建筑，至今未做改变，只有堂中木柱，改用砖砌，四周镶以水磨石。堂内讲坛后墙上挂着油画《圣母无染原罪像》，像前供着烛台灯具等器。坛左边为约瑟油画像，右边为《耶稣圣心》油画像。两壁挂着《耶稣受苦“十四”路》的油画。堂中悬挂着四盏五彩吊灯，给人以富丽、雅静之感，甚为壮观。

新中国成立后天主教进行了三次革新运动，成立了教友爱国会，和梵蒂冈断绝了联系，真正成为独立自主的爱国的天主教。1979 年 12 月，傅铁山主教在宣武门南堂荣受牧职，成为南堂最早开放的一个重要标志，北京教区走上了健康发展的坦途。宣武门南堂成为北京教区爱国教友的宗教活动中心，承担了重要的角色。同时这里也接待着国际友人，使他们能在北京最古老的天主教堂与中国教友一起进行宗教活动。

七、觉生寺

觉生寺俗称大钟寺，位于海淀区北三环甲 31 号，占地 3.8 公顷，坐北朝南，中路由南向北依次建有影壁（已毁）、山门、钟鼓楼、天王殿、大雄宝殿、后殿、藏经楼、钟楼及东西藏经楼，主殿两侧均设配殿，山门石额尚存雍正御笔“敕建觉生寺”五字。全寺中心建筑即钟楼，楼高 20 米，上圆下方以象天地，内悬永乐大钟。寺始建於雍正十一年正月，《宸垣识略》载“觉生寺在曾家庄，雍正十一年（1733 年）建”，次年冬告成并赐名“觉生寺”。

永乐大钟号称“五绝”：体大量重、历史悠久；世界上铭文字数最多；音响奇妙优美；悬挂系统科学的力学结构；以及高超的铸造工艺。钟高 6.75 米，直径 3.7 米，重 46.5 吨。钟唇厚 18.5 厘米。大钟采用泥范法铸造，钟体弧度多变，周身光洁无裂、无磨削加工痕迹，工艺极为精湛。内外满铸佛教经文，共计经咒 17 种 230184 字，皆阳文汉字楷书，布局匀称，字体工整遒劲，无一错漏，据传为明初大书法家、馆阁体创始人沈度亲笔。

永乐大钟系京师鼓楼西铸钟胡同铸钟厂奉明成祖朱棣旨铸造，为 15 世纪初迁都京师的三大营建工程之一（另二为故官和天坛）。钟成先置放汉经厂，万寿圣节时撞钟作佛事；万历五年（1577 年）移于西直门外万寿寺；至天启朝时局动荡，谣言烽起，以“京城白虎方不宜有金声”之说弃钟于地；清代以钟属金，北方属土，金土相生，应置放京城之北，故雍正帝令于觉生寺五重殿后增建大钟楼，以悬挂永乐大钟；不料雍正驾崩，计划搁置，至乾隆朝才于 1743 年择吉将大钟自万寿寺迁入觉生寺。乾隆五十二年（1787 年）辟觉生寺为祈雨之所，大钟自此除逢年过节外“非祈雨不鸣”，成了祈雨专用法器，此后直到清末，每遇久旱无雨之年，皇帝都亲自或指派皇亲贵戚代赴庙拈香祈雨。

觉生寺旧时香火极盛，烧香拜佛的善男信女络绎不绝。大钟寺庙会又是京城八大传统庙会之一，会期每年农历正月初一至十五，至期开庙半月，祈福还愿、逛会游玩者熙熙攘攘，大钟更成为“打金钱眼”活动的必备道具，《京都竹枝词》就收有“觉生寺里大钟悬，蛾眼青蚨意爽然。世事看来当尽买，吉祥一卜也须钱”之谣。

如今，整修一新的觉生寺已辟为大钟寺古钟博物馆，除永乐大钟外还陈列有先秦至清代古钟 400 余口，全面展示我国古钟和铸钟技术的发展史。

第六节　第五批重点文物保护单位（2001年6月公布）

一、金中都水关遗址

金中都水关遗址位于北京市丰台区右安门外玉林小区凉水河北岸，于1990年在建住宅楼时发现，被评为当年全国十大考古发现之一。此遗址是现在北京除部分金代城墙外所仅存的金中都城遗迹。

金中都城建于金完颜亮（海陵王）天德三年（1151年），位于今北京城的南部，略呈方形，城周长约37华里。其具体方位是：出右安门沿凉水河西岸西行至凤凰嘴村，是中都城的西南角，永定门豁口外四路通是东南角，复兴门外黄亭子是西北角，宣武门内翠花街是东北角。金宣宗完颜珣真佑二年（1214年），因蒙古频频进攻而被迫迁都开封，真佑三年（1215年），中都城被蒙古军焚毁。此间北京作为金的都城共60余年，这是北京作为封建统治中心的开始。

发现的水关遗址位于金中都南城垣及南护城河附近。水关是古代城墙下进出河水的水道建筑，也称水门。水关遗址的上半部分建筑早已被毁，现存的是水关建筑的基础部分。平面呈“〕〔”形，南距凉水河（金中都南护城河）50米，金中都城内的河水就通过此水关流入南护城河。遗址全长43.4米，过水涵洞长21.35米，宽7.7米。水关建筑整体为木石结构，最下层为一排排的地桩，地桩之上铺设衬石枋，然后再在衬石枋上固定地面石和砌石板墙。在两厢石板墙的外侧也钉有木桩固沙，周围空隙处再用土逐层夯实。最后在涵洞之上筑城墙。

在水关南部的出水口，有残留的石板和木桩，两排木桩相互交错埋在沙层下，木桩之间夹埋一排未经加工的自然形状的石板，石板与木桩之间用砂石夯实。据推断，这排设施是防止水关河底砂石流失，起固定水关基础砂石的作用。

水关基础建筑坚固合理，基本上采取了宋代《营造法式》的作法，但也有创新，显示了建造者和工匠们高超的智慧和创造才能。

水关的发掘，将金中都南城垣下的一个出水口的位置确定下来，从而可以基本上确定历史上金中都城内一条重要水系的发源、流经方向和位置。即通过古代洗马沟（今莲花河）的河道，引城西的“西湖”（今莲花池）水进城，东流后沿宫城以西向南，经宫苑“鱼藻池”（今青年湖游泳池），再到皇城南面正门前龙津桥下斜穿出城，最后流入金代护城河内（今凉水河）。

水关遗址的发掘对于金代建筑和金中都历史的研究乃至对北京历史地理的研究都具有重要意义。北京市政府于1993年决定在此遗址上建立“辽金城垣博物馆”，进行原址保护，博物馆于1994年落成，1995年4月正式对外开放。

二、景泰陵

景泰陵位于北京市海淀区玉泉山北麓的金山口，是明朝第七个皇帝，代宗（景帝）朱祁钰的陵墓。明朝自成祖朱棣迁都北京之后，所有的皇帝均葬于昌平十三陵，惟有代宗是一个例外，这是有原委的。明朝初期，蒙古族在北方的势力仍很强大，他们想东山再起，恢复元朝统治。明正统十四年（1449年）七月，也先率领瓦剌部大军分四路南下攻明，边关告急。明英宗朱祁镇在宦官王振的怂恿下，亲率大军50万，冒然御敌，结果全军覆没，英宗在土木堡（今河北怀来）被俘，史称“土木之变”。消息传回京城，举国震惊，以兵部侍郎于谦为代表的主战派得到了朝野爱国志士的支持，于谦拥立英宗之弟郕王朱祁钰为监国，同年九月即皇位，年号景泰。于谦亲率大军迎战瓦剌军，北京军民同仇敌忾，最终夺取了北京保卫战的胜利。

朱祁钰做了7年多皇帝，明英宗被放回，他乘朱祁钰病危之际夺回皇位，于1457年改元“天顺”，并将于谦杀害。英宗复辟之后，朱祁钰被废，不久即死去。英宗不承认他的皇帝身份，以亲王礼葬于京西金山口，称“郕王墓”，这里本是明代王和王妃的墓地。

明英宗死后，宪宗皇帝朱见琛即位，他恢复了景泰帝号，并为于谦平反。将郕王墓扩建为皇陵，称景泰陵，修建了祾恩殿、神库、神厨、宰牲亭、内官房等，嘉靖时又改建了陵体，把绿琉璃瓦换成黄琉璃瓦，一切皆按帝陵规制，只是规模要小得多。

今天陵园内建筑大多不存，只剩碑亭及祾恩殿等。碑亭为黄琉璃瓦歇山顶，亭内石碑为乾隆三十四年（1769年）所立，正面刻“大明恭俭康定景皇帝之陵”，背面刻乾隆皇帝题写的碑文《明景帝陵文》。碑亭后面是祾恩殿三间，为黄琉璃瓦硬山顶，祾恩殿也叫享殿，是举行祭典的地方。再后面是宝城，即围绕陵墓封土堆的围墙。

三、潭柘寺

潭柘寺位于北京门头沟区的群山之中，寺庙所在的山因后有龙潭，前有柘树，被人称为潭柘山，而山上的寺庙也因此得名。潭柘寺始建于晋代

(265 ~316年)，距今已有1700多年，老北京曾流传“先有潭柘寺，后有幽州城”的民谚，足见其历史的悠久。寺原名嘉福寺，唐武则天时更名龙泉寺，金代改称大万寿寺，明天顺年间曾恢复旧名嘉福寺，到清康熙年间又改名岫云寺，前后数次更名，但俗名潭柘寺一直沿用至今。

现在的潭柘寺占地6.8公顷，是在历代重修和扩建的基础上形成的，尤其是清代的扩建，成就了今天的规模，使之成为北京郊区最大的寺庙之一。整座寺院依山而建，各组殿堂呈阶梯状逐级而上，高低错落，气势宏伟。建筑布局合理，主要由中路、东路和西路三部分构成，形成一个和谐的整体。

中路是寺庙的主体，最前面有康熙皇帝题字的石牌坊一座，上题“香林净土”四字，后面有一座石拱桥，曰“怀远桥”，桥南有一片苍劲的古松，已数百年。过得桥来依次建有山门、天王殿、大雄宝殿、三圣殿（已不存)，最后是毗卢阁，每一层除正殿之外，都建有东西配殿，形成一个个完整的院落。大雄宝殿是寺庙中地位最尊贵的建筑，供奉释迦牟尼佛。大殿为重檐庑殿顶，黄琉璃瓦，正脊两端的巨型绿色鸱吻上，各系一个鎏金长链，高达2.9米，金光闪闪，耀眼夺目。

毗卢阁是中路最后也是最高的建筑，为二层式楼阁，高15米，供奉的是毗卢遮那佛。按照佛教大乘教理，释迦牟尼以三种不同的身份传法，即法身、报身、应身。毗卢遮那佛就是法身佛，也叫大日如来，代表绝对真理，因此在许多寺庙中都有毗卢殿来供奉他。在毗卢阁的前面有两株高大的银杏树，东边的叫帝王树，为乾隆皇帝所封，高30多米，树围6米多，相传此树植于辽代，距今已有近千年的历史，仍然枝繁叶茂、生机盎然。西边的那棵叫配王树，枝干丛生，传说清代每一新皇帝即位，此树就从根部增生一新干，故此得名。

东路由庭院式建筑组成，有方丈院、万岁宫和太后宫等，是寺院住持的住所以及皇帝、太后来上香时休息的场所。这里极为幽静雅致，不仅花木扶疏，更有潺潺流水。庭院中有一种竹子很罕见，竹子由下至上，每隔一节有一道黄色或绿色线条，绿干黄线条的叫“玉镶金”，黄干绿线条的叫“金镶玉”，在北国的万山丛中有此奇竹，实乃奇景。庭院中还有一方亭，曰“猗玗亭”，又叫流杯亭。亭中地面一块巨大的汉白玉石基上，刻一条弯弯曲曲的水道，当泉水通过时，置酒杯漂浮其上，止于人前，则取而饮之。这是从汉魏时期的“曲水流觞”而来，其含义是祈求丰收，消除灾害。

西路是寺院式的殿堂组合，有楞严坛、戒坛和观音殿等。观音殿是全寺的最高点，殿的匾额为乾隆手书，上书“莲界慈航”四金字，并配有龙戏珠图案。殿内有一块传说是元世祖忽必烈女儿的拜砖：相传忽必烈的女儿笃信佛教，在此出家，每日来观音殿向菩萨顶礼膜拜，天长日久，她所站的一块砖磨损严重，留下了深约30厘米的脚印，几乎穿透此砖。

在寺外还有安乐延寿堂和塔院等建筑，前者是僧人退休养老之所，后者是僧人的坟墓。塔院分为上下二处，保留了金、元、明、清各代高僧墓塔72座，是研究古代佛教墓塔形制演变的珍贵资料。

四、可 园

可园在北京市东城区帽儿胡同11号，是清末大学士文煜的宅第花园，建于清咸丰十一年（1861年）。原来花园与宅第相通，后因宅第和花园分开售出，所以形成一个独立的花园，同时新开了园门。园内有文煜的侄子、兵部尚书志和所立的一块石碑，记述了文煜建园始末和园子名称的由来：园虽小，但可人意，风光也可人之意，故取名为“可园”。

可园南北长不过百米，东西宽约30米，却是一个两进的花园。从新开的园门进去，是两间北房，东有一通道，穿过通道便有一座假山在眼前，山左侧一条弯曲的小路将人领向一个山洞，出山洞豁然开朗，满园花草，芬芳迷人。往右过一小石桥，可达假山顶部，这里建有一六角攒尖满绘苏式彩画的小亭。站在亭内向下看，园中景致尽收眼底：松、柏、槐、柿及丁香等树木郁郁葱葱，其间还点缀着太湖石和剑石。绿树丛中，一湾池水从东往西，绕假山、穿小桥，蜿蜒而过。在假山东边是装饰精美的彩绘游廊，廊东有一组更高的假山，上建敞轩。园北有五间正房，其额枋上亦绘有苏式彩画，并在正房明间写有楹联：“风雨最难佳客至，湖山端赖主人贤”。正房东边与游廊相接，游廊依山势由高渐低直通后园。

进入后园，首先看到的也是一组假山，屏障似的从东边斜插园中，另一组假山在东北边的水榭周围。水榭下有山洞，环洞有石山相连。水榭原本建在水上，应有池塘环绕，但新中国成立后这里的池塘被填平。后园也是槐荫满园、花香四溢、幽静宜人。

可园在不足3000平方米的空间内安排了山石、亭、台、阁、榭、桥等各式景观和建筑，且富于变化，体现了中国园林传统的造园理念和实践。可园的主人，清末大学士文煜曾任山东巡抚，后又调任直隶总督，其雄厚的财力使之能营造此园。可园在历史上几经转手，曾被冯国璋、张兰峰等人买下，新中国成立后做过朝鲜驻华大使馆，后又成为某单位宿舍。它是北京地区硕果仅存的清代私家花园之一。

五、孚王府

孚王府在北京市东城区朝阳门内大街137号。此府历史悠久，最早为康熙皇帝第十三子怡亲王允祥的儿子所建，第二代怡亲王弘晓续建。为区别他父子之府，人们习惯称后者为怡亲王新府。到第六代怡亲王载垣时，因参与政治斗争，失败后赐死，府第被没收。同治三年（1864年），皇帝将此府赐予道光第九子孚郡王奕譓，遂更名孚王府，又叫九爷府。

孚王府占地面积颇广，自朝内大街向北直至东四三条路南，原来的大门开在朝内北小街，门朝东开，民国时将门改在朝内大街，门朝南开。府中建筑由东、中、西三路组成，其中的中路为主要建筑，分前庭与后寝。大门三间，正门五间，门前二石狮雄踞左右。从大门进去即是正殿——银安殿，面阔七间，绿琉璃瓦歇山顶，丹陛石栏，气势不凡，殿前左右各有翼楼七间。往后有后殿五间，殿内设有戏台。再往后是后寝五间，为王爷夫妇的寝居之所，两侧也有配房。最后是后罩楼七间。这些建筑均以绿琉璃瓦盖顶，房脊镶吻兽，颇具皇家气派。

西路由数个四合院组成，应是王府眷属的居住区。东路属于府库、厨厩及执事侍从之舍，现已残存无几，原貌已全失。后罩楼两侧，还各有一座独立的庭院，园中树木成荫，弥补了没有花园的不足。东边的庭院更加考究，厅堂回廊，幽静雅致，是修身养性的好去处。

纵观整个王府，布局严谨，主次分明，装饰富丽堂皇，像一座缩小了的王宫。其规模体量与《大清会典》中所规定的王府形制相符合，是了解清代王府建筑的最好实例，尤其在比较完整的王府现存不多的情况下，它的价值也就更大。

孚郡王奕譓系道光皇帝第九子，也是他最小的儿子。此人一生庸碌，无所作为，光绪三年亡故。孚郡王无子，后过继宗室载澍为嗣子，袭贝勒，因而此府也称澍贝勒府。但好景不长，载澍于光绪二十三年（1897年）因“性情乖张，不遵教训”，而且“胆大藐法，孝道有亏”受到严惩，被革去贝勒，交宗人府永远禁锢。他被禁之后，老孚郡王妃又选定奕譓之兄，惇亲王奕誴的孙子溥伒为嗣孙，光绪二十四年袭贝勒。民国时期，溥伒将府第卖给军阀张作霖部下杨宇霆，后来一度成为北平大学女子文理学院的校址。

六、景 山

景山位于北京故宫神武门（北门）对面，是明清两代封建帝王的“禁苑”。元朝时这里原是大都城内的一座土丘，名青山。明永乐十四年（1416

年），明成祖朱棣兴建紫禁城，将拆除元代旧城和挖掘紫禁城护城河的渣土堆放在上面，取名万岁山。相传皇宫还在这里堆存过煤炭，所以又叫煤山。明崇祯十七年（1644 年），李自成率领的农民起义军攻陷北京，崇祯皇帝朱由检仓皇出逃，在煤山东麓一棵槐树上自缢身亡。现在这棵槐树已不存在。清顺治十二年（1655 年）将这里改名景山。景山南门内有绮望楼三楹，供奉孔子牌位，山北还有永恩殿和观德殿，永恩殿是清代帝后停灵的地方，曾停放过光绪皇帝的棺椁，这些建筑均为乾隆十四年（1749 年）以后所建。

景山有五峰，中峰最高，登顶后可俯瞰紫禁城和北京内城的景色，是北京城里登高赏景的好去处。五峰顶部各建有一座亭子：中峰上的亭子名万春亭，为三重檐黄琉璃瓦四角攒尖顶；紧邻中峰的东西两峰建有相同的亭子，为重檐绿琉璃瓦八角攒尖顶，东边的亭子名周赏亭，西边的亭子名富览亭；最外侧两峰上的亭子，东叫观妙亭，西叫辑芳亭，都是重檐蓝琉璃瓦圆攒尖顶。五亭建于清乾隆十六年（1751 年），亭内均供奉铜佛像，1900 年八国联军入侵北京，万春亭中的毗卢遮那佛被毁，其余四尊佛像被劫走。

在景山北麓，有建于乾隆十四年（1749 年）的寿皇殿，面阔九间，有左右配殿、神库、神厨和井亭，在殿前还有宝坊、石狮等。此殿仿太庙形制建造，是清朝皇帝祭祖的场所，殿中供奉清皇室祖先的影像。

1928 年，景山被辟为公园。新中国成立后，山后的寿皇殿（从北门进）是北京市少年宫所在地，一代又一代的少年儿童在这里成长，培养了大量对国家有用的人才。

七、白云观

白云观位于北京市宣武区广安门外滨河路，是明代以来北方道教全真派第一道观。原名天长观，创建于唐开元二十七年（739 年），金泰和三年（1203 年）改名太极宫。1224 年，蒙古大汗成吉思汗将长春真人丘处机安置于此。丘处机，字通密，号长春子，道教全真派创始人王重阳七大弟子之一。他曾奉诏西游，在雪山之阳（今阿富汗境内）谒见成吉思汗，劝其戒杀、敬天爱民，遂受到成吉思汗重用，命他掌管天下道教。他进京后就住在太极宫，因他号长春子，故改名长春宫。

丘处机于 1227 年去世，他的弟子尹志平买下长春宫东面的宅第，起名白云观，因而白云观最早应是长春宫的附属建筑。明正统三年至八年（1438 ~ 1443 年），此处进行了大的营建，扩大庙址，添加庙堂，奠定了白云观的基础。清康熙四十五年（1706 年），在原来的基础上又一次大规模的扩建，完成了今天所见到的白云观的整体布局和主要殿堂建筑，以后虽有小的修缮和添加，但再无大的变化。

白云观坐北朝南，与中国传统的宫殿、府邸、寺庙建筑一样，其布局也是由中路、东路、西路构成，其中的中路建筑高大宏伟，庄严肃穆，体现出作为大道观的不同凡响。中路最前面是棂星门，后面依次为山门、灵官殿、钟鼓楼、玉皇殿、老律堂、丘祖殿，最后是三清阁与四御殿。

棂星门是一座四柱七楼牌坊，坊额前题“洞天胜境”，后题“琼林阆苑”。山门为砖石结构，面阔三间，有三门，这是明代以前寺观多采用的山门形制。灵官殿，面阔三间，内奉王灵官像。传说王灵官名善，北宋人，曾跟从萨守坚真人传法，充当部下灵官，后成为道教的护法神。玉皇殿面阔五间，前列月台，殿内供奉玉皇大帝，玉帝在道教中被封为尊神，既统辖天上，亦管理人间，具有至高无上的权力。老律堂，为面阔三间的勾连塔式建筑，前亦有月台。此殿原名七真殿，供奉全真派祖师王重阳的七大弟子，七尊塑像并排而列，中坐者即长春真人丘处机。因清朝时全真派的律师都在此传戒说法，所以改名老律堂，这里是观内道士宗教活动的主要场所。丘祖殿，面阔三间，与后面的三清阁等同在一个院落中，属于这个院落中的前列建筑。丘祖殿内供奉丘处机塑像，其遗骨也葬于此殿地下。三清阁与四御殿是这一院落中的正房，也是中路的最高点，面阔五间，上层为三清阁，下层为四御殿。三清阁供奉道教最高尊神：玉清元始天尊（中）、上清灵宝天尊（左）和太清道德天尊（右），最后这位即是老百姓所说的太上老君。四御殿供奉上天四位大帝，即玉皇大帝、紫微北极大帝等。

三清阁两侧有转角翼楼相通，东为藏经楼，西为望月楼。藏经楼内藏有明正统十二年（1447 年）颁赐的《道藏》和明万历时期的《续道藏》，为道教经典，这些珍贵的文物已于 1950 年移交北京图书馆（今国家图书馆）珍藏。

白云观东路原有南极殿、斗老阁、真武殿、斋堂等建筑，因所奉神像已毁，即辟为寮房，成为道士们的居住区。

西路殿堂除祠堂外，均供奉的是民间传说中的神仙。元君殿供奉碧霞元君、送子娘娘、催生娘娘等。文昌阁供奉文昌帝和孔子像。元辰殿供奉六十甲子星宿神像，让求神的人们来拜祭自己的本命神，以祈福免灾，求得流年顺利。吕祖殿院落包含了八仙殿和吕祖殿两座殿堂，八仙殿供奉的是民间流传甚广的八位神仙：钟离权、铁拐李、吕洞宾、张果老、曹国舅、何仙姑、蓝采和、韩湘子。吕祖殿又单独供奉了八仙中的吕洞宾，此殿是白云观中惟一一座绿琉璃瓦的建筑。

除此之外，白云观还保存了大量碑刻，其中最著名的是元代书法家赵孟頫所书《老子道德经》刻石。

新中国成立后，人民政府对白云观进行了多次修缮，各处殿堂恢复旧观，并向游人开放。

八、万佛堂、孔水洞石刻及塔

万佛堂位于北京市房山区云蒙山南麓，河北乡万佛堂村西约200米处。该堂创建于唐玄宗时期（713～756年），原名龙泉寺，唐代宗大历年间(766～779年）改名大历禅寺。今天只剩一座殿堂，建在天然溶洞孔水洞出口的墩台上，为明代重建。大殿面阔三间，门楣上嵌有石匾，上书："大历古迹万佛龙泉宝殿，大明万历己丑春吉日重建"。进得殿来映入眼帘的是精美的石刻，沿正墙和东西山墙共镶嵌31块，每块高2.4米的汉白玉浮雕，总长23.8米，并有明确纪年，为唐大历五年（770年）雕刻。石雕内容丰富，正中一块为释迦牟尼说法坐像，两旁有骑狮的文殊菩萨和骑象的普贤菩萨，周围是诸佛及众多菩萨。在佛的上方和左右墙壁上，雕刻细腻的善男信女分层布满画面，出没于山川云气之间，这些菩萨和善男信女的头都朝向释迦牟尼。此外还有姿态各异的伎乐天，手持乐器正在演奏。这组浮雕名为"文殊、普贤万菩萨法会图"，被老百姓称为万佛，所以称此殿为万佛堂。整幅石雕场面巨大、气势恢宏、人物生动、雕刻精美、体现了唐代绘画和雕刻艺术的巨大成就。

孔水洞为一天然溶洞，其门由人工砌成高大的券门。据文献记载："大房山东北悬崖千尺，石窦如门，……俗呼为孔水洞"。洞内曲折幽深，并有泉水涌出，进洞需乘船。在离洞口不远的洞内石壁上，保存有隋唐时期的佛教造像和刻经。造像有六尊，每尊高约1米，在岩壁上开凿，其形象与其他隋唐时期的佛像一致。刻经字迹模糊不清，因涨水时常年浸泡，遭水腐蚀所致。此外洞里还保存有金代的题记。

在万佛堂、孔水洞的两翼各有一座塔，也是极为珍贵的古代建筑。左翼的塔是辽代所建，高约30米，是一座花式塔。所谓花式塔，是指塔身的上半部分装饰各种复杂的饰物，整体看就像一个巨大的花束。它的出现与佛教的华严宗有关，华严宗认为，在大"莲花藏世界（佛教中的极乐净土）中，有无数小莲花藏世界，每个小莲花界中都有一佛主持。因此这种塔的上半身均代表一个大莲花界，而塔身外装饰的小佛龛以及龛中的佛像就代表若干小莲花界。这座塔为八角形砖塔，由塔基、须弥座、楼阁式下塔身、佛龛式上塔身和塔刹组成。须弥座和下部塔身皆装饰精美的佛教雕刻，上部塔身略呈圆锥形，共装饰排列有序、上下错落的佛龛104座，佛龛中雕有菩萨像，每个龛的下部还雕有一个狮子或大象的半身像，表示它们所驮的是各自的主人——文殊或普贤。这和万佛堂中的主题供奉相一致，都是文殊和普贤菩萨，说明此塔应是原来万佛堂寺庙整体中的一部分。这是北京现存最早，也是最大的一座花式塔，以它独特的造型和丰富的纹饰在北京的古塔中占有一席之地。

万佛堂右翼的塔是一座七层密檐式砖塔，塔身高约 10 米，建于元代。在塔身朝东的门楣上刻有“龄公和尚舍利塔”七个楷体大字，说明此塔是一位僧人的墓塔。如果从北面观察，这座塔从塔基处向西倾斜，是一座斜塔，而且是北京现存惟一的一座斜塔。

万佛堂、孔水洞石刻及塔在我国石刻、石雕和古建筑史上均占有重要地位。

九、法源寺

法源寺位于北京市宣武区法源寺前街，教子胡同南端，创建于唐贞观十九年（645 年），原名悯忠寺，是唐太宗为了悼念东征时阵亡将士而建。唐中和二年（882 年）毁于大火，其后重建，五代时曾一度改为尼姑庵，金大定十三年（1173 年）以此寺作为女真人考进士的考场，宋钦宗赵桓被金兵掠至燕京时曾被囚于此，元朝至元二十六年（1289 年）宋朝遗臣谢叠山被迫至燕，拒不降元，在此绝食而死。明正统二年（1437 年），庙宇重修，改名崇福寺，清雍正十一年（1733 年）又改建，取名法源寺。

法源寺坐北朝南，由几层院落组成，主要建筑有天王殿、大雄宝殿、观音阁、毗卢殿、大悲坛和藏经楼等。

天王殿坐落于第一层院落中，殿内前面供奉布袋和尚，背后供奉韦驮，左右两侧分列明代四大天王铜造像，像高 1 米多，是从鼓楼西大街原拈花寺移到这里来的。第二层院落的主殿是大雄宝殿，为法源寺最尊贵的建筑，也是宗教活动的主要场所。大殿面阔五间，进深三间，檐枋上画有精美的和玺彩绘。殿中供奉释迦牟尼佛和文殊、普贤二菩萨，雕像精美、妙相庄严，是明代中期的造像。两厢分列的木雕十八罗汉为清代的作品。观音阁坐落在第三层院落的中央，建于唐中和年间（881 ~ 884 年），原名叫悯忠寺阁，后人简称悯忠台。观音阁后面为毗卢殿，原名净业堂，殿前有一巨大石钵，钵外壁雕刻海水江牙和海兽纹，此钵系从西城区玉钵庵（又名真武庙）移来，它是现陈放在团城的“渎山大玉海”的原配底座。毗卢殿内供奉一尊明代铜制“五方佛”像，像分三层，底层为千叶莲瓣巨座，每一莲瓣上雕一佛像；中层为四方佛，即东方阿閦佛、南方宝生佛、西方阿弥陀佛、北方不空成就佛；最上面一层为毗卢遮那佛，也就是大日如来。此佛像属于密宗系统，原本在西四附近的隆长寺内供奉，后移到此处。毗卢殿后是大悲坛，供奉的应是千手千眼观音，此观音名大悲。寺庙的最后是藏经楼，上下两层，均面阔五间，进深三间，东西两侧有转角小楼与主楼连为一体。

除建筑之外，法源寺还是我国藏传佛教文物最多的一处寺庙，鉴于此，1979 年在这里成立了中国佛教图书文物馆，并将一些殿堂开辟为文物陈列室。

观音阁陈列了“法源寺藏历代石刻文物”，有唐、辽、金时期的造像、石碑、经幢、题记等。其中不乏珍贵文物，如唐至德二年（757 年）史思明刻的“无垢净光宝塔颂碑”，为北京现存惟一完整的唐碑。观音阁外面的东西山墙上也镶嵌了一些古代的残碑和石刻。

大悲坛是“法源寺藏历代佛经展室”，不仅陈列着自唐至清代的写本、刻本经书，其中不乏珍稀版本和善本，而且还有众多少数民族文字的经书，法源寺是我国藏佛经最多，版本最珍贵的寺庙之一。

藏经楼下层陈列“历代佛造像”展，迎门供奉一尊原广渠门内卧佛寺大殿内的明代木雕卧佛像，长 7.4 米，为北京市内最大的一尊明代佛像。还陈列了自东汉以后的历代佛教造像，其中以唐咸亨三年（672 年）造像最为珍贵，像高 1.25 米，刻有题记，为唐代雕刻之精品。

藏经楼上层除展出一些塑像外，还在柜中陈列了珍贵的经书，有明代的《南藏》《北藏》《嘉兴藏》，清代的《龙藏》等。在西边的方丈院中也有部分陈列，主要展出的是藏文佛经和房山云居寺的一些文物。

十、先农坛

先农坛位于北京市宣武区永定门内大街西侧，与天坛相对，是明清两代皇帝祭祀先农、太岁诸神及举行藉田典礼的场所。最早称为山川坛，创建于明成祖永乐十八年（1420 年），明嘉靖三十二年（1553 年），建先农坛于山川坛内，清乾隆十九年（1754 年）重修，以后统称为先农坛。全部建筑由内外两重围墙环绕，周长 3 千米，总占地约 130 顷，现存古建筑有先农坛、太岁殿、神厨、神仓、具服殿、观耕台、庆成宫等。

先农坛是一座砖石结构的方形平台，长宽各为 15 米，高 1.5 米，四面各有八级台阶，这里是祭祀先农的地方。在它的北面有先农坛正殿，面阔五间，殿内供奉先农牌位。在大殿两侧，也就是东西配殿，分别是神库和神厨，用以收藏祭器、乐器和备制祭品。

太岁殿位于先农坛正殿的东面，是先农坛内最雄伟的一组建筑，占地约

8000 平方米，包括太岁殿、东西庑殿和拜殿。太岁殿面阔七间，其跨度仅次于故宫太和殿，气势恢宏、装饰华美，表现出此殿的重要地位。“太岁”最早是值岁干支的别名，如逢甲子年，甲子即是“太岁”，乙丑年，乙丑即是“太岁”，但习惯上人们只重视十二地支，故“太岁”每十二年一循环。后来产生了值岁的神也叫“太岁”，据杜佑《通典》载，北魏道武帝时已立“神岁十二”（即十二个太岁神）专祠，也就是祭祀太岁神的地方。明清时期皇帝每年祭祀太岁，逢水、旱或出征、凯旋等也都遣官祭祀太岁神。在太岁殿两侧的是东西庑殿，各面阔十一间，东殿祭祀春秋季的六位月将神，西殿祭祀夏冬季的六位月将神。最南面是拜殿，为一倒坐殿，其形制与太岁殿相同。

神仓位于太岁殿东面的院落中，俗称东院，是贮藏五谷祭品的地方。神仓为一圆亭，黑琉璃瓦攒尖顶；在它南面还有一座方亭，名收谷亭，四角攒尖顶。院中建有东西配房，均为黑琉璃瓦悬山顶，被叫做神谷仓。这些建筑后来都成为存放祭器的仓库。

观耕台位于太岁殿东南，方形，面南，长宽各 16 米，高 1.5 米，南、东、西向各有台阶八级。此台在明朝时为木制，清朝时改成砖砌，并在台周饰黄琉璃瓦，并围绕汉白玉围栏。每年农历三月上亥日，皇帝都要率文武百官来先农坛，先祭祀先农神，然后到观耕台北面的具服殿脱下礼服，换上龙袍，再到观耕台东面的亲耕田内藉田躬耕。亲耕田一亩三分，皇帝右手扶犁，左手执鞭，往返四趟，清朝时改为三趟，三公九卿从耕。耕毕，皇帝从西面登观耕台观耕，观耕终了，从东面台阶退下。

庆成宫在神仓的东面，明朝时称斋宫，清乾隆十九年（1754 年）改称庆成宫，是皇帝亲耕后，休息和犒劳随从百官茶果的地方。

先农坛是北京皇家祭祀建筑体系中保存较为完整的一处，其建筑造型各异，是研究中国古代建筑难得的实物标本。1991 年在这里成立了北京古代建筑博物馆，内设“中国古代建筑技术发展史”陈列，以大量的资料照片和实物、精美的模型，介绍了中国古代建筑发展的历史。该馆成为展览、研究、弘扬、普及中国建筑文化的场所。

十一、碧云寺

碧云寺位于北京市海淀区香山东麓，创建于元代，相传是元代开国元勋耶律楚材的后代耶律阿勒弥用他的住宅改建的，原名叫碧云庵。明代正德年间，有个叫于经的御马监太监看中了这里，他利用职务之便中饱私囊，扩建碧云庵，改庵为寺，并在寺后修建坟墓，作为死后葬身之所。但于经终被下狱，死于狱中。明天启年间，大宦官魏忠贤也看上了这块风水宝地，又一次扩建碧云寺和修建墓室，但魏忠贤也因罪大恶极自杀而死，未能葬在这里。碧云寺经过明代的两次扩建，已基本形成了现在的规模。到清代乾隆年间对碧云寺进行修葺，并在乾隆十三年（1748年），在寺中建造了金刚宝座塔及罗汉堂等。

碧云寺坐西朝东，依山势从山门至寺顶共六层院落，层层殿堂，错落有致，松柏参天，浓荫蔽日，特别是金刚宝座上的五座高塔直插云霄，使之成为北京西山风景区中最雄伟壮丽的古老寺院之一。

山门石桥前有石狮一对，雕琢精细，形态威猛，传为明代遗物。走进山门，第一殿中有金刚力士像两座，即人们俗称的哼哈二将，高4.7米，雕塑生动，姿态威武，亦是明代的作品。二进为天王殿，原来殿内有四大天王塑像，但已毁，殿内现存明代铜弥勒佛一尊。再进为正殿，殿内供奉释迦牟尼佛及菩萨、罗汉像，两壁还有悬塑。正殿前有月台，台上立八棱经幢两座。正殿后面有碑亭一座，内立乾隆十三年（1748年）御制《碧云寺碑记》。其后为菩萨殿。

后殿，顾名思义，全寺最后的殿堂，它在中国现代历史中占有一定地位。1925年3月12日，伟大的革命先行者孙中山先生逝世于北京，他的遗体曾停放在此殿，后遗体暂厝寺后的金刚宝座塔内，待南京中山陵修建完毕后，才移灵安葬。后殿辟为中山纪念堂，新中国成立后屡次修葺，现陈列一些资料照片和前苏联赠送给孙中山先生的水晶棺。

金刚宝座塔坐落在碧云寺后面的塔院中，位于全寺的最高处，塔高34.7米，由塔基、金刚宝座和塔三部分组成。最下面是两层由花岗岩砌成的四方形基座，外围有汉白玉栏杆，并铺有阶梯。基座之上是金刚宝座，共有五层，每层均雕刻精美的纹饰，有佛像、天王像以及动物和吉祥图案等。在宝座的第一层石券门内有“孙中山先生衣冠冢”字样，这是因为孙中山先生的遗体葬于南京中山陵之后，其遗物被封葬在金刚宝座塔下的石龛中，成为“衣冠冢”，供后人瞻仰。金刚宝座之上是一个方形的平台，台上立有五座方形汉白玉密檐式塔，这五座塔均为十三层，中间的一座比其他四座塔略高大些，每座塔下面都有须弥座，并在须弥座四面雕饰花卉和吉祥图案。每座塔顶都建有一座覆钵式塔的塔刹，也就是说塔上有塔，密檐式塔顶一个覆钵式塔，最上面是铜制伞盖。

金刚宝座式塔是佛教密宗金刚界的一种建筑物，源于印度，五座塔分别代表金刚界的东、西、南、北、中五方佛主，他们分别代表理性、觉性、平等性、智慧和事业。中国最早的金刚宝座塔的形象资料出现在敦煌北周壁画之中，但保存至今的最早的金刚宝座塔是明代时期的。传说明朝时西域高僧班迪达曾向明成祖朱棣献上过金刚宝座塔的样式图，因此明清时期修建的此类塔较多，仅北京就有四处，碧云寺塔就是其中的一处。

碧云寺的跨院中有一座罗汉堂，是乾隆十三年（1748年）仿杭州净慈寺罗汉堂建造的。平面呈田字形，中间有四个小天井以采光，堂内沿墙壁排列500尊罗汉，另在正中过道放置7尊塑像，堂左梁上还有济公像一尊，共计508尊。塑像均木雕漆金，形象各异，虽然整体显得呆板，缺乏生气，但是清代较典型的木雕作品。

十二、大慧寺

大慧寺位于北京市海淀区魏公村，为明代司礼监太监张雄于正德八年(1513年)创建。其后的嘉靖皇帝朱厚熜崇信道教，提督东厂太监麦某就在寺的左面增建佑圣观，内官们担心皇帝拆除大慧寺，又在寺后建真武祠，借两处道观来保存大慧寺。大慧寺原有殿堂180余间，虽经明清时期的两次重修，但到清光绪时，寺庙和道观都坍塌殆尽，至今只剩大慧寺的大悲殿保存下来。

大悲殿面阔五间，进深三间，为灰筒瓦重檐庑殿顶，两层檐之间有采光用的菱花窗，殿内枋柱插头处皆安放彩色小佛。大悲是千手千眼观音菩萨的别称，按照佛经《妙法莲华经·普门品》中的说法，观音菩萨有三十三种变化身，千手千眼就是其中的一种，也称大悲观音，她能度一切众生，故其身份与佛相同。供养此菩萨，可以得到息灾、增益、敬爱、降服等四种成就。此殿内原来供奉一尊高五丈的千手千眼观音菩萨铜立像，铸造精美，因此人们也把大慧寺叫大佛寺。这尊菩萨像于抗日战争时被毁，现在殿内的木雕立佛像和两个胁侍菩萨是后来补做的。

大悲殿内沿东、西山墙和后墙共排列二十八尊明代的泥塑彩绘诸天像。所谓诸天，就是诸位天神，他们在佛教中是护法神，位列天龙八部的首位。到底有多少天神？根据《经律异相》记载：欲界有六天，色界二十三天，无色界四天，加起来共三十三天神。但在佛教艺术中，常表现的有二十四诸天或二十八诸天。位于诸天之首的是“大梵天”，其次有“帝释天”，还有北方多闻天王、东方持国天王、南方增长天王、西方广目天王等四大天王。四大天王传到中国后，被塑造成手拿宝剑、琵琶、雨伞和蛇的四位武士形象，象征风调雨顺。二十八诸天塑像中还有典型的中国天神，如东首第一个“东岳大帝”即是，它是中国神话传说中的泰山神，道教封他为“东岳大帝”，掌管人间生死。在此殿中他被塑造成一个颧骨突出，两颊下陷，嘴里长出一对獠牙、令人生畏的威严老人。二十八尊彩绘塑像神态各异，生动逼真，是明代雕塑艺术的杰作。

在二十八诸天背后的墙壁上，还有明代绘制的大型彩色工笔连环画，描绘一个普通人终身为善，最后终于超生得道的故事。画的主题是劝人向佛、向善，选取一个普通人的经历，显得更有说服力。全画人物描绘细腻，色彩鲜艳，反映了明代壁画艺术的成就。

大慧寺虽然只剩一座大殿，但能让我们同时欣赏到精美的建筑、彩塑和壁画，这在北京的古迹中还是不多见的。

十三、十方普觉寺

京城西北，香山侧畔，寿安山中一座清静古刹。一千三百多年来，寺址虽未变动，寺名却屡经更易，从唐贞观年间落成初名兜率寺，到元代扩建而改昭孝寺、洪庆寺，再到明正统八年（1443 年）重建后的寿安禅林、成化十八年（1482 年）的永安寺，直至清雍正十二年（1734 年）重修，定名十方普觉寺至今；但年复一年，京城百姓口中，它以“卧佛寺”的俗称广为人知，寺中殿宇轩昂，古木参天，自古便有“西山兰若之冠”的美誉。

卧佛寺坐北朝南、三路并列，寺前木牌坊四柱三楼，灰筒瓦顶，额题“智光重明”，牌坊后便是百余米的坡道，两侧古柏浓密；殿堂布局沿袭唐代“伽蓝七堂”的法式，这种颇为古老的寺院布局在北京一带已非常少见。中路从“同参密藏”牌坊开始，一路功德池、钟鼓楼、山门殿、四大天王殿、三世佛殿、卧佛殿、藏经楼等主要建筑，卧佛殿供奉铜铸卧佛，两侧的配殿分别供奉达摩祖师和悉多太子，楼后依山建亭，拾级登临可俯览全寺；东路院是寺中僧人的起居所在，建有大斋堂、大禅堂、霁用轩、清凉馆、祖师院等 6 进院落；西路的 5 进院落中包括 3 座行宫院，与东路的院落一起，号称“三宫六院”。另有廊庑、配殿、客堂和方丈室等建筑左右延伸，将 3 座院落连结为整体。

卧佛殿面阔 3 间，绿琉璃筒瓦黄剪边单檐歇山顶，殿门的“性月恒明”匾额是慈禧太后所书。殿外左右各有一棵娑罗树和石碑；石碑分别立于公元 1734 年和 1749 年，记载了卧佛寺的简史。殿中供奉着中国现存最大最重的铜铸卧佛，铸于元代至治元年（公元 1321 年）。铜佛采用睡卧姿式，头西脚东，右手曲臂扶头，左手自然地平放在腿上，身后围绕十二圆觉菩萨。据现代研究，卧佛是一次铸造成型，基本步骤是先堆砌土台，在台上制坯，翻模，浇铸，整修，装饰髹彩，再组装汉白玉莲花宝床台的雕件，整个工程环环相扣，不能出丝毫差错。这尊元代卧佛身长 5.3 米、高 1.6 米，重达 54

吨，其体量、重量之大，制作之精美，工艺难度之高，举世罕见，具有极高的历史、艺术和科学价值，是不可多得的巨作。

十四、清净化城塔

清净化城塔位于北京市朝阳区安定门外西黄寺的塔院内。西黄寺与东黄寺并称“双黄寺”，均为清代所建，东黄寺更早一些。清朝初期，西藏的五世达赖应顺治皇帝福临的敦请，亲自率人前来北京朝觐。清政府为了隆重接待他，于顺治九年（1652 年）修建了一座喇嘛庙，赐名东黄寺，作为达赖五世的驻锡之所。此后达赖班禅每隔一年来京朝觐，都住在这里。清雍正元年（1723 年），在东黄寺的西侧，又敕建了一座喇嘛寺，被称为西黄寺。清乾隆四十五年（1780 年），乾隆皇帝七十大寿，六世班禅进京祝寿，住在西黄寺内，不幸染上天花，医治无效，在北京逝世。乾隆皇帝为了表彰六世班禅在促进民族友好方面所做的贡献，敕命在西黄寺西侧建一塔院，并建造一座金刚宝座塔，赐名“清净化城塔”，将六世班禅的衣冠和经咒葬于塔内，以示对他的纪念。

现在东西黄寺都已不存，只剩塔院内的建筑保存完好，但人们习惯上仍把塔院称为“西黄寺”。塔院坐北朝南，由三进院落组成，清净化城塔位于中轴线上最后的院落中。塔建在一座 3 米高的石台基上，全部用汉白玉建造。其中央主塔是一座藏式覆钵形喇嘛塔，高 15 米，塔座呈八角形。塔座的每面都雕有纹饰，如飞舞的凤凰，奔跑的狮子和飞翔的蝙蝠，还有缠枝西番莲等纹饰。

塔座的上面是一层须弥座，在须弥座束腰处雕刻有佛教故事画，从塔身正面开始，向右环绕须弥座一周。浮雕共有八块，雕刻的是佛传故事，也称为“八相成道”，分别是：佛母受孕、太子降生、四门出游、逾城出走、修法成道、初转法轮、战胜魔军、涅槃示寂，描绘了释迦牟尼从出生到成道再到涅槃的整个过程。

覆钵式塔身的正面，用浮雕卷草花纹图案组成了一门形佛龛，龛中浮雕三世佛坐像，在塔身周围还雕刻了八位菩萨立像。佛像和菩萨雕像神态安详，平视前方，具有典型的蒙、藏风格。塔身的顶端有十三层相轮，相轮之上安有覆莲和宝瓶组成的铜制鎏金塔刹。

在中央主塔的四角，立有高约 7 米的四座汉白玉密檐塔式经幢，上面刻有经咒，并有乾隆四十九年（1784 年）的纪年。

清净化城塔结构严谨和谐，气势宏伟高洁，雕刻精美生动，是一座融汉、蒙、藏和印度诸风格于一体的独特建筑。其名称“清净化城”出自佛经中的一个故事，根据《妙法莲华经·化城喻品》载：古印度一个小城中的一群人想到很远的地方去寻宝，因不识路，就请了一位向导引路。因为路途遥远，前途险恶，很多人走到半路就想打退堂鼓。此时这位向导用法力变化出一座城池，并鼓励人们继续前行，到城池中去休息。于是人们力量倍增，最后终于到达了目的地。乾隆皇帝根据这个故事将金刚宝座塔赐名为“清净化城塔”，是把六世班禅比作带领众生向成佛所进发的向导，这是对六世班禅最好的赞赏。

在清净化城塔的两侧，还建有两座碑亭，东边的碑亭中，立有乾隆皇帝撰写的《清净化城塔记》石碑，记述了建塔的原委。西边的碑亭中是《写寿班禅圣僧并赞》碑，也是乾隆皇帝亲自撰写，碑文中赞扬了班禅一生的伟大功绩，并祈愿他像椿树一样，永远长存。

清净化城塔所在地现为中国藏语系高级佛学院。

十五、长城——司马台段

司马台长城位于北京密云城北 77 千米处的东庄禾乡境内，距北京 120 千米，属古北口长城的一部分，以奇、特、险而著称。司马台是古北口东麓的重要隘口，山口两侧山势险峻，起伏变化大，因此这里的长城及防御工事，对捍卫古北口及北京城，防止外族侵扰，有着举足轻重的作用。根据记载，司马台段长城是明代将领戚继光、谭纶等人精心设计、重点修建的城段，全长 19 千米，建敌楼 35 座。以峡谷（现为司马台水库）为界分为东西两段，西段山势较平缓，保存敌楼 20 座；东段山势陡峭，城墙修在一段绝壁上，共分布敌楼 15 座。敌楼密度大，间隔距离平均为 15 ~ 16 米，远远望去，几乎是楼挨楼。

长城上的敌楼也叫敌台，在明代以前多为实心，只起一个防守的作用，不能屯兵。明代始建骑墙敌台，也就是空心敌楼。司马台段长城的敌楼均为空心，而且形式千变万化，大小不一。从外观上看，有方形楼、扁形楼和圆形楼；一面墙上开一个窗孔的叫一眼楼，开两个窗孔的叫二眼楼，最多的有六眼楼，楼眼多说明敌楼大，驻屯的兵士也多。一般敌楼驻兵 30 ~50 人不等，大楼可驻上百人，小楼也驻 10 人以上。楼内部的构造也各不相同，有平顶、船篷顶、四角顶、六角攒尖顶、八角藻井穹隆顶等。每座敌楼一般分为上下两层，也有三层的大敌楼。而且敌楼的两侧均无门，要想进入楼内，必须由城墙内侧的砖券拱门而出，沿岩石小径至楼下，然后攀登临时设施的小梯，方可爬入比箭窗大不了多少的楼门里。这种设计增强了敌楼的防御功能。

每座敌楼都有名字，如：黑楼、花楼、大小金山楼、将军楼、库房楼、仙女楼、望京楼等。望京楼位于司马台长城的东部，是东段的制高点，海拔高986米。登上望京楼，一览众山小，蜿蜒起伏的长城，尤如一条巨龙，上下翻腾于云山雾海之间。而仙女楼处在最险要的绝壁上，在其西侧有一段直上直下的城墙，被称为天梯，天梯一侧是悬崖峭壁和万丈深渊，令人胆寒。

在城墙建筑上，司马台长城用料因地制宜，就地取材，有的城段是用条石作基础，外砌青砖，中间填碎石和黄土；有的用山石垒砌，灰浆勾缝。不论用什么材质，墙体都十分坚固，距今已五六百年，仍保存完好。

在墙体的设计上，此段长城变化多端，随山势的陡峭程度而变，山势平缓的地段多为双边墙，与传统的城墙一样，但在山脊高耸且十分狭窄的地段，就只建一道墙，称为“单边”。司马台段长城共有三段单边墙，有的还增筑了障墙。单边墙上一般开有上、中、下三排射孔及雷石孔，甚至在障墙上也有6~9个射孔。在墙体的突出部位还设有炮台。总之，这段长城的军事设施更加完备，体现了明代防御体系的坚固。

司马台段长城以惊险、奇特和完备的军事设施在长城的建筑中独树一帜，它将长城的建筑艺术推向了新的高度，成为长城中的不朽名作。

十六、东交民巷使馆建筑群

位于北京市东城区东至崇文门，西至正阳门，南到崇文门西大街和前门东大街，北到东长安街的区域内。这一地区历史上称为东江米巷，早在元大都时就已存在，不过当时不在城内，而是城南关厢的一个居民点，及至明朝永乐年间建立北京城时，才把它划入城内，仍袭用旧名东江米巷。

明清时期，这一地区除有老百姓居住外，其西北部是六部衙署以及宗人府、鸿胪寺、钦天监、太医院的所在地，还在此设立会同馆，专门接待来访的各国使节。1840年鸦片战争之后，一些国家如俄国、英国、德国、日本等先后在这里设立了公使馆，再后来有些外国商人和留学生也到这里来居住，于是当地的居民就把东江米巷叫成了“东交民巷”，此名一直沿用到今天。

1900年八国联军侵入北京，腐败的清政府与之签订了丧权辱国的《辛丑条约》。根据条约，把东交民巷划为使馆界，不准中国政府过问，老百姓也不能在此居住。于是东交民巷内原有的民居、官衙、庙宇全部拆除，仅有东交民巷西口的宗人府、吏部、户部、礼部留给清政府使用。组成联军的英、法、日、俄、德、美、意、奥加上荷兰、比利时等国瓜分了东交民巷地区，分别建立了自己的使馆和兵营。

现在这些使馆有的已不存在，尚存旧址及建筑主要有：日本公使馆及日本使馆、英国使馆、法国使馆、比利时使馆、奥地利使馆、意大利使馆、荷兰使馆、美国使馆、美国花旗银行等。

最早的日本公使馆使用的是东四六条的中国民房，1886 年，由日本近代建筑师片山东熊设计建造的新公使馆落成，位于东交民巷 21 号，今天北京市委宿舍院内。这是一栋单层砖木结构的平房，属西方折衷主义建筑中的仿古典主义类型，正面七开间，中间作拱券式大门，门上有三角山墙，在山墙及券门两侧装饰精美的砖雕。这一建筑在 1900 年日本使馆建成之后另作他用。

日本使馆旧址在今天的正义路北京市人民政府大院内，现在的大门就是原使馆的大门，除大门外，院内尚存一座主楼。使馆的设计者是日本近代著名建筑师真水英夫。使馆大门建于 1909 年，基本仿罗马凯旋门而建，但细部多有创新。主楼也是一座西式二层建筑，正立面中央有突出楼体主线的外拱廊，外拱廊两侧有砖砌巨型四角攒尖顶的塔柱，外墙装饰有卷草纹砖雕，整个建筑精细而严整。

英国使馆旧址位于今天东长安街 14 号的公安部院内，最早是清康熙第七子淳亲王的府邸，英国使馆保留了部分王府建筑，又修建了一些外中内洋或完全西式的建筑。现在原淳王府的仪门、正殿、翼楼、后寝及配殿都在，只是内装修已改。使馆大门是一座两层三间仿罗马凯旋门风格的建筑，雇员楼则是一座典型的中国建筑，职员宿舍整体上属于中式建筑，但其檐下的垂式屋架又颇具十六世纪“都铎”风格。

法国使馆旧址位于今天的东交民巷 5 号，是清朝纯公府所在地。使馆大门外形颇似法国巴黎的凯旋门，细微处又像中国长城上的“敌台”，门前的一对石狮子则是地道的中国气派。现在院内属于原法国使馆的建筑仅剩中央喷水池和四栋配楼，配楼大体作对称排列，属于法国乡村别墅式风格。

比利时使馆旧址位于台基厂十字路口东北角，现在为紫金宾馆，是一组西洋楼宇建筑群。其主楼的立面用砖砌出三个仿阶梯式山墙城堡和阶梯式三角山花，这种建筑在中世纪的比利时非常流行，为英国都铎式风格。主楼前有一座大喷水池，四栋配楼在主楼前作东西对称布置。这组建筑从整体上说属于 19 世纪末 20 世纪初欧美流行的折衷主义风格。

奥地利使馆旧址位于今天台基厂头条 6 号，现仅存大门和主楼。大门作两层外廊，檐上装饰西洋古典山花。主楼的上下两层也带有外廊，立面中部和两侧檐上都装饰三角山花。院内还遗存一个用四只雕花鼓形石座托起的欧洲石凳，造型颇为别致。

意大利使馆旧址位于今天的台基厂大街1号，建筑保存完好，现由中国人民对外友好协会使用。使馆大门两侧有四面坡顶单层的对称门房，院内有三栋风格各异的楼房。其主楼为两层，前有突出楼体外的三间连拱外门廊，廊上是带女墙的二层阳台，楼内部的立柱、藻井、门窗、吊灯、楼梯等装修，都十分考究。

荷兰使馆旧址位于今天前门东大街11号，现仅存两座属于欧洲折衷主义风格的楼房。其中一座为大使官邸，其正面主入口凹入，用白石砌筑，两侧翼凸出，除正面楼门和窗框是白色外，整座楼房均呈紫红色，造型简洁而富于变化。另外一座楼是使馆办公楼，用红砖砌墙，以白石来装饰门窗和楼角线，其色调与主楼一致，体现了其建筑风格的相对统一。

美国使馆旧址位于今天前门东大街23号，与荷兰使馆相邻，现存一座主楼和四栋配楼。主楼建于1903年，外墙用红砖砌筑，并用花岗岩和白石做楼角线和门窗框，其装饰手法与荷兰使馆办公楼和法国东方汇理银行大楼等建筑一样，都属于欧洲折衷主义建筑中的仿古典主义风格。

东交民巷使馆建筑群保留了19世纪末20世纪初西方的一些不同风格的建筑，对研究西方建筑以及东西方文化的交流具有很高的价值。

十七、未名湖燕园建筑

未名湖位于北京市海淀区北京大学校园内。燕京大学是美国基督教教会在中国创办的大学，1919年由北通州（今北京通州区）协和大学、北京汇文大学合并而成。翌年，华北女子协和大学也并入，校址就在今天北京大学所在地，美国人司徒雷登任校长。1951年燕京大学由人民政府接管，1952年北京高校调整时，燕大的一部分与北京大学合并，称北京大学。

未名湖原址是清乾隆时期修建圆明园时开辟出来的一处园林，称淑春园，后乾隆皇帝将其赐给了宠臣和珅，和珅又大加修整。他仿照圆明园福海中的“蓬岛瑶台”，把园中的水面开凿成大小相连的湖泊，挖出的泥土堆成湖心岛和环湖的堤岸，沿湖还修建了一些景观。

后来燕京大学买下这块地方。于1919～1926年，由美国建筑师亨利·墨菲在未名湖畔规划建造了一系列的教学楼和相关设施，现被列为文物保护建筑的有：校门、办公楼、科学实验楼、外文楼、图书馆、体育馆、临湖轩、南北阁、男女生宿舍、水塔及附属园林小品等。

校门指的是校园西门，建造于1926年，是当时的燕大校友捐资修建的。为一座三开门的仿古建筑，两侧有一体的门房。梁枋及斗拱上皆绘有彩画，檐下悬挂匾额，上书的“北京大学”四字为毛泽东同志所题。门前一对石狮子据说是圆明园的遗物。

进西门不远就能看到肃穆的办公楼、科学实验楼和外文楼，这三座建筑被安排在一个庭院中，形成一个有机的整体。办公楼建于1926年，原名施德楼，又称贝公楼，原为燕京大学的主楼，现在是北大校长的办公地点。这是一座中西合璧的砖木建筑，屋顶为中国殿堂中常见的绿琉璃瓦歇山顶，红漆木柱及斗拱支撑着巨大的屋顶，下有厚重的石台基，但楼身却是西式建筑，其内部的结构和功能也是现代的。在办公楼的两侧分别是外文楼和科学实验楼，也叫“穆楼”和“睿楼”。这两座楼的外观一样，都是绿琉璃瓦庑殿顶，和主楼的风格相吻合。燕园中其它的老楼基本上也都是这一模式，包括图书馆和体育馆等。

从办公楼向东，在一个山坡上有一处幽静的中式庭院，这就是临湖轩。这里曾是燕大校长司徒雷登的住所，现在是北京大学的贵宾接待室。临湖轩的名字为冰心所起。

沿临湖轩旁的一泓清水，继续向前，就到了未名湖。在湖的东南角耸立着一座塔，名博雅塔。其实这是一座水塔，建于1924年，当时燕京大学为解决全校的生活用水，在此掘水井一口，井深164米，在井上建塔式水楼一座，塔形仿照北周时期的通州燃灯塔，高37米，为十三层密檐式塔。因为是美籍华人博氏捐资修建的，所以起名“博雅塔”。

进校园西门向南，然后再向东不远就可以看到静谧的南、北阁，这里曾是燕京大学的女子学院，两阁分别以传教士的名字命名，南阁叫“甘德阁”，北阁叫“麦风阁”。两阁的建筑形式一样，都是方形的两层建筑，屋顶为双檐四角攒尖顶。从外观上看颇似佛寺中的大悲阁，但是内部结构却是西式建筑。南北阁现在是北京大学的办公室，其中的北阁是北大外事办公室。

燕大的男生宿舍分别叫做“德、才、均、备”四斋，因为楼的门窗皆刷红漆，俗称“红四楼”。女生宿舍位于南北阁的附近，是六座古色古香的院落，称为一至六院，它们对称地分布在静园草坪的东西两侧，都是传统的三合院形式，房屋均为木结构。这六个院子现在是北大几个研究所的办公地点。

原燕京大学未名湖区的整组建筑采用中国传统建筑布局手法，结合原有的山形水系，注重空间围合及轴线对应关系，格局完整，区划分明，建筑造型比例严谨，尺度合宜，工艺精致，是中国近代建筑中传统形式与现代功能相结合的一项重要创作，具有很高的环境艺术价值。

十八、清华大学早期建筑

清华大学早期建筑位于北京市海淀区清华大学内。清华大学创办于1911年，最早是清政府用美国“退还”的“庚子赔款”办的一所留美预备学校，1925年起逐步改办为大学，1928年改名为“国立清华大学”，新中国成立后称清华大学，成为一所多学科理工科大学。清华大学的校址，在北京西北郊的皇家园林区内，1911年建校时，只占据清华园一处。翌年，将近春园和长春园一隅并入，校园面积扩大一倍，到抗日战争爆发时，校园占地已达2000多亩。

清华大学的早期建筑，是在1911～1933年，分三个阶段建造的。现被列入文物保护建筑的有：第一阶段（1911～1912年）的清华学堂、同方部等；第二阶段（1919～1925年）的大礼堂、科学馆、体育馆、图书馆（局部）等；第三阶段（1931～1933年）的生物馆、化学馆、图书馆（扩建部分）、气象台、校门、机械馆、电机馆以及明、善、静、平、新“五斋”学生宿舍等。

清华学堂是清华大学最早的建筑，1909年开工，1911年建成，位于清华园二校门内的东北方。这是一座八角形白色二层楼房，顶部红瓦起脊，正门有白色大理石柱，属德国古典风格，门上镌刻清末要臣那桐题写的“清华学堂”四个楷书黑字。这里最早是留美预备学校高等科学生的教室，到解放前夕成为清华大学领导机构的办公地，解放后以梁思成为主任的建筑系迁入，直至“文革”时期。

同方部也是早期建筑之一，地处清华学堂的北边，初建时是作为礼堂用，因此在设计上注重内部空间的宽大。从外观上看，形似一座厂房，上盖两面坡的屋顶，正门有木制门廊。“同方”二字源于《礼记·儒行》，其中有“儒有合志同方”之句，“方”作“道义”解，“同方部”可以理解为“志同道合者相聚的地方”。在清华大礼堂建成之后，这里作小礼堂用，经常开展一些小规模的讲演、聚会和社团活动。

大礼堂位于同方部的西北，建成于1920年3月，与图书馆、科学馆、体育馆同属第二期建筑，合称“四大建筑”。大礼堂是一座希腊式与罗马式的混合建筑，正门前廊有四根科林斯式大理石柱，廊内有三拱形门，上方装饰三角山墙，屋顶为穹隆顶。建筑面积1840平方米，是当时国内高校中最大的礼堂，可容纳1200人。

同属四大建筑的图书馆在大礼堂的东北方，始建于1916年，1919年3月完工，这实际上只是第一期工程，第二期工程也就是扩建工程于1931年完成。第一期工程由美国著名设计师亨利·墨非设计，为一座两层的西式建筑，屋顶为坡顶。扩建工程由我国著名建筑家、与梁思成一起称为“南杨北梁”的杨廷宝设计，他把一期工程作为整个建筑的东侧翼，在其西边建造了地上三层的中央大厅和二层的西翼，与一期工程连成一体，形成一个“L”形。整个建筑风格一致，可谓天衣无缝、浑然一体，被公认是扩建工程中的杰作。

生物馆和气象台、图书馆扩建工程、新宿舍（明斋）一起被称为清华园第三期工程中的又一“四大建筑”。生物馆位于校园的西部，是一座主楼四层，两翼三层的西式楼房，建筑面积4220平方米，它与化学馆一起是当时除气象台外校园中最高的建筑。生物馆是原清华大学生物学系和生物研究所的所在地，新中国成立后先后做过“工农速成中学”“老干部班”的校舍，后来又成了校医院。现在校医院早已迁出，这里再次成为生物系馆。

气象台在生物馆附近，建成于1931年，原属地学系。气象台平面呈八角形，最大直径7.32米，高五层共27.43米。内设测气压、风、温湿度、降水量等的测量仪器，后又添置口径130厘米、放大275倍的天文望远镜，所有设备均达到当时国际先进水平。气象台建成后，从1932年元旦起就开始预报天气，每日在图书馆前公布。现在气象台已不再使用，成为校园内的重要文物之一。

清华早期的学生宿舍称为“明、善、静、平、新”五斋，这五个字均出于《大学》一书的段落中，寓意大学之道。其中的明斋是清华改办大学后建的第一幢学生宿舍，位于西大操场的北端，是一座地上三层的西式建筑，平面作宽“U”字形，正立面较长，在正面正中和两侧拐角处都有门，方便出入。明斋在学校中有一定知名度，历史上一些学生领袖和学生运动骨干经常在这里开会，制定行动计划和对敌政策。静斋建于1932年，位于原近春园和清华园交界处，是当时的女生宿舍，并附有专用食堂。

清华大学的校门中最著名的是建于1909年的“二校门”，中央拱门上方镌刻“清华园”三字。不幸的是这座巴罗克式的建筑在十年动乱时期被当作“四旧”砸毁。1991年，在一些校友的倡议和集资下，二校门终于又按照片原样复原，使后人有幸得见这一文物。

被列入文物保护建筑的校门是建于1933年的西校门。这座校门用花岗岩砌筑，外观颇似中国传统的四柱三门牌楼，中间的正门高大宽阔，两旁的门很矮小，整个建筑庄重严整、气度不凡。现在的校门上方有毛泽东同志手书的“清华大学”四个大字。

清华大学这批早期建筑反映了西方近代学校建筑在中国的演变过程，建筑风格各异，艺术水平较高，同时集中了中国第一代建筑师比较优秀的建筑作品，在我国建筑史上具有重要地位。

第七节　第六批重点文物保护单位（2006年6月公布）

一、元大都城墙遗址

元大都城墙遗址是元代大都城的外郭城遗址，因当年主要以土夯筑、没有砌砖，俗称土城，始建于元世祖忽必烈至元四年（1267年），元顺帝至正十九年（1359年）竣工。为加强防御，在大都城的十一个城门建造了瓮城和吊桥。城墙全部用夯土筑成，为了加固城墙，在夯土中使用了“永定柱”（竖柱）和“紝柱”（横木）。元大都城墙的建筑形式、建造方法和周密严谨的规划设计，成为研究元代建筑和元代城市营造工程以及北京城市发展史重要的实物资料。明朝建立后，在元城墙基础上用砖包砌，并将元代北城墙南移五里（约2.5千米），重筑新墙，元代的东西城墙大部分被压在新建的明城墙之下，北城墙和西城墙的北段因此保存了下来，而北墙和西北、东北墙则逐渐荒废。

直到20世纪80年代，从邮电大学小西门附近（即元大都肃清门旧址）向北，沿学院路、黄亭子一线向东，过德外小关至祁家豁子，仍可见到低矮起伏的土坡，这便是元大都城垣遗迹，而城门遗迹仅存肃清门（今明光村附近）瓮城的夯土。时至今日，京城仍有若干与元大都城墙、城门有关的地名在使用，如三环路上的安贞桥及附近的安贞里小区、健德桥及附近的健德医院，以及西坝河附近的光熙门北里小区、地铁光熙门站等地名，分别因当年元大都的安贞门（北城墙）、健德门（北城墙）和光熙门（东城墙）而得名。

1988年3月，市政府出资建成元大都城垣遗址公园，同时复建金代“燕京八景”之一的“蓟门烟树”景观，之后又进行过大规模的扩建和改建。2004年7月，遗址公园免费对市民开放。如今，绵延9千米的遗址公园满目青翠，清澈的小月河横穿而过，元城新象、大都鼎盛、城垣怀古、蓟门烟树、鞍缰盛世等景区错落于带状的公园之中，现已被定为北京市第一个人文奥运景观。

二、十字寺遗址

十字寺位于房山区周口店办事处车厂村西北，鹿门峪内三盆山南。该寺始建于东晋建武元年（317年），最初为佛教寺庙。唐太宗贞观九年（635年）基督教的一个支派——景教传入中国，贞观十二年该寺重修并成为景教寺院，名崇圣院；唐武宗会昌五年（845年），武宗灭佛的同时景教也被废绝，但当时西北地区仍有教徒存在。辽应历二年至应历八年（952～958年）重修，更名为三盆山崇圣院。元至正十八年（1358年）更名为“十字寺”，成为景教寺院；明代复为佛寺。民国后该寺逐渐衰落，如今仅存遗址。

十字寺遗址坐北朝南，殿宇已毁，现存殿基、院墙、石构件，以及明代重刻辽应历十年（960年）《三盆山崇圣院碑记》、元至正二十五年（1365年）《大元敕赐十字寺碑》二通，院内古银杏树枝繁叶茂。

唐武宗会昌五年（845年）进行灭佛之后，当时内地虽已无景教传播，但在西北地区仍有教徒存在。景教在元代称也里可温教，是蒙语“福分人”、“有缘人”或“信福音之人”之意。元太祖成吉思汗统一各部建立蒙古国时，克烈、乃蛮、蔑里乞、汪古刃回鹘（即维吾尔）诸部就多有景教徒，甚至元世祖忽必烈的母亲也是教徒。1215年蒙古军攻下金中都（北京）后，景教随即传入北京。据元史记载，当时的汗八里（北京）就是一个大主教区，并派驻有大主教。

十字寺遗址是目前北京已知惟一的一处景教遗址，它是北京乃至全国中西文化交流的重要物证。

三、金　陵

金陵位于房山城西大房山麓车厂至云峰寺一带，金海陵王贞元三年（公元1155年）三月始建，迁上京（今黑龙江省阿城县）太祖睿陵、太宗恭陵；正隆元年（公元1156年）又迁始祖光陵、德帝熙陵、安帝建陵、献祖辉陵、照祖安陵、景祖定陵、世祖永陵、肃宗泰陵、穆宗献陵、康宗乔陵共十陵，另有后妃王墓等数十座。迁都后的历代金帝，除海陵王本人改葬陵外西南四十里荒僻之地、宣宗完颜珣德陵因迁都大梁（今开封）就地营葬、以及末帝哀宗完颜守绪国亡自缢无陵，其余熙宗、世宗、章宗、睿宗、显宗诸帝死后皆葬于此。陵区内还专设埋葬皇子及重臣的“诸王兆域”区。金陵陵区面积约60平方千米，陵面积达50万平方米，尚存大量建筑用条石、柱础、石雕、排水涵洞、三合土宝顶等遗迹，黄琉璃瓦残片比比皆是。1986年金太祖完颜阿骨打“睿宗文武简肃皇帝之陵”碑出土。

房山金陵是中国历史上为数不多的少数民族皇陵，也是北京地区年代最早、规模最大的帝王陵，对研究金代历史发展、金代建筑艺术、营建工程等具有重大作用。

四、利玛窦和外国传教士墓地

利玛窦和外国传教士墓地位于车公庄大街6号北京市委党校北京行政学院院内，此地原名滕公栅栏。利玛窦、汤若望、南怀仁三人的坟墓坐落在一个约120平方米的青砖围墙院落里。利玛窦墓碑约3米高，正对院门，最为高大，上刻“耶稣会士利公之墓”及拉丁文，与青砖搭建的棺形坟茔中西合璧，风格和谐。汤若望、南怀仁墓分列左右，碑、茔形制与利玛窦相仿而小，因二人逝于清代，碑铭加镌满文。院外东侧是一片更大的墓地，立有郎世宁等意大利、法国、德国、葡萄牙等八个欧洲国家的传教士上百人。至20世纪初，此地已成在京逝世的中外天主教神父、教徒的公共墓地。现坟茔早没，只存60余座墓碑。

利玛窦是意大利传教士、数学家，明万历十年（1582年）入华传教，由于成功预测日食而受器重，并向中国介绍西方的天文、历法、地理和数学等科学知识，是将西学系统引入中国的第一人，后主持修建宣武门南堂。1610年利玛窦在京病逝，棺柩本应依惯例运至澳门下葬，因其翻译《几何原本》的功劳，万历帝特许他葬于京城，并赐此地营墓，1611年由徐光启主持入葬。此后该处即成京城传教士公墓，时称“栅栏墓地”。清初顺治帝赐德国传教士汤若望墓地于栅栏墓地西侧，以后比利时传教士南怀仁等中外教士80余人陆续入葬。1900年墓地被毁，同年重修；20世纪60年代墓地再毁；1979年，利玛窦、汤若望、南怀仁墓园得以修复；1984年扩建新墓园，竖立残存各国教士碑60尊。1993年将清代石门移至墓园南端，形成现今墓地格局。

五、袁崇焕墓和祠

袁崇焕墓和祠位于崇文区东北部东花市斜街52号，原广东义园旧址，袁督师庙位于崇文区东南龙潭公园东湖畔。墓建于明代，墓前立有道光十一年（1831年）湖南巡抚吴容光题写的“有明袁大将军之墓”石碑。祠堂建于清代中期，现存祠堂五间，两侧廊心墙及室内墙壁上嵌有李济深撰《重修明督师袁崇焕祠墓碑》等石刻，祠后即墓冢。庙建于1917年，坐落在高约1.3米的虎皮台基上，坐西朝东，面阔三间，进深五檩，硬山过垄脊筒瓦屋面，庙堂内三间各自分隔。据史料记载，原建筑包括祠室、享堂、院落、墓冢，门楣悬挂“明代民族先烈袁崇焕墓”匾额，内有袁崇焕石刻遗像、康有为与梁启超等人撰书石刻及门联等名人遗墨，宋庆龄、周恩来、李济深、傅作义都曾前来祭扫。

袁崇焕（1584 ~1630 年）字元素，号自如，广东东莞市人，是明末抗击后金、保卫山海关和北京的名将，杰出的军事家、爱国将领和著名民族英雄。崇祯二年（1629）因皇太极反间计被捕下狱，次年处死于菜市口。袁崇焕之死是南宋将领岳飞之后的又一桩著名冤案。因当时京城百姓广受蒙蔽，指忠为奸，袁崇焕殉难后弃尸于市，无人敢予收尸，惟有部下佘姓义士冒死偷出其头颅，掩埋在广渠门内广东义园自家后院。自此佘家世代为袁崇焕守墓370余年至今。清乾隆年间修撰《太宗实录》时，详述了皇太极计杀袁崇焕的内幕，真相方大白于天下，袁崇焕的千古奇冤得以昭雪，墓地得以重饰，并先后修建了祠堂和庙宇，佘氏义举也深受世人推重。

六、承恩寺

承恩寺位于石景山区模式口大街东部，据说创于隋，曾是隋朝公主隐居疗疾之地，距今已有1700多年；现在的承恩寺始建于明正德八年（1513年），当时兴建了大雄宝殿、钟鼓楼和毗卢大佛、弥勒石佛以及万斤铜钟等。现鼓楼已毁，钟楼上仍悬挂铜钟。全寺占地面积约6000平方米，四进院落，包括山门、天王殿、大殿、后殿，院墙占角而建四座瞭望碉楼，碉楼顶层遍布瞭望洞孔，后院辟为相当规模的练武场，寺内另有地道连通各处，建筑格局为明清寺庙所罕见，是研究明代建筑艺术的重要实物资料。

承恩寺自古有“三不”之说，号称“不受香火”“不做道场”“不开庙”，庙门常年紧闭。据推断此处可能是明代政治史上的特务机构，东厂西厂的外围重要据点，兼有皇家情报机构的功能。清乾隆二十二年（1757年）、道光二十三年（1843 年）寺院两度修缮。天王殿现存有四幅腾龙壁画，绘画技艺高超，甚为珍贵；寺内另有明初碑刻2通。

七、地 坛

地坛位于东城区安定门外大街东侧，是京城五坛的第二大坛，明清两代皇帝夏至日祭祀地皇神祇的专用场所。地坛始建于明嘉靖九年（1530 年），原名方泽坛，“方”寓意天圆地方，因有水环绕故曰“泽”。嘉靖十三年（1534 年）改名地坛，明清两朝屡经扩建修缮。

地坛占地面积37. 3 公顷，由两重坛墙将其分为内坛和外坛两部分，包括拜台（方泽坛）、皇祇室、斋宫、神厨、神库、钟楼、銮驾库七组建筑，各建筑群体按其用途择地而建，突破了中国传统的中轴线为主的建筑格局，其选址、规划、建筑以及祭祀礼仪、祭祀乐舞等均依据中国古代《周易》

和阴阳五行学说设计。现存方泽坛（即祭坛）、皇祇室、宰牲亭、斋官、神库等古建筑。

民国时期地坛已辟为公园。地坛近年来又增建了月季园、牡丹园等新的园林景点，每年举办春节文化庙会和春秋两季书市，以较高的文化品位、丰富的文化内涵、鲜明的民族特色享誉中外。

八、德胜门箭楼

箭楼是城楼外侧的防御性建筑，是护卫城门的军事堡垒。德胜门箭楼位于西城区北二环路德胜门立交桥北侧，是明清北京内城九座城门之一的德胜门的箭楼，是明清北京城的重要城防设施。它建成于明正统四年（1439年），后经不同程度的修缮，至清康熙年间因地震坍塌而重建。原德胜门由城楼、箭楼和瓮城组成，城楼已于1969年地下铁道施工时拆除，现仅存箭楼和瓮城部分垣墙。箭楼位于城楼北沿，建在砖砌的城台上，坐南朝北，平面呈倒“凸”字形，面阔七间（29.77米），进深两间（7.50米），前楼后厦，灰筒瓦绿琉璃剪边重檐歇山顶，内铺楼板三层。两檐间和东、西、北三面墙上开有方形箭窗82个，南面出抱厦五间，抱厦南面有三座大门通向城台顶部。

德胜门箭楼是北京内城九门中仅存的一座早期箭楼，1980年重修。它是研究古代都城建设、建筑营造技术以及北京城市发展史的重要实物资料。

九、月　坛

月坛又名夕月坛，位于西城区南礼士路西侧月坛北街，始建于明嘉靖九年（1530年），是明清两代皇帝秋分时节祭祀夜明之神（月亮）和天上诸星宿的专用场所，是首都著名的古典园林，北京五坛八庙之一。坛方广四丈，高四尺六寸，坛面以白色琉璃铺砌象征着月亮，台阶六级皆为白石铺砌；内有棂星门四座，均面阔三间；东门外为瘞池，东北为具服殿，南门外为神库，西南设宰牲亭、神厨、祭器库，北门外为钟楼、遣官房；外坛墙呈方形，原周长786米。坛墙东、北面各开天门一座，东天门外北为礼神坊，北坛门东有角门一座。月坛建筑群的选址、规划、建筑以及祭祀礼仪、祭祀乐舞等均依据中国古代《周易》和阴阳五行学说设计，突破了中国传统的中轴线为主的格局。

月坛现存建筑有具服殿、神库、钟楼、拜台、棂星门，天门等古建筑，均修缮保存完好。园内种植大量松柏树木。

解放后，政府加强了对月坛的保护与建设，1955年将其辟为公园。经多年营建，月坛公园的面积大为扩展。整个公园分为南北两部分，北园以明清时期的月坛为中心，以红砖绿瓦的古建筑和规则式的道路为特征；南园是新辟的游览区，设计建造以“月”为主题，以山石水池、迂回曲折的园路组成自然山水园林格局，名“邀月园”。1983 年新建月坛蟾宫，内有碑廊、双环映月池、广寒桥和嫦娥奔月雕塑，以及天香院、揽月亭、霁月亭、爽心亭、月桂亭等诸多景点。园内种植娑罗树、梧桐树、石榴树、桂花等名贵观赏植物。扣住了“月”的主题，突出了秋的意境，成为北京一处优美的赏月和游览胜地。

十、中南海

中南海位于故宫西侧、西城区西长安街北，是中海和南海的统称，与北海共同构成西苑三海，也称“太液池”。西苑三海是中国历史悠久的皇家园林，其中，中海开辟于辽金时期，金代此地为万宁宫。元代以此为中心营建皇宫大内，南海主要建设于明朝。明清时中南海成为皇家专用的禁苑；康熙皇帝时部分政务在这些离宫别苑处理，中南海随即成了清王朝的政治中心。

中南海占地面积约 1 平方千米。既有庄严肃穆的宫殿式建筑，又有灵活多变的园林式建筑。各景区相对独立，又彼此呼应，各具特色。中海主要景物有紫光阁、蕉园和孤立水中的水云榭。南海主要景物有宝月楼、瀛台、怀仁堂等，瀛台东有石桥通达岸边。宝月楼位于南海最南端，今名新华门，临西长安街。怀仁堂在南海西岸，原名仪銮殿。中南海另有丰泽园和静谷，是园中之园，尤以静谷的湖石假山堆叠手法高超。丰泽园原是皇帝演习耕礼的地方，园内的菊香书屋是毛主席生前住处。中海“水云榭”，南海“瀛台”，连同北海“琼华岛”，构成“三海”中的“三神山”。

民国以来中南海曾一度作为公园对公众开放。在此前后，中南海始终是中国最高权力机构的所在地。

十一、大觉寺

大觉寺位于海淀区北安河乡西南的旸台山麓，山峦蜿蜒起伏似卧狮。莲花、善照二配寺耸立在东西两个圆形山包上，当地人用“狮子滚绣球，一佛二菩萨”形容寺院的位置和地形之奇巧。

大觉寺始建于辽咸雍四年（1068 年），初名清水院，金时又名灵泉寺，为西山八大水院之一；明宣德三年（1428 年）重修，改为今名，清代曾加以修葺。寺内有燕京天王寺沙门志延撰《旸台山清水院藏经记》碑，辽道宗咸雍四年（1068 年）立，记述该寺历史沿革。

大觉寺坐西朝东，保留了辽代契丹人“朝日”的习俗。中路轴线依山层叠而上，依次为山门、放生池、天王殿、大雄宝殿、无量寿佛殿、大悲坛、龙王堂、藏经楼；两侧分布碑亭、钟鼓楼、方丈院、僧房、香积厨、四宜堂、憩云轩诸建筑。寺宇布局谨严、宽阔深幽，佛像造型优美、形象生动。

寺内制高点是故住持迦陵和尚舍利塔，建于清乾隆十二年（1747 年），高十多米，形制类似北海白塔：圆形塔肚，上端砌筑细长相轮，塔顶安放金饰宝盖，底部八角白色须弥座，镌纹秀巧，表现了清代雕刻艺术风格。塔旁松柏环抱，环境清幽。塔后有一汉白玉水池，周围护以石雕栏，泉名“灵泉”，清冽见底，自石缝汩汩而下，又经石槽顺山势回流，常年不竭。

寺内玉兰名噪京华，据传南院玉兰是乾隆年间僧迦陵自四川移来，树龄已达三百多年；北院玉兰是清代光绪年间移植，树龄也逾百年。1949 年后，政府对寺院进行了重修，如今这座历史悠久的寺院已成为京郊重要的佛教胜地。

十二、日　坛

日坛又名朝日坛，位于朝阳区朝阳门外东南，占地 1 万平方米，始建于明嘉靖九年（1530 年），是明清两代皇帝春分时祭祀大明之神（太阳）之所。每年春分日出寅时行祭礼，文武百官相随而至。坛为方形，以白石砌成，坛面原为红色琉璃，象征太阳，清代改为方砖墁砌，现坛台已无存，只有四周的矮墙完好无缺，现存建筑有具服殿、神厨、神库、钟楼、祭乐器库、宰牲亭、拜台棂星门等。坛墙呈方形，原周长 968 米，西、北坛墙各有一座天门。

日坛建筑群的选址、规划、建筑以及祭祀礼仪、祭祀乐舞等均依据中国古代《周易》、阴阳五行学说设计。突破了中国传统的中轴线为主的格局。建国后，这里经过绿化辟为公园，建有胜春园，中有曲池，园中有凉亭、喷水池、花木山水，相映成趣。园东南小山上有清晖亭，南侧建有花果园，西北角是马骏烈士墓。燕京八景之一的“金台夕照”虽已成为传说，落日余晖之时也颇能即新景而生怀旧之情。

十三、静明园

静明园位于海淀区玉泉山，玉泉山是突显于西山之东的一座小山丘，山形奇丽，林木葱郁，多奇岩幽洞。金章宗时期在此修建“玉泉行宫”，明清两代此地大兴土木进行园林规划建设，佛寺道观等宗教建筑也相继兴盛。清康熙十九年（1680年）翻修扩建旧有行宫、寺庙，康熙三十一年（1692年）改“澄心园”为“静明园”；乾隆十八年（1753年）在原行宫的基础上扩建成为离宫，定名静明园，列入京西“三山五园”大型皇家园林区。1860年遭英法侵略军破坏，光绪年间重新修复。

静明园占地面积约0.65平方千米，为一处以山景为主、河湖环绕的天然山水园林。园周辟有六座园门，园内分布大小建筑群30余组，不同形式的佛塔4座。全园划分为南山区、东山区及西山区。南山区是精华所在，有宫殿区、玉泉湖及系列精品景点，湖西岸即玉泉泉眼所在，是燕京八景之一的“玉泉趵突”（亦称“玉泉垂虹”），泉旁有乾隆书“天下第一泉”石碑，西北两面以山为屏，山峰上点缀华藏塔及玉峰塔。东山区包括玉泉山的东麓及若干小湖泊，以构筑的小型水景见长，最北部以北峰的妙高塔为结束。西山区地段开阔平坦，布置有园内最大的一组建筑群落东岳庙，另有圣缘寺、清凉禅窟等，形成以宗教建筑为主导的景观特色。

十四、健锐营演武厅

健锐营演武厅位于海淀区红旗村，背倚西山群峰，东对玉泉佛塔，是清代健锐营为平定西南少数民族叛乱操演攻取碉楼的演武场所，建于清乾隆十四年（1749年），占地面积4万平方米，包括团城、演武厅、东西朝房、西城楼门、实胜寺碑亭和碉楼等建筑，集城池、殿宇、亭台、教场为一体，格局完整，宏伟壮观。现存团城、演武厅、东西朝房（已毁，近年重建）、西城楼门、碑亭及部分傍山碉堡。

乾隆十三年（1748年），四川金川土司莎罗奔企图吞并附近诸藩，清军出兵平乱。叛军在关口和地势险要之处用石头修建许多高大碉楼，清军伤亡惨重。乾隆皇帝特在香山南麓建置练兵场，周围修建高十余米，与金川相似的碉堡67座，亲自挑选2000名八旗兵士组建“健锐云梯营”在此演练云梯攻碉。后大学士傅恒统领该营等精锐部队一举攻克金川，此练兵场随后改建为团城演武厅，作为八旗兵丁演习场所，健锐营等八旗兵丁每月定期在此集中合练。乾隆皇帝曾二十多次亲临演武厅，检阅、奖励有功的将士。

团城为环形城堡式建筑，城内青砖墁地，城外有护城河围绕，跨河与城门相对筑有两座汉白玉石桥。团城东西直径50.2米，南北直径40米，城高11米，宽5米，周长仅190米，堪称世界上最小的城池。团城墙体为青砖所筑，城堡南北各辟城门一座，拱券门洞，北门门额为“志喻金汤”，南门门额为“威宣壁垒”，均为乾隆御笔。城内厅为1800平方米的圆形空场，东、西城垣各有一条马道直通城顶。南北城门之上各有一座城楼，北城楼面阔三间，楼内藏有乾隆皇帝御书的满、汉、蒙、藏四体卧碑，铭刻着健锐营平定准噶尔的战功，此碑文是研究清史重要的资料。南城楼面阔三间，四周回廊，绿琉璃瓦，重檐歇山顶，原来是臣僚休息之所，现辟为团城演武厅沿革展厅。演武厅面阔五间，黄筒瓦，前有月台，乾隆皇帝曾多次在这里阅兵。1934 年曾遭火灾。演武厅前是皇帝检阅八旗军的教场，占地约 300 亩，现已辟为桃园。西城楼门由毛石砌成，高 11.2 米，面宽 24 米，拱形门洞，南北两端各有青石踏道，是健锐营训练时将领的指挥台。团城及演武厅南侧有实胜寺碑亭，为乾隆十四年建。碑亭内有满、汉、蒙、藏四体文刻写的清乾隆帝《敕建实胜寺碑记》。碑为方形，高丈余，四面均刻有铭文，记述平定金川的经过及实胜寺沿革。如今寺庙已废，仅存碑亭。

十五、万寿寺

万寿寺位于海淀区西三环紫竹桥东北、西直门西北七华里的苏州街长河北岸，即明清时的长河广源闸西侧。万寿寺始建于明万历五年（1577 年），历经万历、康熙、乾隆、光绪历朝的数次大规模翻建成现有规模；仅乾隆一朝便曾于十六年（1751 年）、二十六年（1761 年）进行过两次扩建。万寿寺是京西一处著名的集寺庙、行宫、园林于一体的皇家佛教胜地，是清代皇家祝寿庆典的重要场所，有“京西小故宫”之誉，乾隆帝曾三次在这里为母亲祝寿。

万寿寺，规模宏大、布局严谨、错落有序，建筑分为中、东、西三路。中路殿宇七重，依次分置山门、天王殿、大雄宝殿、万寿阁、大禅堂、观音殿、御碑亭、无量寿佛殿和万佛楼等建筑；大禅堂后假山三座，象征普陀、峨眉、清凉三山，山上建观音、文殊、普贤三大殿，山后为御碑亭。主殿的两侧均建有配殿、配房、群房等附属建筑。东路为方丈院，西路行宫院曾是慈禧太后前往颐和园途中驻跸休息之所。现存于大钟寺内的钟王“永乐大钟”原在此寺中。

1985 年，中路辟为北京艺术博物馆正式对外开放，收藏有上起原始社会，下迄明清各类古代艺术品近五万件，门类广泛，包括历代书法绘画、碑帖及名人书札，宫廷织绣、宫室瓷器、青铜器、玉石器、竹木牙角器、佛造像、古代家具、历代钱币玺印、鼻烟壶等，尤以明清时期物件为佳；另有上自宋代下至民国的古籍图书十余万册，及齐白石、张大千、徐悲鸿等近现代大师的传世之作。

十六、关岳庙

关岳庙位于西城区鼓楼西大街149号，原为道光帝的第七子醇贤亲王的祠堂，于光绪十七年（1891年）修建，至光绪二十五年（1899年）落成。民国3年（1914年），北洋政府在后寝祠内增塑关羽、岳飞像，并祀关岳，因此改称关岳庙。

关岳庙坐北朝南，占地面积约2.5万平方米，建筑面积约3000多平方米，前后三进院落。主要建筑沿中轴线集中分布，自南而北依次为琉璃照壁、中门、正殿、后寝祠，附属建筑分列两侧；中院内东有焚帛炉，西有祭器亭；正殿7间，殿前有月台一座，东西配殿各5间，后寝祠5间。中院东西各有跨院，东跨院设有神厨、神库、宰牲亭等祭祀性建筑，西跨院分南北两院。外为八字墙，两旁各有一座琉璃门。1939年恢复武成王庙，简称武庙。大殿改称武成殿。原关岳殿改为武德堂，堂内北、东、西三面墙壁上嵌有配享和从祀武成王的历代80位名将传赞石刻，现存16块刻石。

1950年这里曾是西藏达赖喇嘛驻京办事处，现为西藏自治区人民政府驻京办事处。

十七、醇亲王府

醇亲王府位于西城区太平湖东里、后海北沿44号，俗称七爷府。王府东起今鲍家街及太平湖东里，西至原太平湖西岸及西城墙，南起今太平湖东里，北至东帽头条。王府由建筑区和花园区两部分组成，建筑区分为中、东、西三路，中路由南往北依次为府门、宫门、银安殿（前出丹墀）、启门、神殿、遗念殿（后罩楼）；东西两路各有六进院落。花园区在府西侧引太平湖水入园，园内回廊曲折，亭、榭、台、阁、船坞点缀其间。载湉嗣位后，王府升为潜龙邸（清制，继帝位的皇子，登基后其出生府邸升为宫殿，称“潜龙邸”），光绪十四年（1887年）改赐后海北岸原成亲王府予之。醇亲王奕譞去世后醇亲王府的前半部改建为醇贤亲王祠，后半部仍为潜龙邸。民国期间这里是民国大学校舍，现为中央音乐学院和北京第三十四中学使用。中路银安殿被拆除建礼堂，花园部分改为操场；中路狮子院、启门内神殿，遗念殿及东西配殿，东路北部四进院落、西路三进房屋、王府南北和东部部分府墙仍保存完好。现存文物建筑5661平方米，其北府是北京市保存最好的王府之一，是研究清代王府历史和建筑形制的典型实物资料。

清顺治年间这里是努尔哈赤次子礼亲王代善之孙喀尔楚浑贝勒的宅邸，后为大学士明珠所有；乾隆五十四年（1789年）改为王府建制，赐皇五子荣亲王永琪为府邸；至清咸丰九年（1859 年）奕譞分府出宫，赐为府第，光绪十四年（1888 年）曾进行过大规模修缮。这座府邸前后居住过两代醇亲王，还是末代皇帝溥仪的出生地。第一代醇亲王奕譞是清宣宗道光皇帝第七子，于道光三十年（1850 年）封醇郡王，同治十一年（1872 年）九月晋醇亲王，府名由此而来。奕譞曾先后授都统、御前大臣，管神机营。同治十三年（1874 年）其次子载湉继嗣登基，即光绪皇帝。光绪元年（1875 年）慈禧赐奕譞王爵世袭罔替、食亲王双俸，并将自己的亲妹许之结亲。光绪十一年清政府设海军衙门，奕譞任总理大臣，曾挪用海军经费为慈禧修颐和园。第二代醇亲王载沣是奕譞之子、光绪皇帝亲弟、末代皇帝溥仪之父，宣统朝任摄政王。清代的最后两朝皇帝都出自醇亲王府，甚至连慈禧太后也对之礼让三分，可想见当时此府地位之重、声望之隆。

十八、广济寺

广济寺全称“弘慈广济寺”，位于西城区阜成门内大街 25 号，是佛教名刹、京城著名的“内八刹”之一，明天顺年间（1457 ~1464 年）于金代废址重建，后历经修缮。1931 年寺内失火，主要殿堂焚烧殆尽，1935 年住持现明法师得吴佩孚等人资助，依明代格局重修，规模比旧时更为壮观。1952 年人民政府拨款全面维修，1959 年中国佛教协会定址于此，1983 年被国务院确定为汉族地区佛教全国重点寺院。全寺占地 2. 3 公顷，坐北朝南，分东、中、西三路，建筑布局完整。中路依次为山门、钟鼓楼、弥勒殿（天王殿）、大雄宝殿、圆通殿（观音殿）、多宝殿和舍利阁，附属建筑分列两侧。西院有持梵律殿、戒台、净业堂和云水堂；东院有法器库、延寿堂。整个寺院布局严谨，整齐对称，寺中有院，错落有序，曲径通幽，庄严寂静。西北隅是建于清康熙十七年（1678 年）的戒坛殿和汉白玉戒坛今称“三学堂”，保存完好，是寺中现存最古老的建筑物。寺内西路四合院为中国佛教协会各部门的办公场所。三学堂后为《法音》编辑部。

据明成化二十年（1484 年）大学士万安《弘慈广济寺碑铭》等史料所载，广济寺初名西刘村寺，创建于宋朝末年，元朝时改称报恩洪济寺，元朝末年毁于战火，明代景泰年间（1450 ~1456 年），村民耕地时发现遗址。天顺（1457 ~1464 年）初年，山西僧人普慧、圆洪等云游至此，募集资金于废址上重建寺庙，并得掌管皇帝冠服的尚衣监太监廖屏资助，仅用了两年时间就建成这一座庄严佛刹。廖屏将此事奏闻宪宗皇帝，请赐寺名，宪宗于成化二年（1466 年）下诏命名为“弘慈广济寺”，但全部建筑至成化二十年（1484 年）才告竣，次第建成山门、天王殿、大雄宝殿、大士殿、伽蓝殿、祖师殿、钟鼓楼、斋堂、禅堂、方丈室、僧舍等，巍峨壮观，富丽辉煌。清代曾多次对寺院进行修缮和扩建，但都基本保持明代格局。清初恒明法师将寺改为律宗道场，设立戒坛。自顺治五年（1648 年）起，请玉光律师在寺内开堂传戒，历时十三年。顺治十三年（1656 年），清世祖游历广济寺；清末道阶和尚任广济寺住持，在寺中兴办弘慈佛学院，学僧时逾百人。当时广济寺在京师还拥有数处下院，包括北海西的柏林寺（现国家图书馆分馆）、后海的广化寺、德胜门内的莲花寺、西直门内的弥勒院、龙须沟的龙泉寺等，盛极一时。

十九、柏林寺

柏林寺位于东城区东城区雍和宫之东戏楼胡同 1 号，为京师八大寺庙之一，始建于元至正七年（1347 年），明正统十二年（1447 年）重建。乾隆二十三年（1758 年）拨巨款进行重修。其历史上规模最大的修缮发生于康熙五十二年（1713 年），为庆康熙 60 寿辰之用，工程由皇四子、后来的雍正帝胤祯主持。

柏林寺坐北朝南，建筑分为三路，主要建筑几乎全部分布于中轴线上，自南而北依次为山门、天王殿、圆俱行觉殿、大雄宝殿、无量殿和万佛宝阁（维摩阁）等，分为五进院落，东西两侧各有配殿、廊庑。东西路另有行宫院、东斋堂和小法堂等建筑。整座寺院布局整齐严谨，全部建筑修筑在高大的砖石台基上。山门殿前矗立着高大的砖砌影壁，图案雕刻精美；大雄宝殿是全寺主体，檐下正中悬挂“万古柏林”巨型横匾，为康熙 60 寿辰御笔亲书；殿内有明塑三世佛和 7 尊木制漆金佛像；东配殿存有康熙四十六年（1707 年）铸造的交龙纽大铜钟，高 2. 6 米，钟身遍刻经文；维摩阁为双层建筑，自成院落，东西两侧建有翼楼。寺内曾保存中国惟一存留的龙藏经版。是研究中国古代哲学、宗教、文学、艺术的珍贵文物。

佛教经典从唐代起称为“藏”，龙藏是专指清朝御制镌刻的大型佛学丛书，其内容包括佛教经典，元明清以来著名高僧论述以及佛学研究著作。许多史书不载的史料可从这里探源溯流寻找答案。这部龙藏刊经版刻于清雍正十一年（1733 年），成于乾隆三年（1738 年），共计 78230 块、合经书 7240 卷。经版均系选用上好梨木雕造，刀法洗炼，字体浑厚端秀，由于印刷量极少，至今字口锋棱俱在，完整如新。这套经版已于 1982 年移至智化寺保存。

二十、爨底下村古建筑群

爨底下村古建筑群位于门头沟区斋堂镇，属清水河流域，已有近 500 年历史，曾为京西古驿道商品交易的客栈转运集中地，村后1.2千米即古道“一线天”。村落距京90千米，四面环山，绿树成荫，村域面积5.33平方千米，整个村落坐北朝南，坐落于北侧缓坡之上，以村北山包为南北轴线，分为上下两部分，依山势自高而低分台而筑，建筑高低错落、层次清晰，呈扇面状向下延展，格局远观恰似元宝之形，号称北京地区的“小布达拉宫”。现存建筑以清代山区四合院为主，共计院落75个、房屋612间。爨底下村规划严谨、建筑精良、因地制宜、装饰华美、巧用空间，是一处保存完好的北方古民居建筑群落，为研究清代民间建筑、雕刻艺术和山区建筑艺术提供了极好的实物资料。

爨底下村数百年间扼守着通达晋蒙的京畿要道，有着重要的军事价值，自明代直至新中国成立修葺国道，无论马帮抑或日本侵略者、还是人民解放军，无不视之为必争之地。同时爨底下村还体现着北京民居与山西民居的有机结合。北方民居特点在于风水相宜、结构方正。村中的老房，无论殷实富户还是一般人家，都有着开敞大方的院落和规整漂亮的厅堂。值得欣慰的是，这处古民居建筑群至今保存完好，尚无新建复建的仿古建筑掺杂其间。村中至今居住的依旧是清一色的韩氏家族。“爨”原意有灶的意思，当年在建这个山村时，主人为其取名“爨底下”，或许意为躲避严寒，有避难之意，观景思名，令人大生世外桃源之感。

二十一、安徽会馆

据史书记载，北京曾有各类会馆540多处。只因北京是明清两代帝都，各地达官名士、富商巨贾络绎进京，他们为同乡在京科考求晋、食宿议事、人情联络、娱乐往来等等之便，大多设立本籍会馆。北京安徽会馆建成后的用途却与京城其他会馆不尽相同，它既不是“试馆”，也不是“行馆”，而是专供安徽籍的淮军将领、达官贵人在京活动的场所，这在京城会馆中颇具特色。

安徽会馆位于宣武区后孙公园胡同3号、25号和27号，北起八角琉璃井，南止于后孙公园胡同，以东为居民区，西则与泉州会馆为邻。是京城著名的会馆之一。馆址前身原是明末清初著名学者孙承泽的私宅“退谷别业”，内设研山堂、万卷楼、大戏台和花园等建筑，时称“孙公园”。孙承泽去世后宅园屡易其主，先后辗转为彭维新、翁方纲、孙渊如、吴白华、叶继雯、沈文椒、刘位坦等当时名士所有，而新主人入住又多将居住部分重新修缮。

1866年，在京皖籍达官贵人吴连桂等75人联络倡议，设立京师安徽会馆，时任湖广总督的李鸿章十分重视，大力支持兴建。同治十年（1871年），李鸿章及其兄李瀚章领衔，联请淮军将领、皖籍官绅共154人捐银3万余两，购地建馆。安徽会馆于1871年落成，耗银2.8万两，建馆舍219间半，占地9000多平方米，比湖广会馆大出一倍还多。会馆分中院、东院和西院三部分，建有藤间吟屋、思敬堂等馆舍，建筑雕梁画栋、器宇轩昂，位居“京师之冠”。此后的扩建以至失火重修，李鸿章一直给予重要支持，他不仅为会馆多次捐款，而且在会馆落成时撰写《新建北京安徽会馆记》，会馆重修时又写了《重修北京安徽会馆碑记》。

二十二、报国寺

报国寺位于宣武区广安门内大街路北报国寺前街1号，占地1.7万平方米，规模宏大，为南城最大庙宇，京师巨刹之一。寺创始于辽，明初坍毁；成化二年（1466年）重修，改名慈仁寺，俗称报国寺；清乾隆十九年（1754年）重修，改名大报国慈仁寺，现存建筑多为此次重修者。寺内原有七进院落，七层殿堂，堂后为36级高的毗卢阁，当年登阁可览京南风景；阁下有瓷观音像高尺余，宝冠绿帔，手捧一梵字轮，系神宗时景德镇瓷窑所贡献，谓之窑变观音，为旧京八宝之一；梁间曾悬《胜果妙因图》一轴。寺内另有嘉庆六年（1801年）《五彩天尊仙女》1轴。寺中现存中西两路建筑群，中路四进院落、西路六进院落，总建筑面积约3000平方米，单体建筑34栋，寺中保存明成化二年（1466年）御制碑和乾隆二十一年（1756年）御制重修报国寺诗碑。寺西院为顾亭林祠，因清代著名学者顾炎武（字亭林）曾寓居寺内，清道光二十三年（1843年），何绍基、张穆等人集资为之建祠，遂成后代缅怀祭祀名人的场所。

如今全寺已修整一新，并辟作北京古文化市场，到报国寺除游览古寺外，还可购买交流各种古旧书籍、钱币邮票、古玩首饰等书籍字画古董旧物。

二十三、京杭大运河

京杭大运河是世界上最长的人工河流，也是最古老的运河之一。它和万里长城并称为我国古代的两项伟大工程，闻名于全世界。运河北起北京通州，南至浙江杭州，经北京、天津两市及河北、山东、江苏、浙江四省，沟通海河、黄河、淮河、长江、钱塘江五大水系，全长1794千米，是中国古代重要的漕运通道和经济命脉。京杭大运河开凿于2400多年前，吴国为北伐齐国，争霸中原，便疏通在江苏扬州附近引长江水入淮的人工运河邗沟。

后人在这基础上不断向北向南发展、延长，经隋朝和元朝两次大规模的扩展和整治，基本形成今日之规模。京杭运河的许多河段是利用原来的天然河流和湖泊，部分河段为人工开挖，运河流量主要从沟通的天然河道中得到补给。京杭运河一向为历代漕运要道，对南北经济和文化交流曾起到重大作用。十九世纪海运兴起，以后随着津浦铁路通车，京杭运河的作用逐渐减小。黄河迁徙后，山东境内河段水源不足，河道淤浅，南北断航，淤成平地。水量较大、通航条件较好的江苏省境内一段，也只能通行小木帆船。京杭运河的荒废、萧条，是中国半殖民地半封建制度的写照。解放后，部分河段已进行拓宽加深，裁弯取直，新建了许多现代化码头和船闸，航运条件有所改善。季节性的通航里程已达1100多千米。江苏邳县以南的660多千米航道，500吨的船队可以畅通无阻。古老的京杭运河将来还要成为南水北调的输水通道。

运河沿线蕴藏着丰富的文物遗存，包括城镇、衙署、驿站、钞关、寺庙、桥梁、堤坝、码头、船闸等等，都是中华文化的重要组成部分和全人类的宝贵遗产，对于研究我国古代水利史、漕运史、经济史、工程技术史、交通史具有重要价值。

二十四、京师大学堂分科大学旧址

京师大学堂分科大学旧址位于东城区德胜门外黄寺大街，安德里北街21号西院内，建于1905 ~1911年。该组建筑共五栋楼房，其中四栋南北向，一栋东西向布局，均坐北朝南排在一条东西马路的北侧，由设计日本使馆的日本近代建筑师真水英夫于1907年设计。其中位于中央两栋为主楼，东西两栋为配楼。主楼为砖木结构，灰砖清水墙，三角桁架，坡屋顶，建筑造型粗犷厚重，是北京早期折衷主义形式的优秀作品，两侧配楼风格同主楼一致，建筑质量比主楼稍差。原两幢主楼之间的一幢外廊式二层楼房，已拆去改建为住宅楼房。现存的四幢建筑都是二层楼房，东部与西部东西向灰砖楼为同一类型，其中一幢为文科楼；其余两幢为又一类型，分别为经科楼和理科楼。该组建筑设计精心，做工精细，比例协调，对中国近代教育史和建筑史研究都具有重要价值。

文科楼面积736平方米。底层有两个出入口，分列正立面两端，两个楼梯间也对称布局。该楼为灰砖砌筑，砖木结构。墙面窗洞较高大，底层为平窗，二层为半圆券拱窗。南北两个立面以中央两开间为中心，左右各以三开间为一组向外凸出，包角壁柱上冠以三角形山墙顶，在两层窗的平过梁上面，再以砖砌三个半圆券作装饰。中央部分窗下墙之外砌以平缓曲线拱墙。

并以叠涩砖砌方框图案为装饰。

理科楼为地上两层、地下一层砖木结构，体量较大。南立面长 88.92 米，总宽度 23.4 米，总高 18.65 米。整个体量按古典主义手法处理成上下三部分，底部为 2.05 米高的基座，上部高约 6.8 米，壁柱式窗间墙将窗户分成双联窗组，顶部是木屋架的坡形瓦屋顶。大楼的主要出入口分列于中央凸出体的两侧，台阶踏步做成四分之一圆形。大门两侧墙上各有一对涡卷牛腿支持短檐及半圆形拱券。室内中央北侧为侧分式大楼梯，中央走道两山墙端部有次要楼梯，并有次要出入大门。中央及两端凸出体的山墙屋顶与主体屋顶垂直相交，在东西两端屋脊设有尖顶的小通风塔。建筑外墙以灰色清水砖墙为主，有少量石材做装饰，另在柱头、腰线部分饰以红砖线脚。

京师大学堂创建于清光绪二十四年（1898 年），初址在沙滩后街的乾隆第四女和嘉公主府。光绪二十九年（1903 年）公布实施“癸卯学制”，在全国统一实行从小学到大学的系统学制，规定了儿童 6 岁入学，经小学、中学毕业，20 岁起升入大学科，入分科大学学习等制度。并参照日本的高等教育模式，分京师大学堂学制为三级：“高等学堂”（相当于专科，包括中学、西学），“分科大学”（相当于本科，包括各类专业）和“通儒院”（相当于研究生院）。光绪三十四年（1908 年）京师大学堂分科大学在北城外黄寺以南破土动工，于宣统二年（1910 年）建成。同年 3 月 31 日分科大学开学，建筑启用一年后清亡，改为北洋政府的炮兵营，此后一直为军事部门使用。分科大学于民国后合并，正式成立国立北京大学。

二十五、清陆军部和海军部旧址

清陆军部旧址和海军部旧址即原段祺瑞执政府旧址，位于东城区张自忠路 3 号，始建于清光绪三十二年（1906 年），原为清雍正第五子和亲王弘昼的府邸。1885 年，清朝创立海军衙门，总理海军事务。“甲午战争”北洋水师全军覆没后，清政府撤消了已无海军的海军衙门；1901 年之后，清政府实行“新政”，将兵部、练兵处、太仆寺合并为陆军部。1906 年，清政府宣布变更官署，原兵部与练兵处合并为陆军部，同时新建陆军部办公楼群即此处东西两组西洋巴洛克式砖木结构楼房，西部为陆军部，东部为陆军部所属的贵胄学堂。1910 年 12 月清政府成立海军部，选择贵胄学堂为办公楼，两部共用一座大门。至此，这里成为风云突变的政治舞台，反映出中国近代历史演变的信息。1912 年袁世凯任中华民国临时大总统时，曾把总统府设于西院，国务院设于东院。1924 年这里成为北洋军阀段祺瑞的中华民国临时执政府。1928 年以后，此处改为北平卫戍区司令部。1937 年日军侵占华北，这里成为日本华北驻军总司令部。抗战胜利后由国民党接管，改为十一战区长官司令部、国民党北平警备司令部。

大门为传统五开间悬山式衙署正门，正对陆军部主楼。陆军部主楼为西洋古典形式，坐北朝南，正中突起一座城堡形四层钟楼，用砖砌西洋柱式和拱券形成四周外廊，三角桁架，铁皮屋顶；主楼后有东西配楼和后楼，外廊用白灰板壁与拱券组合。海军部主楼为西洋古典形式，二层灰砖清水墙砌筑，木结构，三角桁架，铁皮屋顶，主楼、侧楼和后楼连为四合布局。据中国第一档案馆档案记载，此处建筑由当时建设委员沈琪“绘具房图”，这是见于记载的中国第一位官方建筑师。建筑由中国营造厂施工，反映了20世纪初中国建筑设计和营造施工的高超水平。

二十六、亚斯立堂

1870年，美国卫理公会在崇文门内孝顺胡同购买房产布道，同年兴建北京基督教亚斯立堂，1882年扩建的新堂落成，1900年夏，教堂在义和团运动中被大火焚毁，1906年重建。重建的教堂为近代折中主义风格，现存两组建筑，一为教堂大门。大门坐东朝西，立面3间，中间一间为门道，门道外立面用方壁柱和拱券装饰，门道两侧为警卫室和门房，仅留一拱券窗。檐部用砖砌出突出椽头和线脚，檐部以上为女儿墙，用突出的方柱头和雉堞造型装饰，建筑灰砖清水墙面，现保存完好。

另一建筑为教堂，近代折中主义风格，地上一层，半地下一层，坐北朝南。平面为二个方形组成，形成两个独立空间，分成正、副两堂，中间以活动木墙相隔，立面向南，大门在两边布置，立面中心是个巨大拱券窗，两边附两个小券窗。大门在两边布置，均为拱券大门东部为主门廊，方形门廊上置一尖顶。教堂内部是木结构，木柱支撑三角桁架，主教堂上一座八角采光亭，亭檐下为采光窗，旁附有一个小八角采光亭。主立面和东西立面均置雉堞女儿墙，铁皮屋顶，装饰不多但工艺考究。

亚斯立堂原为教区主堂，教区于1903 ~1909年形成。该教堂现仍保存有主教堂、同仁医院、慕贞女中部分建筑，是近代教会文化的实物遗存。

二十七、清农事试验场旧址

清农事试验场旧址位于西城区西直门外大街137号（现北京动物园），其地明朝曾是皇家御园，清初又成为皇族私人园邸。光绪三十二年（1906年）商部为了向欧美日本学习，振兴中国的农业，奏请将乐善园、继园（“三贝子花园”）及附近的广善寺、慧安寺旧址划为农事试验场，占地约

71公顷。此后屡有扩建，除有不少精美的建筑物外，还设有试验室、农器室、肥料室、蚕室、温室和农夫住宅等，并附设动物园和植物园。设在场东侧的动物园，面积仅有1.5公顷，于1908年开始对外开放，这也是中国最早建立的对外开放的动物园。园内最初展览的动物是从德国购回的珍禽异兽及全国各地抚督送献清政府的动物约数十种百余只；植物园内建有温室，展出各种奇花异卉。由于农事试验场是京师第一座集动物、植物为一体的，带有公园性质的农事试验场，且所处位置交通便利，故开办之初人流不断，甚至慈禧、光绪也两次前来观赏。农事试验场之名很快盛传京师，但因其毕竟建于清末，辉煌也不过是过眼烟云。

此地现为北京动物园，尚存古建筑有畅观楼、鬯春堂、大门、门内正楼及侧楼。试验场大门，砖造，仿文艺复兴券柱式，坐北朝南，正面三门；门内正楼及侧楼，二层砖木结构，折中主义形式，木外廊铁皮顶；鬯春堂，传统三卷勾连搭形式，灰筒瓦，硬山带前后廊；畅观楼，二层折中主义风格，木桁架铁皮屋顶，大门作柱式门廊和拱券。

二十八、西什库教堂

西什库教堂也称北堂，原址建在中南海西的蚕池口（今国家图书馆文津街分馆斜对面），因此也叫蚕池口教堂。清初，法国传教士张诚、白进等人来中国传教。康熙三十二年（1693年），康熙帝在皇城西安门内赐给法国传教士广厦一所，名救世堂，是为北堂前身。1703年开堂，1887年因中南海扩建拆除，后来清政府拨银45万两，于西安门内西什库易地而建；1900年整修时加高一层，成为今日所见之庄严秀丽的北堂。

现存北堂是典型的哥特式建筑。它的四个高高的尖塔，三个尖拱券入口及主跨正中圆形的玫瑰花窗，塑造出端庄而绮丽的立面，在青松翠柏环绕之中越发显得洁白挺拔。大堂坐北朝南，平面呈十字架形状，前有月台和汉白玉石栏，建筑面积约2200平方米，高16.5米，内部纵向三排木柱，顶为三角桁架，灰筒瓦，清水墙，侧面为壁柱和尖券窗。大堂立面钟楼三层，塔尖高约31米。一层为三间，每间一个层层递进的尖券透视门，门间有汉白玉雕的西洋柱式，柱间壁龛中雕有耶稣像；二层中间为玫瑰窗，两边为尖券窗；三层中间为高耸的三角山花，两边为天券窗；四层钟楼均为尖塔造型。堂前左右两侧各有一中式四角攒尖黄色琉璃瓦顶的亭子，亭内是乾隆亲笔题写的石碑。一西一中、一高一矮，搭配巧妙而和谐。主入口两侧的圣者雕像是北京各教堂中绝无仅有的。堂内的300根巨柱撑起的金色拱顶和80扇镶彩玻璃的花窗总能让人联想到巴黎圣母院。整体建筑风格中西结合。

1985年修缮北堂，重修了大堂正前方的耶稣主祭台和东西两侧的圣母玛利亚和圣父约瑟的祭台。1985年12月24日举行了开堂典礼。西什库教堂成为北京最绚丽的教堂。

二十九、国立蒙藏学校旧址

国立蒙藏学校位于西城区小石虎胡同38号，旧址明初为常州会馆，是京城最早的会馆之一。清初为吴三桂之子吴应熊的府邸，因清太宗皇太极的十四女恪纯公主下嫁吴应熊，所以人们一直称这里为驸马府。雍正二年（1724年）清政府分设左右两翼宗学，培养宗室弟子，右翼宗学即设于此。后来为清高宗第一子定亲王永璜之长子绵德府第。清末新教育体制建立时，清政府制定了《钦定蒙古学堂章程》，各蒙古族地区的教育一度蓬勃兴起，后又创办守正武备学堂和毓正女学堂。1907年5月6日，在京师建立满蒙文高等学堂，附设藏文科。1909年1月9日，蒙藏学堂在京师建立，"分蒙部、卫藏两科，三年毕业，养成蒙藏专门人才。"民国建立后，1913年改为蒙藏学校，领受政府津贴，学生的衣食住等待遇都较为优厚。蒙藏学校章程分补习科和预备科，相当于中学程度，完成普通教育后再进专门科进修专业。1923年秋，李大钊、邓中夏等来校开展革命工作。1924年乌兰夫、奎壁、吉雅泰等一批青年学生成为中国共产党历史上第一批蒙古族党员，并在此组建了蒙古族的第一个党支部。

国立蒙藏学校旧址分为东西两路建筑。西路有三进院落，建筑高大，主要由府门、正厅、过厅、后厅、东西跺殿、东西配殿等建筑组成。东路有四进院落，建筑相对较小，包括大门、正殿、北房、东西配殿、东西耳殿。

三十、北京国会旧址

北京国会旧址位于西城区佟麟阁路52号，建成于1913年。现存建筑有国会议场、"圆楼"、原仁义楼、礼智楼的两栋两层带前廊的楼房。

国会议场平面呈正方形，高三层，东、西、南三面都有狭长的门厅。穿过门厅即为会议大厅，建筑外表极简陋，全部用手工灰砖砌造；国会议场议会大厅北侧为"圆楼"，因楼内会议厅平面椭圆形得名；地上二层，灰砖砌筑，三角桁架，楼内南部为三间休息室，北部为一半圆门厅围合一圆会议室；国会议场东侧为二排二层带前廊的楼房，当时用作议员起草宪法办公场所，为灰砖清水墙建筑，三角桁架坡屋顶。

辛亥革命后，1912年在南京成立中华民国参议院，作为南京临时政府的最高立法机构，4月5日，临时参议院随临时政府迁至北京。1913年4月

8日正式国会（参众两院）成立，临时参议院解散。1924年10月北京政变后，国会解散。1925年改为北京法政大学。1927年后合并为京师大学法学科。

三十一、京师女子师范学堂旧址

京师女子师范学堂旧址位于西城区新文化街45号，校址现为北京市鲁迅中学管理使用。学堂坐北朝南，由六栋二层楼房组成，从南向北依次为一号楼、二号楼、三号楼和四号楼（一栋四合式围楼），四号楼西侧为五号楼，二号楼西侧是一栋称为文化苑的二层楼。整组建筑为清末西洋古典折中主义风格，在西洋柱式和拱券做法中夹杂了许多中国传统砖雕花饰。

清光绪三十四年（1908）三月，御史黄瑞麟奏请设立京师女子师范学堂，清学部决定在石驸马大街（今新文化街）斗公府旧址建筑校舍，宣统元年（1909）建成。民国时，京师女子师范学堂改称北京女子师范学校。1916 ~1918年改建为女子高等师范学校，1919年招收国文部、图画专修、家事等科学生。1924年改名为北京女子师范大学。1925年8月教育部以学生为由解散该校，组建北京女子大学。同年11月28日，北京的学生及市民3000余人示威请愿，段祺瑞政府被迫北京女子师范大学复校，校址改在今教育街1号。1926年3月18日为抗议日、英、美等8个帝国主义国家向北京政府提出的无理要求，北京各界群众数万人举行示威。当学生走到段祺瑞执政府门前时，反动军警开枪杀死北京女子师范大学学生、自治会会长刘和珍和杨德群等47人，伤者多达200余人。曾在该校任教的鲁迅撰写了著名的《纪念刘和珍君》一文。1927年国立九院校合并于京师大学校，改北京女子师范大学为京师大学校内的师范学院第二部，后改称北平女子师范大学。1928年改名为北平大学女子师范学院。1931年北平大学女子师范学院师生筹资在校园西侧院为刘和珍、杨德群两位烈士建纪念碑。碑的正面刻有“三·一八遇难烈士刘和珍、杨德群纪念碑”；背面刻有南宋民族英雄文天祥的《正气歌》。碑两侧分别刻有“国立北平大学女子师范学院，中华民国二十年三月市八日立”。

三十二、国民政府财政部印刷局旧址

国民政府财政部印刷局旧址位于宣武区白纸坊路23号。1915年建成投入使用，主要建筑有主工房大楼、机务科工房、活版科工房及三座二层办公楼。现由北京印钞厂管理使用。原建筑保存较好的有二号门及钟楼、主工房大楼、3座西式小楼及水塔，它们均按美国华盛顿印钞厂图样建成。

财政部印刷局前身为清度支部印刷局，辛亥革命后成为国民政府的财政部印刷厂，改称“财政部印刷局”。建厂时从美国延聘著名钢版雕刻技师海趣先生为技师长，担任筹建工厂、购置设备、授徒传艺。同时引进了美国万能雕刻机、凹印机全套设备和石印机、铅印机、圆盘印码机、照相机。其技术之齐全，技术之先进为当时国内印刷界所仅有。清宣统三年（1911 年）二月初一，度支部印刷局印出钢版凹印钞票——大清银行兑换券，由此开始了中国工厂自己采用雕刻钢凹版设备印钞的历史，使中国成为当时为数不多的采用和掌握雕刻钢凹版印钞技艺的国家之一。解放后生产制造人民币为主业，兼营印制其它有价证券等多元经营产品，在 1961 年以前我国邮票、税票，也均为该厂印制。

三十三、大栅栏商业建筑

大栅栏商业建筑位于前门外大栅栏地区，现存瑞蚨祥、谦祥益、祥义号门面和劝业场等。瑞蚨祥位于宣武区大栅栏街 5 号，1910 年建成，为二层木结构建筑，现仍为瑞蚨祥绸布店使用。谦祥益位于宣武区珠宝市 5 号，建于清朝末年，为地上二层砖木结构建筑，现仍为谦祥益绸布店使用。祥义号门面位于宣武区大栅栏 1 号，建于清朝末年，为二层砖木结构建筑，大门入口处有一高二层的西洋巴洛克风格的铁艺大棚，现为诚宜厚商场管理使用。劝业场位于宣武区前门廊房头条 17 号，最早建于 1906 年，被毁后于 1918 年重建，沿纵深方向为三个大厅，每个大厅是贯通三层的天井，是北京最早集购物、娱乐和餐饮于一体的大型近代商场，现为北京新新宾馆管理使用。

前门大街是一条最具老北京传统特色的商业街，历经数百年的发展历史，特别是在清末民初，其沿街两侧已形成和保留有大量的各种风格的商业建筑，如仿西洋古典建筑风格的盐业银行、三洋金店，中西结合式的交通银行，仿巴洛克形式的劝业场以及大批沿街形成的我国传统形式的前店后厂、下店上宅式的建筑等等，构成了前门大街两侧特有的建筑景观。“大栅栏”在前门大街西边，原称“廊房四条”，距今已有近 500 年的历史，是北京最古老、最著名且又别具一格的古老街市和繁华的商业闹市区。该街东起前门大街，西抵煤市街，全长近 300 米，街道狭窄，两侧店铺、商号栉比麟次，终日人流如织，热闹非凡。旧时曾有“京师之精华尽在于此，热闹繁华，亦莫过于此”、“繁华市井何处有，大栅栏内去转游”的美誉。

三十四、协和医学院旧址

协和医学院创建于 1906 年，由英美六个教会和医疗组织联合兴办，称为协和医学堂。那时候医学堂在东单新开路西口内，是当时最大的教会医院。1915年，美国洛克菲勒基金会出资购买了协和医学堂全部产业，并改称为协和医学院，同时购买了东单三条的豫王府，建起了中西式的楼房，这便是今天的协和医学院旧址。它位于东城区帅府园胡同，其西门在校尉胡同南，包括协和医学堂旧址，娄公楼、哲公楼、文海楼三座主体建筑和后期所建的“A”至“P”号楼，陆续建于1904 ~1925年。

协和医学院旧址总体布局为沿十字轴的对称布置，在西、南两面各形成三合院。其建筑风格既反映出折中主义，又反映了复古主义，因而有“中国式宫殿里的西方医学学府”之称。娄公楼、哲公楼、文海楼三座建筑均为砖木结构，灰砖墙体，属西方古典折中主义风格。后期的“A”至“P”号楼分二期所建，第一期工程按英文字母编号，从“A”到“N”有礼堂、教学楼、病房、宿舍、仓库等共14栋楼，除“A”楼礼堂外，其余各栋均由连廊相连，每楼多为三到五层，均为砖木结构，仿清代官式宫殿建筑。第二期工程是“O”楼和“P”楼，外形为西式风格；地下一层，地上各为四层、二层，平顶，砖混结构。

协和医学院的知名不只是由于它严谨的治学精神，历史和人文方面浓厚的积淀也是非常重要的因素。著名的周口店北京人头盖骨化石发掘以后，就一直存放在协和医学院里。后来在日本侵华战争时期，化石在转移的时候被遗失了，至今没有音讯，但是当时裴中文、贾兰坡以及协和医学院为保护珍贵的北京人化石做出的贡献永远会印在历史的长卷之中。在这里面，包含了一种科学工作者的责任以及对于野蛮的侵略者进行反抗的历史见证。

三十五、北平图书馆旧址

北平图书馆旧址位于西城区文津街7号，1929年3月开工，1931年6月落成。图书馆正门为三间琉璃门座式，体量高大，气势宏伟；主楼二层带前廊，配楼一层，楼间连以平顶连廊；书库在主楼后部，各楼均有地下层，造型仿清官式宫殿楼阁，绿琉璃瓦庑殿顶，汉白玉须弥座式栏杆。

北平图书馆前身为1909年清学部主持设立的京师图书馆，京师图书馆于1917 ~1928年在方家胡同开馆。1928年改名为国立北平图书馆，1929年9月与北平北海图书馆合并，仍称“国立北平图书馆”。同年5月在文津街兴建新馆。1931年7月，迁入文津街馆址，正式对外开放。经过20余年的辛勤搜集，至1931年，国立北平图书馆已成为中国最大的公共藏书机构。1933年1月，该馆奉命将藏书精华装箱南运，分存于上海、南京两地。抗战全面爆发后，上海存书精华部分被秘密运往美国寄存，其余存沪、存宁、存平图书则被日伪控制。解放战争胜利前夕，除存宁部分舆图被运往台湾外，其余均重新入藏平馆；寄存于美国的善本精华则于1965年11月入藏台湾国民党中央图书馆。

新中国成立后，该馆改称“北京图书馆”。后来以该图书馆为基础建立的国家图书馆是全国最大的图书馆。1986年后，这里为国家图书馆善本部。

三十六、辛亥滦州起义纪念园

辛亥滦州起义纪念园坐落在海淀区温泉乡京密运河南岸温泉风景区显龙山南坡上，为纪念1912年1月3日在滦州起义中牺牲的烈士而建，于1937年4月落成。纪念园内有石门、纪念碑、碑亭、石幢、石屏、纪念塔等建筑。石幢高3.88米，正面刻“滦州辛亥革命先烈衣冠冢”和王金铭等14人姓名；石屏下为烈士衣冠葬地；纪念塔高12.2米，八角七层，刻有“光同日月”，“舍生取义”等题字。1981年，为纪念辛亥革命七十周年，北京市政府拨款重新修建。

1912年1月3日，驻守滦州（今河北滦县）的清军第二十镇军官、同盟会会员王金铭、施从云、白雅雨率滦州新军宣布起义，通电全国，宣布独立，成立北方革命军政府，推举王金铭为都督，施从云为总司令，冯玉祥为参谋总长，白雅雨为参谋长。4日，起义新军发表檄文，声讨清廷，准备攻打京津。后因第三营管带张建功叛变及清政府军队的镇压，起义失败，大批官兵被捕。王金铭、施从云、白雅雨等14人从容就义。1933年5月，滦县被日本侵略者占领。鉴于无法在滦州纪念，1935年滦州起义25周年时，经冯玉祥等人大力倡导和积极支持，民国当局决定在京西建造“辛亥滦州革命先烈纪念园”“纪念塔”和“衣冠冢”，并于山东泰山修建“辛亥滦州革命先烈纪念碑”“烈士祠”和“纪念林”，并成立了由同盟会元老于右任、李烈钧、张继等13人组成的“滦州起义先烈国葬典礼筹委会”。1937年5月两地同时举行落成典礼，蒋介石电令5月26日在北平举办国葬，葬先烈衣冠入纪念园；同时在泰山开会致祭。是日，“全国下半旗一天”，以志哀悼。当时的《中央日报》出版《国葬特刊》，中央电台发表专题讲话，极其隆重。

辛亥滦州起义是辛亥革命时期北方地区规模最大的武装起义，显示了革命党人和人民群众的力量，加速了清王朝灭亡的进程。

三十七、孙中山行馆

孙中山行馆（孙中山逝世所在地）位于东城区地安门东大街23号，原名天春园，是明朝末年崇祯皇帝的田妃娘家，清末改为增归园，民国初年是当时外交总长顾维钧的住宅。1924 年冯玉祥邀请孙中山先生北上主持大计时，临时行馆便设在这里。1924 年 12 月 31 日，孙中山扶病抵京讨论国事，下榻花园前的正房里。1925 年 3 月 12 日上午 9 时 25 分，孙先生因旅途劳顿，肝病复发，在院内西屋卧室内病逝，三天后移灵香山碧云寺。行馆有三进院落，第一进院正房 5 间，东西厢房各 5 间；第二进院，北房 5 间，东耳房 3 间，西厢房 5 间，东厢房 1 间；东院南房 3 间，东房 5 间；宅院四周绕以回廊，东北部为花园。

现居室按原状布置陈设。三进院落，四周回廊环绕，花园幽美。孙中山当时居住花园前的正房，内外套间，有雕刻精美的落地花罩，现门口悬挂“孙中山先生逝世纪念室”匾。外间西墙上镶有一长方形汉白玉刻石，上刻“中华民国十四年（1925 年）三月十二日上午九时二十五分孙中山先生在此寿终”。刻石上悬挂孙中山遗像。右方镜框内是先生在此写的《总理遗嘱》，左边镜框为致苏联书。条案上放着《建国方略》、《中山全书》等。一切均照其生前摆设原样陈列。

三十八、北京鲁迅旧居

北京鲁迅旧居位于西城区阜成门内宫门口二条 19 号北京鲁迅博物馆内。

鲁迅（1881 ~1936 年），浙江绍兴人，中国现代文学家、思想家、革命家。此地为鲁迅在北京的最后一所住宅，也是至今保存最为完整的鲁迅在北京的故居。鲁迅于 1924 年 5 月至 1926 年 8 月寓居于此，当时门牌为宫门口西三条胡同 21 号。故居建于 1924 年，为一座小型四合院，北房 3 间，南房 3 间，东西厢房各两间。北屋东西两房间分别为鲁迅母亲和夫人朱安的卧室；中间为餐厅；餐厅向北凸出一小间，面积仅 8 平方米，是鲁迅自己设计的卧室兼书房，即著名的“老虎尾巴”，自称“绿林书屋”，屋内陈设十分简朴。

1950 年 2 月，文化部文物局接管了故居，同年 3 月许广平将鲁迅遗留的大批文物全部捐给国家。1956 年，值鲁迅逝世 20 周年之际，在故居东侧兴建了鲁迅博物馆，从此，鲁迅故居成为博物馆的一个重要组成部分，并向社会开放至今。

模拟测试卷（一）

一、填空（每空1分）

1. 1900年八国联军侵入北京，________、________两国侵略者劫掠了古观象台上的8件天文仪器。

2. 明代为加强北京的防卫，在内城四角各建构了一座箭楼，也称________。

3. 北京恭王府原是________的府第，其建筑规制许多都是只有皇宫里才能用的。

4. 明清时期称________、崇文门、宣武门、朝阳门、________、西直门、东直门、德胜门、和________为内九门。

5. 中山公园内的社稷坛铺有取自全国各地的五色土壤，五色的方位是中黄、东________、南________、西________、北黑。

6. ________是孔庙祭祀的主体建筑，殿内设孔子及著名弟子的牌位。

7. 白云观内八仙殿供奉的是民间流传甚广的八位神仙：________、铁拐李、吕洞宾、张果老、________、何仙姑、________、韩湘子。

8. 先农坛是明清两代皇帝祭祀先农、________及举行________的场所。

9. 1925年3月12日，孙中山先生逝世后，遗体暂厝________金刚宝座塔内，现这里有孙中山先生的________。

10. ________俗称卧佛寺，寺内供奉着中国现存最大最重的铜铸卧佛。

11. 元大都城墙遗址是元代大都，外郭城遗址，因当年主要________、________，俗称土城。

12. 钟楼每次敲钟报时要撞击________。

13. 水关是古代城墙下进出河水的水道建筑，也称________。

14. 潭柘寺所在的山因前有________，后有________，被人称为潭柘山，而寺庙也因此得名。

15. 1644年3月，________攻入北京，明________皇帝在景山内一棵槐树上自缢身亡。

16. 北京的西部是________山脉，与市区接近的山脉被人们称为________。北部是________山脉。

17. 北京西部和北部的山脉相交于________。

18. 北京境内的四座著名的高山，按照海拔高度由高到低，分别是：

________、________、________ 和白草畔。

19. 北京城位于华北大平原的西北端，东濒渤海，西拥太行，北枕燕山，南俯中原，很像一个半封闭状态的海湾，有人形象地称之为 ________。

20. 在夏时期我国已经步入了 ________ 时代。

21. 北京地区最早出现城市的时间被确认为 ________ 年。

22. ________ 和 ________是北京历史上第一个大型的水利工程。

23. 隋唐时期幽州城一直是北方的 ________，隋唐两代东征高丽，每次大军都是从幽州出发的。

24. 卢沟桥建于大定二十九年（1189 年），原名 ________。

25. 元代著名杂剧作家，主要有关汉卿、________、________ 等人。

二、单项选择题（每题 1 分）

1.（　　）区是北京市、乃至我国的主要外事活动区，许多外国驻华使馆、联合国办事机构、国际组织办事处都设在该区。

A. 崇文区　B. 东城区　C. 海淀区　D. 朝阳区

2. 目前，北京市的环城路已经发展到了（　　）条。

A. 4　B. 5　C. 6　D. 7

3. 丰台区素有“（　　）”之称。

A. 绿都　B. 花乡　C. 京津生态乐园　D. 夏都

4.（　　）形成了一些著名湖泊，如积水潭、什刹海、北海、中南海、龙潭湖等。

A. 高梁河　B. 长河　C. 六海水系　D. 莲花池

5. 将西方近代科学著作《几何原本》合作翻译成中文的外国人是：（　　）

A. 徐光启　B. 利玛窦　C. 汤若望　D. 宋应星

E. 南怀仁

6. 下列清代各旗中属于“下五旗”的是（　　）。

A. 镶黄　B. 正黄　C. 正白　D. 正红

7. 北京境内最大的一条河流是（　　），也是历史上海河水系中最不稳定的河流。

A. 拒马河　B. 温榆河　C. 永定河　D. 潮白河

8. 紫禁城完工于明永乐（　　）。

A. 五年　B. 十四年　C. 十八年　D. 十九年

9. 颐和园中的勤政殿是（　　）。

A. 仁寿殿　B. 排云殿　C. 乐寿堂　D. 玉澜堂

10. 紫禁城的占地面积是（　　）。

A. 72 万平方米　B. 16. 3 万平方米　C. 44 万平方米　D. 27 万平方米

11. 北京地区最早的庙宇是（　　）。

A. 潭柘寺　B. 戒台寺　C. 云居寺　D. 天宁寺

12. 太液池为中心，元大都的宫苑由大内、隆福宫和兴圣宫三部分组成，中间的水域名为（　　）。

A. 什刹海　B. 积水潭　C. 太液池　D. 中南海

13. 北京香山公园在清代称（　　）。

A. 清漪园　B. 静明园　C. 畅春园　D. 静宜园

三、判断题（每题 1 分）

1. 1974 年修建的复兴门立交桥是北京城区的第一座立交桥；1993 年建成的三元桥是北京市最大的公路立交桥。（　　）

2. 北京西部是燕山山脉，北部是太行山脉，南面连接着华北平原，被称为“北京湾”。（　　）

3. 北京的第一条东西大道是长安大街，全长 40 多千米，人们称之为“百里长街”。（　　）

4. 1272 年是北京地区成为全国政治中心的开始。（　　）

5. 金中都自建造成功到衰败毁灭，经历了 100 年。（　　）

6. 北京的街巷称“胡同”始于辽代。（　　）

7. “银锭观山”是燕京八景之一。（　　）

8. 明朝万历皇帝的谥号为“显”。（　　）

9. 故宫房屋共有九千九百九十九间半（　　）

10. 人站在天坛圜丘坛的天心石上讲话，会觉得声音格外响亮（　　）

四、名词解释（每题 3 分）

1. 燕京八景

2. 三山五园

3. 玉泉山

五、简答题（每题 5 分）

1. 简要介绍北京城的王府。

2. 简述辽南京城的重要性。

3. 简述北京中心城区功能分类。

六、论述题（每题 10 分）

“内九外七皇城四”讲的是什么？请详细说明。

模拟测试卷（二）

一、填空题（每空1分）

1. 东岳庙主祀的是 ________，而今这里建成了北京民俗博物馆。

2. 圆明园于1860年10月，遭受了 ________、________ 联军的野蛮焚毁。

3. 牛街礼拜寺男浴室上额书有“涤虑处”字牌，告诫人们 ________、________ 比洗净身体更为重要。

4. 宣武区特有的宣南文化包括：________、________、________。

5. 通州区素有“ ________ ”之称；昌平区被誉为“北京的后花园”；延庆县有“ ________ ”之称；房山区素有“ ________ ”之称。

6. 东交民巷原名 ________、1900年八国联军侵入北京后，组成联军的英、法、________、________、德、美、意、奥加上荷兰、比利时等国瓜分了东交民巷地区，分别建立了自己的使馆和兵营。

7. 明代将元大都城门中的丽正门改为正阳门，文明门改为崇文门，顺城门改为宣武门，齐化门改为 ________，平则门改为 ________。

8. 被誉为“钟王”的永乐大钟清代存放于 ________。

9. 八达岭关城东门额上有“ ________ ”四字。

10. 从1915年起，中国先进的知识分子掀起了以“ ________ ”和“ ________ ”为两大旗帜的反封建的新文化运动。

11. 北京地区发现最早的新石器时代早期的遗址是 ________，它位于门头沟区，是一处距今约 ________ 年左右的墓葬遗址。

12. 北京湾内最早的城市是位于今北京西南的房山区琉璃河附近的 ________，和位于今宣武区广安门为中心周围20余里的 ________。

13. 北京地区已发掘的两座大型汉代王侯墓，分别为 ________ 和 ________。

14. 在历史上大觉寺、________、________ 被称为“京城三大花卉寺庙”。

15. 靖康元年1126年，宋徽宗、钦宗二帝被金俘至燕京后，徽宗曾囚于 ________，钦宗则囚于 ________。

16. 人们常说的颜、柳、欧、赵四大楷书书体，其中赵，即是 ________。

17. 潭柘寺初名 ________。

二、单项选择题（每题1分）

1. 金代的“燕景八景”之一的“玉泉垂虹”，在清代时被乾隆皇帝题字为“玉泉趵突”，此景位于（　　）。

A. 香山　　B. 玉泉山　　C. 妙峰山　　D. 小汤山

2. 20世纪50年代初，北京居民的主要居住形式是（　　）。

A. 简易楼　　B. 四合院　　C. 排子房　　D. 单元房

3. （　　）素有“塞外小漓江”之称。

A. 松山　　B. 龙庆峡　　C. 凤凰岭　　D. 八大处

4. （　　）水系由于流经黄土高原，故含沙量大，素有“小黄河”之称。

A. 潮白河　　B. 温榆河　　C. 永定河　　D. 拒马河

5. 公元前221年秦始皇统一中国，随后派大将（　　）修筑长城。

A. 霍去病　　B. 徐达　　C. 蒙括　　D. 蒙恬

6. 明代（　　）皇帝下诏废除人殉制。

A. 宣宗朱瞻基　　B. 英宗朱祁镇　　C. 宪宗朱见深　　D. 成祖朱棣

7. 颐和园昆明湖在辽金、元代、明代的名称分别为（　　）。

A. 西湖、瓮山泊、金海　　B. 瓮山泊、金海、西湖

C. 金海、西湖、瓮山泊　　D. 金海、瓮山泊、西湖

8. 元郭守敬所编制的“授时历”于1281年实施，要比现行公历的确立早（　　）年。

A. 50　　B. 100　　C. 200　　D. 300

9. 明京城城门进城车辆的规定中，（　　）是走酒车的。

A. 正阳门　　B. 西直门　　C. 崇文门　　D. 朝阳门

10. 北京天坛的始建年代与占地面积分别为（　　）。

A. 1410年，253公顷　　B. 1399年，233公顷

C. 1420年，273公顷　　D. 1450年，293公顷

11. 金中都时期北京地区的城市性质是（　　）。

A. 北方的军事重镇　　B. 北中国的政治中心

C. 全中国的政治中心　　D. 向全中国的政治中心过渡

12. 下列哪一个不是明成祖朱棣迁都北京的原因（　　）。

A. 更有效地抗击蒙古人的南袭　　B. 进一步控制东北地区

C. 北京是朱棣的旧封地　　D. 有利于维护全国的统一

E. 北京曾是元代都城，有现成的皇宫

三、判断题（每题1分）

1. 东城区也是北京城文物古迹最为集中的区域，包括天安门及其广场、故宫、雍和宫、国子监、太庙、北海公园、恭王府和钟鼓楼等。（　）

2. 房山区位于北京西南部，历史悠久，素有“龙的故乡”之称。（　）

3. 北京动物园前称“万牲园”。（　）

4. 北京颐和园的德和园大戏楼为著名的清宫大戏楼之一。（　）

5. 嘉福寺又称卧佛寺。（　）

6. 北京城内最古老的天主教堂是北堂。（　）

7. 北京大钟寺的皇家赐名是觉生寺。（　）

8. 唐代以后，国家的最高学府叫国子监。（　）

9. 玉澜堂原是同治皇帝的寝宫，后来成为慈禧太后囚禁他的地方。（　）

四、名词解释（每题3分）

1.《四库全书》

2. “五四”运动

3. 紫禁城外八庙

4. 靖难之役

五、简答题（每题5分）

1. 简述北京市50年代、80年代和90年的十大建筑的名称。

2. 北京列入联合国世界文化与自然遗产名录的景点有哪些？有何意义？

3. 明北京何时修筑外城？为什么只在南郊修了外城？

六、论述题（每题10分）

1. 分析北京城建城以来，城市性质的变化发展。

2. 论述北京历史上著名的河流、湖泊对北京城市的影响，以及所形成的风景名胜。

模拟测试卷（三）

一、填空题（每空 1 分）

1. 北京的五大水系分别是 ________、________、拒马河水系、________ 和泃河水系。

2. 北京城市发展的目标是 ________、________ 文化名城 ________。

3. 法源寺原名 ________，始建于________ 代，是北京城区内现存历史最悠久的名刹。

4. 辽南京的印刷业十分发达，南京是________。在山西应县木塔中发现了燕京辽统和年间印制的《南无释加牟尼佛像》和《炽盛光九曜图》等彩色套印品，是迄今发现的我国最早的 ________。

5. 戒台寺同 ________、杭州的昭庆寺戒坛，被称为“全国三大戒坛”，戒台寺的 ________ 距今已 1300 多年，是北京的“白皮松之最”。

6. 北京作为中国的首都自 ________ 年开始。

7. 后门桥位于北京城内西城区地安门外，始建于元至元二十二年(1285 年)，初名 ________，俗称________。

8. 居庸关关城内的云台券门内石壁上刻有________ 、汉文、藏文、________、维吾尔文、西夏文等六体文字的陀罗尼经。

9. 地坛原名________，是明清两代皇帝于 ________日祭祀地皇神祇的专用场所。

10. 1949 年 9 月 27 日，中国人民政治协商会议第一届全体会议一致通过了________ 为代国歌。

二、单项选择题（每题 1 分）

1. （　）是北京著名的国家级森林公园，素有“小黄山”之称。

A. 妙峰山　　B. 小汤山

C. 云蒙山　　D. 鹫峰国家森林公园

2. 北京规划市区范围，西边应至（　）。

A. 定福庄　　B. 南苑　　C. 清河　　D. 石景山

3. 下列哪一个不是清乾隆年间进京的“四大徽班”。（　）

A. 三庆班　　B. 四喜班　　C. 启秀班　　D. 春台班　　E. 和春班

4. 有“北京的敦煌”之称的寺庙是。（　）

A. 云居寺　　B. 戒台寺　　C. 潭柘寺　　D. 大觉寺

5. 北京地区是古人类发祥地之一，在 70 万～50 万年以前、20 万～10

万年以前、1.8 万年以前以及 1 万年以前，就依次生活着（　　）。

A. 山顶洞人、东胡林人、新洞人、北京人。

B. 北京人、新洞人、山顶洞人、东胡林人。

C. 东胡林人、北京人、新洞人、山顶洞人。

D. 北京人、山顶洞人、东胡林人、新洞人。

6. 法海寺内的壁画是（　　）代壁画的代表作。

A. 宋代　　B. 元代　　C. 明代　　D. 清代

7. 北京天宁寺塔建于（　　）代。

A. 宋　　B. 辽　　C. 金　　D. 元

8. 北京最古老的天主教堂是（　）。

A. 东堂　　B. 西堂

C. 南堂　　D. 圣米厄尔教堂

9. 位于海淀红旗村的健锐营演武厅，是（　　）年间为平定金川而修建的演武场所。

A. 康熙　　B. 乾隆　　C. 雍正　　D. 嘉庆

10. 1929 年，北京人头盖骨发掘以后，就一直放在（　　）。后在日本侵华战争时期遗失了。

A. 科学院　　B. 周口店　　C. 北京大学　　D. 协和医学院

11. 俗话说“卢沟桥的狮子数不清”，最新统计表明，卢沟桥上共雕刻大、小石狮（　　）只。

A. 501　　B. 497　　C. 485　　D. 279

12. 人民英雄纪念碑背面的碑文是由（　　）题写的。

A. 毛泽东　　B. 刘少奇　　C. 周恩来　　D. 朱德

13. 天安门前弯弓形的人工河上有（　　）座桥

A. 5　　B. 6　　C. 7　　D. 8

三、判断题（每题 1 分）

1. 灵山海拔 2303 米，是北京第一高峰。（　　）

2. 小汤山因与故宫、天安门同在皇城中轴线上，且这里的温泉享有盛名，故称“龙脉温泉”。（　）

3. “八达岭”因其所处的位置四通八达而得名。（　　）

4. 天坛斋宫正殿是旧北京三座著名的无梁殿之一。（　　）

5. “上宅文化”的遗址位于北京郊区的密云。（　　）

6. 元大都城共有 11 个城门，其中东面的三个门是光熙门、东直门和朝阳门。（　　）

7. 长陵是明朝第十三帝明万历皇帝的陵墓。（ ）
8. 正阳门箭楼左右曾设有观音庙和关帝庙。（ ）
9. 司马台段长城是明代著名将领戚继光等精心设计、修建的。（ ）
10. 古老的京杭运河将来还要成为南水北调的输水通道。（ ）

四、名词解释（每题 3 分）

1. 新北京十六景
2. 安史之乱
3. 康熙字典
4. 百日维新

五、简答题（每题 5 分）

1. 简述北京城市发展的三个阶段。
2. 简述明代北京城的两次保卫战。
3. 简要介绍北京城的会馆。

六、论述题（每题 10 分）

1. 论述清朝满族的八旗制度。
2. 详细说明开国大典的过程及其意义。
3. 试论述西山风景名胜区的概况以及与皇家园林的关系。

模拟测试卷（一）答案

一、填空题

1. 德、法
2. 角楼
3. 和珅
4. 正阳门、阜城门、安定门
5. 青、红、白
6. 大成殿
7. 钟离权、曹国舅、蓝采和
8. 太岁诸神、藉田典礼
9. 碧云寺、衣冠冢
10. 十方普觉寺
11. 以土夯筑、没有砌砖
12. 108 下
13. 水门
14. 柘树、龙潭
15. 李自成、崇祯
16. 太行山、西山、燕山
17. 关沟
18. 灵山、海坨山、百花山
19. 北京湾
20. 青铜
21. 公元前 1045 年
22. 戾陵堰、车箱渠
23. 军事重镇
24. 广利桥
25. 马致远、王实甫

二、单项选择题

1. D　2. C　3. B　4. A　5. B　6. D　7. C　8. C　9. A　10. A　11. A　12. C　13. D

三、判断题

1. ×　2. ×　3. √　4. √　5. ×　6. ×　7. ×　8. √　9. ×　10. √

四、名词解释

1. 金章宗时出现“燕京八景”之说，燕京八景为：居庸叠翠，玉泉垂虹，太液秋风，琼岛春阴，蓟门飞（烟）雨，西山积雪，卢沟晓月，金台夕照。

2. 清代康雍乾隆时期，相继在北京西郊营建了很多皇家园林。五园指畅春园、圆明园、清漪园、静明园和静宜园，三山指万寿山、玉泉山、香山，这就是著名的“三山五园”。

3. 位于北京海淀区西山山麓、颐和园西侧，主峰海拔100米。是清朝著名皇家园林之一的静明园所在地。是北京著名的“三山五园”之一。因泉水得名。金章宗完颜景把“玉泉垂虹”列为“燕京八景”之一。清乾隆皇帝题字“玉泉趵突”，为清代“燕京八景”之一。明、清两代宫廷用水都来自玉泉山。

五、简答题

1. 清朝统治者鉴于明朝分封藩王的敝端，采用了只封爵位，不分封土地的政策，一方面给诸王爷以优厚的待遇，使其有种特殊的荣誉感；另一方面又将他们的王府设在京城内，以便于朝廷控制，形成了清代封王、赐建府邸的制度。清朝的皇子长大成人照例要搬出紫禁城，分给府邸，叫分府，而宗室则封爵。如清初“八大铁帽子王”的王府，另外还有至今保存尚好的王府，如什刹海南岸的恭王府（道光第六子），东交民巷15号的安亲王府，正义路5号的淳亲王府，美术馆后街北京中医院的诚亲王府、柳荫街的愉郡王府和钟郡王府等。

2. 辽会同元年（公元938年），升幽州为南京幽州府，并作为陪都。契丹人将幽州升为陪都有两个原因：一是北京地区的地理位置重要，可以把它作为向南进攻中原或与中原对抗的阵地。另一个原因在于契丹占据了燕云十六州以后，它的统治疆域大大扩展，而且新占领的地区人口稠密，物产丰富，自然条件优越，经济文化和生产发展水平远远高于契丹族原来活动的北方草原地区。因此，为了加强对新占领地区的统治和掠取更多的财富，幽州城自然而然地成为辽在华北的政治中心。

3. 东城区：北京市政治中心主要载体，全国性的文化机构聚集地之一，传统文化重要旅游地区和国内知名的商业中心。

西城区：国家政治中心主要载体，国家金融管理中心，传统风貌重要旅游地区和国内知名的商业中心。

崇文区：北京体育产业聚集区，都市商业区和传统文化旅游、娱乐地区。

宣武区：国家新闻媒体聚集地之一，宣南文化发祥地的传统商业区。

朝阳区：国际交往的重要窗口，中国与世界经济联系的重要结点，对外服务业发达地区，现代体育文化中心和高新技术产业基地。

海淀区：国家高新技术产业基地之一，国际知名的高等教育和科研机构聚集区，国内知名的旅游、文化、体育活动区。

丰台区：国际、国内知名企业代表处聚集地，北京南部物流基地和知名的重要旅游地区。

石景山区与门头沟区新城：共同构成城市西部发展带的重要结点，是城市综合服务中心之一，也是文化娱乐中心和重要旅游地区。

六、论述题

“内九外七皇城四”讲的是明朝北京城的城门。紫禁城即宫城，是京城的核心。紫禁城的外面为皇城，周围9公里有余，主要有四门，南面为承天门（清改为天安门），东面为东安门，西面为西安门，北面为北安门（清改为地安门），承天门是皇城的正门，凡皇帝登基和册立皇后等盛大庆典，照例在承天门举行隆重的“颁诏”仪式。

内城是在元大都城基础上改建的。洪武元年徐达占领元大都后，将比较空旷的北部放弃，另在原北城墙南五里筑了一道新的城垣。永乐十七年（公元1419年），又将南城墙向南推移了二里，仍开三门，名称如旧，至此城围共20公里。正统元年（公元1436年），明朝又修建九门城楼、月城、角楼、城壕、桥闸，四年完工，北门为德胜门、安定门，南门为正阳门（原为丽正门）、崇文门（原为文明门）、宣武门（原为顺城门），东门为东直门、朝阳门（原为齐化门），西门为西直门、阜城门（原为平则门），九门之名历清朝未变。

明朝中叶，北方蒙古族马队不时南下骚扰，甚至迫近京城；同时又由于京城人口大量增加，城外居民日益稠密，于是在嘉靖四十三年，又完成了一道包围京城南面的外罗城，即所谓北京外城。原议外城包围京城四面，但因经费不足，只修成了正南一面，因而使北京的轮廓呈一个“凸”字形。外城长14公里，有七门，正南为永定门，南之东为左安门，南之西为右安门，东为广渠门，东北角为东便门，西为广宁门（清代为避道光奕詝名讳，改为广安门），西北角为西便门。

模拟测试卷（二）答案

一、填空题

1. 泰山神东岳大帝
2. 英、法
3. 涤除杂念、洁净心灵
4. 平民文化、商业文化、戏曲文化
5. “京东粮仓”、“北京夏都”、“龙的故乡”
6. 东江米巷、日、俄
7. 朝阳门、阜城门
8. 觉生寺
9. 居庸外镇
10. 民主、科学
11. 东胡林遗址、1 万年
12. 燕国、蓟城
13. 大堡台汉墓、老山汉墓
14. 法源寺、崇效寺
15. 延寿寺、悯忠寺
16. 赵孟頫
17. 嘉福寺

二、单项选择题

1. B　2. C　3. B　4. C　5. D　6. B　7. D　8. D　9. C　10. C　11. B　12. E

三、判断题

1. ×　2. √　3. √　4. √　5. ×　6. ×　7. √　8. √　9. ×

四、名词解释

1.《四库全书》：是乾隆朝纂修古籍工作中取得的最大成就。这部规模宏大的丛书，始于乾隆三十七年（1772 年），前后历时 10 年才最终完成，共收 3461 种书，装成 36300 册，分成经、史、子、集四大类，保存了十分丰富的文献资料，是我国最大的一部丛书，也是书籍编纂史上的最伟大的文化工程，对保护史籍作出了重要贡献。

2. 1919 年 1 月，中国在巴黎和会交涉失败的消息和帝国主义的卑劣行径，激起了北京爱国学生和全国各阶层人民的极大愤怒，5 月 4 日，北京大学等爱国学生五千余人，集会天安门前，举行抗议活动。从北京开始的这场斗争，迅速发展成为全国性的群众反帝爱国运动。“五四”运动促进了马克思主义的进一步传播及其同工人运动的结合。

3. 环绕在紫禁城周围有八座庙，被称作紫禁城外八庙，即宣仁庙、凝和庙、普渡寺、真武庙、昭显庙、万寿兴隆寺、静默寺和福佑寺。这八间庙宇建筑都有严格的规制，皇帝每年定期祭祀，祈求上天保佑风调雨顺、万民安居、励精图治、百战功成。

4. 朱元璋建立明朝后，封四子朱棣为燕王，拥重兵驻守北平；后朱元璋死，传位给长孙朱允炆，即建文帝，朱棣在建文元年以清君侧为名，发兵南下攻下南京，夺得帝位，史称“靖难之役”。

五、简答题

1.（1）50 年代十大建筑：人民大会堂、中国革命和中国历史博物馆（2003 年两馆合并，称中国国家博物馆）、中国人民革命军事博物馆、民族文化宫、民族饭店、中国美术馆、全国农业展览馆、工人体育场、华侨大厦、北京车站。

（2）80 年代十大建筑：北京图书馆新馆（现称国家图书馆）、中国国际展览中心、中央彩电中心、首都机场候机楼、北京国际饭店、大观园、长城饭店、中国剧院、中国人民抗日战争纪念馆、地铁东四十条车站。

（3）90 年代十大建筑：中央广播电视塔、国家奥林匹克体育中心与亚运村、北京新世界中心、北京植物园展览温室、首都图书馆新馆、清华大学图书馆新馆、外语教学与研究出版社办公楼、北京恒基中心、北京新东安市场、北京国际金融大厦。

2.（1）长城、故宫、周口店“北京人”遗址、颐和园、天坛、十三陵。

（2）A 从加入世界遗产后，便成为全世界人类共同的财产角度回答。B 从加入世界遗产后，对遗产所在国、所在地的影响，如经济社会文化等角度回答。

3. 明朝中叶，北方蒙古族马队不时南下骚扰，甚至逼近京城；同时又由于京城人口大量增加，城外居民日益稠密，于是在嘉靖四十三年，又完成了一道包围京城南面的外罗城，即所谓北京外城。原议外城包围京城四面，但因经费不足，只修成了正南一面，因而使北京的轮廓呈一个“凸”字形。外城长 14 公里，有七门，正南为永定门，南之东为左安门，南之西为右安门，东为广渠门，东北角为东便门，西为广宁门（清代为避道光奕詝名讳，改为广安门），西北角为西便门。

六、论述题

1. 答案要点（1）3000 多年前，北京地区出现城市，当时称做蓟和燕，是周朝分封的都城。（2）秦汉，经魏、晋、十六国、北朝，蓟城或为诸侯国的都城，或为州郡首府，一直是中国北方重要的政治、经济和军事中心。（3）隋朝以蓟城为涿郡治所，唐朝统称幽州，是北方的军事重镇。（4）辽朝，以蓟城为陪都，改称南京，又叫燕京。（5）金朝于 1153 年正式迁都到这里，名为中都，是北中国的政治中心。（6）元朝，在中都郊外创建新城，叫做大都，北京成为全中国的政治中心。（7）明朝改建大都，始称北京，清朝继续建都北京，明清两朝北京为全中国的政治中心。（8）1949 年 10 月 1 日，中华人民共和国成立，北京成为新中国的首都。

2.（略）

模拟测试卷（三）答案

一、填空题

1. 永定河水系、温榆河水系、潮白河水系

2. 国家首都、世界城市、宜居城市

3. 悯忠寺、唐代

4. 雕版印刷业的中心、雕版彩色套印刷品

5. 泉州的开元寺戒坛、九龙松

6. 1153

7. 万宁桥、海子桥

8. 梵文、八思巴文

9. 方泽坛、夏至

10. 义勇军进行曲

二、单项选择题

1. C　2. D　3. C　4. A　5. B　6. C　7. B　8. C　9. B　10. D　11. A　12. C　13. C

三、判断题

1. √　2. √　3. √　4. √　5. ×　6. ×　7. ×　8. √　9. √　10. √

四、名词解释

1. 新北京十六景：天安丽日（天安门）、紫禁余晖（故宫）、燕塞雄关（八达岭长城）、白塔堆云（北海公园）、颐和慧海（颐和园）、圜丘清音（天坛公园）、香山红叶（香山公园）、十渡浮峦（十渡风景区）、盘古遗火（周口店遗址）、幽峡流碧（龙庆峡）、大钟声远（大钟寺）、龙潭漱玉（白龙潭）、明陵落照（明十三陵）、卢沟狮醒（卢沟桥）、慕田古堞（慕田峪长城）、红楼大观（北京大观园）。

2. 唐玄宗于公元714年设立幽州节度使。公元744年，平卢节度使胡人安禄山，由于镇压东北少数民族有功，兼任范阳节度使和河东节度使。公元755年，安禄山以讨杨国忠为名，从幽州起兵，一直打到洛阳和长安。后来安禄山集团发生内讧，安禄山为其子安庆绪所杀，安庆绪又为部将史思明所杀，最后史思明也为其子史朝义所杀。安史之乱前后持续七年多。

3. 《康熙字典》是清朝康熙皇帝亲自下诏编撰，由翰林院掌院学士张玉书主持编写，依据明代《字汇》、《正字通》两书加以增订，花费六年时间，于康熙四十九年（1710年）编成。《康熙字典》由康熙题名，康熙帝

说："这部书'善美兼具'，可奉为'典常'，称其为'字典'。"其中总收四万七千零三十五字。此文字巨典自成书以来经久不衰，影响之大，流行之广，三百年来无出其右者。

4. 1898 年光绪帝接受康有为、梁启超等人的主张，实施维新变法，遭到以慈禧太后为首的封建顽固势力的反对，仅 103 天即遭失败，史称"百日维新"。

五、简答题

1. 为了实现城市发展的总体目标，北京列出了未来发展的阶段目标。第一步：2004 年至 2008 年，北京要率先在全国基本实现现代化，构建现代国际城市的基本框架；第二步：2009 年至 2020 年，全面实现现代化，确立北京具有鲜明特色的现代国际城市的地位；第三步：2021 年至 2050 年左右，北京将建设成为经济、社会、生态全面协调发展的可持续的城市，进入世界城市行列。

2. （1）于谦北京保卫战："土木之变"后，也先挟持英宗，进攻北京。为了政治上的需要，兵部尚书于谦等人拥立英宗之弟朱祁钰为帝，改元景泰，反对妥协屈服和迁都逃跑的主张，坚决抵抗。于谦部署明军于京城九门之外，亲自临阵督战，也先战败退兵，北京保卫战取得了胜利。

（2）袁崇焕北京保卫战：皇太极继位后，于崇祯二年（公元 1629 年）率军直逼北京。主持山海关外军事的明督师袁崇焕千里入援，十一月二十日，激战于广渠门外，袁崇焕督军奋战，打败后金军，使北京转危为安。

2. 按照清朝的规定，内城不得开设旅店。因而，无论是受清朝召见的地方官员，还是赴京参加谒选的士子，以及进京参加会试的举子，都必须住在外城，于是各地纷纷在外城设立会馆。据统计，清代北京外城大、小会馆总计三百九十二处。其中著名的有湖广会馆、湖南会馆、南海会馆、安徽会馆等。

六、论述题

1. 努尔哈赤在统一女真各部的战争中，于明万历二十九年（1601）建立黄、白、红、蓝四旗，称为正黄、正白、正红、正蓝，旗皆纯色。万历四十三年，努尔哈赤在原有牛录制的基础上，创建了八旗制度，即在原有的四旗之外，增编镶黄、镶白、镶红、镶蓝四旗。旗帜除四正色旗外，黄、白、蓝均镶红边，红镶白边。正黄、镶黄、正白为上三旗，由皇帝亲自控制，其余为下五旗，由诸王、贝勒控制。规定：每 300 人为 1 牛录，设牛录额真 1 人；5 牛录为 1 甲喇，设甲喇额真 1 人；5 甲喇为 1 固山，设固山额真 1 人，此为满洲八旗。后又建立蒙古八旗和汉军八旗。

清军入关后，为了安置八旗官兵，下令圈占内城房舍给旗人居住。原在内城居住的汉民、回民一律搬到外城居住。内城以皇城为中心，八旗布防在四周，两黄旗居北城，两白旗居东城，两红旗居西城，两蓝旗居南城。

八旗制度从正式建立到1911年辛亥革命后清王朝覆灭，共存在296年。它是清王朝统治全国的重要军事支柱，曾为发展和巩固中国多民族统一的国家、为保卫边疆防止外来侵略等都作出了重要贡献，对满族社会的发展，有重要作用。

2. 1949年10月1日下午2点55分，毛泽东和一代开国元勋们经由新华门来到天安门，从西头马道登上天安门城楼。在金水桥之南大约50米处的以华北军区军乐队为主组成的联合军乐队奏响了《东方红》乐曲。3时整，盛大而隆重的开国大典开始。中央人民政府秘书长林伯渠宣布典礼开始，中央人民政府主席、副主席、委员就位。当林伯渠宣布“请毛主席升国旗”时，毛泽东神情庄重，用力按动了通往电动旗杆的电钮，第一面耀眼夺目的五星红旗冉冉升起。与此同时，54门礼炮齐鸣28响。这54门礼炮象征着参加中国人民政治协商会议第一届全体会议代表中的54个民族；28响标志着中国共产党领导人民英勇奋斗的28个春秋。在这庄严、热烈的时刻，毛泽东用响亮的声音宣读了中央人民政府公告，向4.75亿中国人民，向全世界宣布：“中华人民共和国中央人民政府成立了！中国人民从此站起来了！”接着，阅兵式开始，阅兵式共用了2个多小时，接下来是群众游行，晚上9时25分，无数彩色的礼花向广场四周发射出来，首都军民载歌载舞，尽情地欢度这中华人民共和国的第一个夜晚。

开国大典宣告了中华人民共和国的诞生！宣告了中华民族的新生！中国共产党领导全国各族人民进行了28年艰苦卓绝的斗争，推翻了帝国主义、封建主义、官僚资本主义在中国的统治，建立了人民民主专政的国家政权。中华人民共和国的成立，标志着中国已从半殖民地半封建社会进入了新民主主义社会，开始社会主义中国的新纪元。

3. （略）

参考文献

[1] 北京市旅游局编．当代北京概况．北京：北京燕山出版社，2005.
[2] 北京市旅游局编．北京导游基础．北京：北京燕山出版社，2005.
[3] 北京地质学会科普委员会编．北京山水旅游指南．北京：北京地质出版社，1990.
[4] 陈传康、保继刚著．北京旅游地理．北京：中国旅游出版社，1989.
[5] 侯仁之，邓辉著．北京城的起源与变迁［M］．北京：北京燕山出版社，1997.
[6] 李登科，洪华著．北京导游．北京：北京燕山出版社，2003.
[7] 曹子西主编．北京通史．北京：中国书店出版社，1994.
[8] 齐心主编．图说北京史．北京：北京燕山出版社，1999.
[9] 北京市园林局史志办公室编．北京：京华园林丛考．北京：北京科学技术出版社，1996.
[10] 北京市文物研究所编．北京考古四十年．北京：北京燕山出版社，1990.
[11] 北京大学历史系编．北京史．
[12] 侯仁之，金涛著．北京史话．上海：上海人民出版社，1980.
[13] 北京市园林局公园导游讲解员技术培训内部教材．公园导游讲解．1998.
[14] 北京旅游局编．当代北京概况［M］．北京：北京燕山出版社，2005.
[15] 北京旅游局编．北京导游基础［M］．北京：北京燕山出版社，2003.
[16] 北京地质学会科普委员会编［M］．北京山水旅游指南．北京：地质出版社，1990.
[17] 陈传康，保继刚著．北京旅游地理［M］．北京：中国旅游出版社，1989.

1. 大水法现状
2. 故宫
3. 国子监－孔庙
4. 古观象台
5. 十三陵
6. 居庸关
7. 万寿寺

1. 东交民巷使馆建筑群
2. 云居寺
3. 关岳庙
4. 健锐营演武厅
5. 五塔寺
6. 利玛窦和外国传教士墓地

1. 北京东岳庙
2. 北京城东南角楼
3. 北京大学红楼
4. 北京孔庙
5. 北京钟鼓楼
6. 北京图书馆旧址

1. 协和医学院旧址
2-3. 北京鲁迅旧居
4-5. 周口店遗址

1. 北海
2. 南堂
3. 国子监街
4. 历代帝王庙

1. 天宁寺塔
2. 团城
3. 天坛圜丘
4. 天坛祈年殿

1-4. 天安门

1-2. 太庙
3. 妙应寺白塔

1. 恭王府
2. 孙中山行馆
3. 未名湖燕园建筑
4. 智化寺
5. 爨底下村古建筑群

1-3. 正阳门
4. 法源寺
5. 牛街礼拜寺

1. 颐和园
2. 白云观
3. 社稷坛
4. 琉璃河遗址

1. 西什库教堂
2. 金中都水关遗址
3-4. 雍和宫
5. 袁崇焕墓和祠